石丽东

—— 著

在美华人『双创』故事

Science and Technology

———— 科技卷

南京大学出版社

序

朱经武

　　我自 20 世纪 80 和 90 年代,因为在美国发表科研成果,或出席学术会议,结识不少跑科学新闻的记者。在今天一切向钱看的社会,我对他们的敬业和执着,一直怀着由衷的敬意,对于石丽东女士更加上一份认同感,源于她对新闻背景数据及采访对象的认真处理,一如科学家对科研课题一样。她的专访可比美国《纽约时报》已故的科学名记者华尔特·苏利文(Walter Sullivan),我接受过石丽东和苏利文的访问,并发现他们有两个共同点:一是不必花太多时间去解释主题,二是不能信口开河,因为他们有备而来。

　　我是学物理的,常想在自然现象中寻找定律,而世间有一条一成不变的定律,即世事永远在变,而且变化的速度加剧;追根究底,它的基本驱策力,既非政治,也非经济,而是科学! 由于科学进步而引发的科技繁衍,为人类创造了空前的财富,大大提升了我们生活的水平,也延长了人类的寿命,或许是过去数十年安逸舒适的生活,使大家淡忘了科学的重要性,科学已经成为工业化国家高等学府的冷门,《在美华人"双创"故事·科学卷》一书的科学专访当中,透过精简平实的文字,告诉读者科学研究不仅重要,并且是有声、有热情、有趣味和充满激情(excitement)的崇高追求。

21世纪肇始,香港特首董建华邀我担任香港科技大学校长。他邀请的理由是,香港经过国际金融风暴,经济需要转型,当时香港的工业纷纷迁往深圳,香港若要走产品高附加价值的路,必须发展科技。董建华希望科技大学来引领香港的经济转型,当时我深感科研工作者能有这样经世济民的机会,也是百年难遇,所以我接受了这项挑战。

我出生在湖南,成长于台湾,后来到美国工作,如今海峡两岸之间,中国大陆和美国之间,虽然开始相互交通,但仍旧存在隔膜。香港应是一个最好的中介,我希望能在这个位置上做一些对华人都有价值的事。八年后根据各种数据和排名,香港科大成为国际上著名的研究型大学,不论我在香港科大治校的成绩如何,它愈发使我相信科学的进步,能够有益民生。

从这本书里所描述的人物和故事,我们可以看到在20世纪70年代以来留美的科研工作者在异乡的生存环境之中,所取得的成就:第一位进入太空的王赣骏,诺贝尔奖物理奖得主丁肇中,国际防痨先驱许汉光、制药界女强人唐南珊……他们的努力不仅可以让华文世界分享中国人的骄傲,这些篇章同时也是作者辛勤采访的成果,具有华人在美创新创业的史料价值。

我读《在美华人双创故事·科学卷》,发现它不仅记述科研工作者的奋斗过程、所学专长,而且蕴涵时事、历史背景、人物轶闻，犹如到星巴克喝咖啡那样舒坦自然，从字里行间也可看出石丽东是一位敬业执着的新闻从业员。她于2010—2012年担任海外华文女作家协会会长。台湾地区领导人在台北举办双年会，有来自全球各地近百位的华文女作家出席，与会代表并获马英九先生接见和肯定，足见她不仅努力笔耕，而且也热心群体服务的活动，是一位能够"坐而言，起而行"的文字工作者。

谨以此文将《在美华人双创故事·科学卷》郑重推荐给华文世界的老中青读者，希望大家开卷有益，丰富阅读经验！

（本文作者朱经武为前香港科技大学校长，休斯敦大学德州超导中心创办人）

目　录

行者无疆:翱翔苍穹的华裔太空四杰

　　人类自16世纪出现文艺复兴运动以来,接踵而至的是一连串的宗教及技术革命、启蒙运动和人对知识的探索。历史学家认为:后来的科学发展、地理大发现和民族国家的诞生都肇源于文艺复兴。文艺复兴运动使人们开始专注现实生活的质量(一般所谓人文主义),更由于印刷和文艺、建筑等方面的新技术导致知识爆炸。时至今日,太空探测是人类"地理大发现"的最新科学领域之一,它改变了我们对于宇宙的认识,也为人类社会进步提供了重要的动力。

　　本书所记述的北美杰出华人科学家,也以"太空探测"拉开序幕,他们大多出生在中国大陆或台湾,其呱呱落地的年代也以20世纪中叶为主,有好几位是美国出生的第二代移民,他们都以不断的努力和异乎寻常的智慧,获得奋斗的成果。约在20世纪末尾他们在美国挣得一席之地,其科学领域涵盖航天、医学、制药、生物科技、高温超导、天文、物理和地质学等。他们的名字对于中国的读者而言,并非个个耳熟能详,这也是历史和地理因素所制造的隔阂。如今四十年来中国大陆实施改革开放,它所造成经济实力的崛起,傲视全球!赴美留学生的奋斗成果,亦斐然可观,这将是另一本书的好题材。以下卅余位在美华人创新创业的奋斗过程,将在读者的眼下开展……

自 1981 至 2011 年,美国探测太空计划中的航天飞机共有太空飞行 135 次,其中有四位华裔航天员,他们总共飞行 15 次,超过总飞行任务的十分之一强,这四人(王赣骏一次、张福林七次、焦立中四次、卢杰三次)都学有专精,获博士学位,而焦立中在 2004 年"Expedition 10"任务中担任指挥官进驻国际太空站。航天员同时也代表了人类探测太空的先锋人物,这四人究竟如何在美国,以少数族裔的身份,获得这份征服太空的殊荣,以下请先看笔者所铺叙的历史背景,再以时间先后为序,一一介绍华裔太空四杰的人生故事和奋斗过程。

黑夜凝视星空

凡地球上生而为人的万物之灵,十之八九有过"黑夜凝视星空"的经验,自古以来,这件被重复亿兆回的"天人交会"的场景,忽然在半世纪之前,遭遇了一次重大的冲击和变化!

就在 1969 年 7 月 20 日,当阿波罗 11 号登陆月球之时,它不仅代表人类的科学知识和技术达到空前的成就,同时也把你我和地球之外的星球,接连了实质关系,太空不再是一个代表"虚无缥缈"的名词,月球不再是琼楼玉宇高处不胜寒的神仙化境,而是一个实实在在的地方。

我们从荧光屏上看到自外层空间传播回来的画面,眼见航天员尼尔·阿姆斯特朗脚踏月球、创造历史的那一刹,也对月球上的荒原、山丘和岩块留下不可磨灭的印象,它重创了昔日骚人墨客对玉蟾桂魄所营造的遐想和胜境。令你此后重读李白的"月下独酌",再也无法恣意捕捉"举杯邀明月,对影成三人"的浪漫情怀!

但是人类编织故事的能力绝不因此而受挫,凡后起有关太空探险的科幻小说,依旧重复人类喜欢探险、说故事的文化传统,新世代的作者,尽彼所能而驰骋其想象力,描绘未来的宇宙景观。就像过去的诗歌、戏剧一样,举凡与科幻有关的后继小说或电影,亦汇入众人休闲生活中的自娱题材。

人类天生好探险

人类喜好探险的传统确实有史迹的脉络可寻?根据美国历史学家派恩(Stephen Pyne)的观察,西方世界的历史共分三个"大探险"时代:第一阶段始自文艺复兴的 14世纪到 16 世纪,这时期的探险活动以航海为主,像哥伦布和麦哲伦诸人的冒险犯难,大致勾画了地球上各大洲的疆域和形状。第二阶段发生在 16 世纪到 19 世纪之间,探险家如西班牙的利罗纳多(Coronado),法国的拉萨尔(La Sall),美国的刘易斯(Lewis)和克拉克(Clark),英国的斯坦利(Stanley)和苏格兰的列文斯顿(Livingston),

他们的目标在于踏勘北美、非洲的内陆腹地。第三阶段始自 20 世纪,探险的主要范围是地球的南北极、海洋深处和浩瀚无涯的太空。此时期使用的工具为船只和飞机,其中尤以"太空探险"对人类的生活产生最深远的影响。譬如现代人所使用的越洋电话和洲际电视转播的奥林匹克运动会,都源自人造卫星的长程传播科技。再如人在太空探测的过程当中,对宇宙、星系来源所增进的了解,以及气象学上的新科技,使得人们对圣婴潮加诸气候的变化、臭氧层的减少和生态环保,更能洞见症结。凡此都因太空轨道上人造卫星传回的图像与讯息,增加了学界及科研工作者对地球本身之了解。撇开眼前的益处不说,由于地球人口膨胀,资源殆尽,若干深谋远虑之士,更希望能寻获另一个宜居的星球,好替人类再造另一个安身落脚的家园。

希腊哲学家苏格拉底在公元前 5 世纪就说过:人必须飞腾到地球之上,俯视尘寰,(哲人强调唯有如此),才能充分了解自己所寄身的地球。印证人类因太空探测活动所增加的科学知识,及其副产品对日常生活所带来的便利,信哉斯言!然而太空探测活动,也反映地球上的人事纷纭和勾心斗角的现实,譬如太空轨道上用来做间谍、侦察的人造卫星亦不知凡几,只因参与其事的科技先进国家皆三缄其口,一时找不着确切的统计数字。

曩昔,探险家如欲向外拓展人类的生活空间,不能单凭一股雄心或满腔热情,首要条件是知识和技术,让打前锋者在心理上有所依恃，勇往直前。更重要的，探险家背后还必须有一个稳定的政治环境，厚实的经济基础，同时社会领导重心或大众，也能了解向外探测的重要，而给以支持。

郑和发现新大陆

事实上，华夏民族自古以来就是一个喜欢向外探险的群落，当其安内之后，必随尔攘外：汉朝张骞通西域，大唐平吐蕃的事功，光耀史册，直到15世纪明成祖派遣郑和下西洋之时，中国仍是一个无远弗届的海权国家。郑和七度下西洋的傲人成就，在世界的海洋史上仍昭然刻记着一个重要的里程碑。1999年6月6日，《纽约时报》名记者克里斯托弗（Nicholas Kristof）对郑和远征非洲的路线和遗迹曾详加报道，台湾的报章杂志也因此掀起一阵郑和热！

尤有甚者，2002年10月31日，有一则英国路透社发自伦敦的电讯指出，一位名叫曼齐斯（Gavin Menzies）的前英国潜水艇指挥官出版了一本新书《1421年，中国发现了世界》，作者认为郑和率领的中国船队在哥伦布之前70年就发现了美洲，并且比欧洲探险家早数百年绘制出世界地图。尽管他的观点还是假设，但是出版商环球公司已支付50万英磅的版权费，另一家商号也购买了该书的电视版权。恒常资本社会的市场价格，往往能代表"物之所值"及可信度，且让我们静观这个说法所引起的后续辨证。

千禧年，台湾所发行的《光华杂志》8月号，访问了德国慕尼黑大学专研"宋、元、明海交史"的汉学家谭克教授,其对于郑和舰队与非洲接触的始末,有着深入的观察。他说中国与非洲的交往并非从郑和才开始,例如元朝汪大渊著的《岛夷志略》,就提到东非,其中所描绘的情境、景观,与事实完全吻合。

谭克教授还在这篇访问中提到郑和下西洋的时间,要比西班牙和英国的海权要早上数十年,当时大海航行只能靠"观星、航海图和罗盘辨方向",另外还有船只的补给问题,根据《明史》的记载,郑和所用的船只之中最大的"宝船",长达130尺,宽50多尺,后来的西方舰队无论在数量和船只大小方面与郑和下西洋的船只相比,都望尘莫及。

错过现代化列车

美国汉学家费正清在他生前的最后一本著作《费正清论中国:中国新史》中指出,1479年,明宪宗的兵部侍郎将郑和7次出使的记录全部销毁,从此中国的海外商业受到严格禁止。儒生出身的大臣们秉承"不患寡而患不均"的重农抑商传统,极力反对官、民和外人接触,中国自此退出世界舞台。费正清指出,明代的中国,手握海上的优势条件,却被保守派掐死,简直像故意错过近代科技与经济发展的这班船。

华夏民族自明朝误脱这班通往近代化的列车以后,直至清朝末年,西欧先后经历了文艺复兴、工业革命和帝国殖民时代。四百年后，当东西方再相遇，中国的门户陆续被西方的坚船利炮打开，而晚清的华夏子民和土地反成为西方强权凌辱、肆虐的对象！

回顾近 150 年的华夏历史，内忧外患猬集，由朝廷大臣和在野知识分子所发起一连串的自强、维新、革命、启蒙等救亡运动，前仆后继，其间有一核心的改革项目即教育的再造，引进近代科学知识和新思想。费正清在其论中国新史一书的后记中指出，"此项改变还造成一批以出国深造专长为目标的新型读书人"。

新西潮与留学生

新型的知识分子，不仅替清末民初的中国开启了一扇观察世界的窗户，吸纳西方新知识，回国之后成为社会追求现代化的一股主力，让西潮和本土主流交相激荡，蔚为中华历史上再次"胡化"的景观（"胡化"乃相对魏晋南北朝时期北魏孝文帝入主中原而言，表面上是鲜卑人汉化，若从宏观的文化角度看，此乃汉族在历史进程中，让北方胡人给老大的中原之民注入新的血液）。翻开近代留学生史页，后来有人因国共内战及其他种种原因（又如晚近追随全球的移民潮），而将游学变作落地生根，本书涉及的四位华裔美籍航天员王赣骏、张福林、焦立中、卢杰，即源出此一支流。

他们四人以第一代或第二、三代移民的身份，先在美国学术或科研界挣得头角峥嵘的成就，然后通过航天总署遴选航天员的过程,成为探测太空计划人选的优胜者。这是一场高手如云的十项全能竞赛。在叙述四人夺标的意义之前,不妨回顾美、苏当年因何发展太空计划的动机。

美苏的太空计划起步于半世纪之前,那年代,以美、苏为首的资本主义和共产主义两大阵营,冷战方酣。1957年10月4日苏联首创记录,发射了一枚人造卫星史布尼科号(Sputnik)进入太空,次年又将一只狗射进太空,证明生物在那种环境之下可以存活。美国显然在这场竞赛的初期,屈居下风,举国舆论和民情为之哗然。

十个月后,艾森豪威尔签署"美国航空及太空法案",又二月,复成立全美航天总署。1961年4月,苏联发射了一艘载人的宇宙飞船。美国为击败苏联太空竞赛的优势,于1963年拟定"阿波罗登月计划",六年之后实现了登月的目标,尔后再继续发展航天飞机及国际太空站的策略,由于所需费用太高,美国争取欧洲国家、日本及加拿大的合作投资,加上1989年苏东集团解体,俄罗斯财政发生困难,于是逐渐和美欧的太空事业系统汇流,印证了《三国演义》作者罗贯中所说:"天下大势合久必分,分久必合"的千古名言。

探测太空缘由

美国是一个民主社会,国民对于国家政策和施政都有表意的自由,鉴于进入太空的设备和仪器,必须合乎航天员生存及操作的安全条件,因此造价及成本动辄上亿。对于近年来预算数字经常超出 100 亿美元的太空计划,理所当然成为朝野争议的一个焦点。反对者认为:地球上的贫穷、疾病和环境保护问题,一时都难获解决,为什么还要浪费纳税人的血汗钱,把国家的珍贵资源往太空或其他星球抛掷?但赞成者反驳:历史一再告诉我们,凡是领导探险的先锋国家,恒常就是世界的领袖,如果 15 世纪末叶的哥伦布必须等到当时所有的社会问题都获解决,恐怕今日世界的历史就要重新改写。先前西欧探险的聚焦是寻找新大陆、新市场,建立新殖民地。而今日世界的领导权之所系在于最新科学知识和技术之掌握,无疑探测太空是取得科学新知的最重要途径之一。

无论从表面或实质看,太空计划皆属科技范畴,但因费用高,必须由政府推行,它涉及国际竞争、国内民意向背和主政者的策略。换言之,美国朝野的政治行为实际左右了太空计划的推展。显而易见,当初航天总署的成立是受了冷战时期对手苏联发射"史柏尼克号"的刺激,艾森豪威尔总统的科学咨议委员会主席基林恩(Dr. James R. Killian)在 1958 年发表"介绍外层空间"一文,列数发展太空计划的缘由。

第一,好奇天性。人类天生有向外探奇的习性,地球表面的绝大部分已被人类探测,"外层空间"理所当然成为下一个目标。

第二,国防目的。基林恩说发展太空技术的主要目的之一是保卫国家的安全,如果有人把太空用作军事目的,美国也必须准备使用太空来防卫自己。

第三,国家荣誉。制定强劲有力的太空计划,可以提高美国在国际的声望和地位,增强在科学技术、工业和军事方面的力量。

第四,宇宙探讨。借着太空计划可以进入太空从事科学观察和实验,增加人类对地球、太阳系和整个宇宙的了解。

肯尼迪总统就任后,积极拍板敲定阿波罗登月计划,他的科学顾问魏斯诺(Dr. Jerome B. Wiesner)再度重申"太空计划"的四大目标,他在应用太空科技方面详列"人造卫星通讯和广播、利用人造卫星导航、测量地理、探测气象及绘制地图",这些能对人的日常生活、经济活动裨益良多。魏斯诺指出"太空活动"可提供世界各国共同合作的机会。后来肯尼迪总统在1962年的一篇演说中呼吁美苏两国为避免"重复和浪费",应携手合作登陆月球。

半世纪之后,若重新检视当年领导人物所厘定的目标,不仅太空科技已应用于日常生活及经济生产,就连当时认为最不可能的美苏合作构想,也因冷战结束,而逐步成为事实。然而许多美国专家学者也不讳言,去除冷战竞争的因素,美国发展太空计划的步调日趋缓慢。倘若仔细回顾其间的曲折,不得不使人感慨柳暗花明的历史演变,包含着若干偶然和未能预见的因素,竟也达到了先前预言的效果。

不是猛龙不过江

从上列美国政府重视太空计划的态度,可以想见航天总署对挑选航天员一事,格外审慎。该署自1959年设置航天员的培训计划以来,平均每隔一年招收一次新人,根据休斯敦约翰逊太空中心(负责航天员的训练及飞行任务时的地面控制工作)公共关系室提供的统计数字:每次约有两千余人报名,最多的一回达到8 300余人(1978年),每回录取人数大致在20人左右,像1978年首度替航天飞机的飞行计划任务招兵买马,报名的人数格外多,录取名单就增加到35人,最少的是1985年的13人。

中国有句谚语:"不是猛龙不过江",凡参加遴选的都在学术、体能、飞行技术有着相当造诣,才会进场。据美国航天总署2001年9月出版的《航天员简册》(Astronaut Fact Book),美国现役航天员共有139名,17名依然是候选人,另有129人退休或转业,27人去世。若依航天员的背景看,第一批皆是军方喷射机的驾驶员,到了第二、三批仍着重飞行经验,但有些来自民间,1964年之后,开始看重学术方面的资格和素养。

航天员培训中心的学员共分四类:第一类是飞行员、航天员(Pilot Astronauts),结业后可分发担任太空任务的驾驶或指挥官;第二类叫任务专家航天员(Mission Specialist Astronauts),他们在指挥官的领导之下,协调舱内的作业,或从事科学实验,或到舱外作太空漫步。第三类称作酬载专家航天员(Payload Specialist Astronauts),他们通常都是科研工作者,或从私人研究机构、公司借调,不属航天总署的编制,也无须是美国公民,像来自欧洲、日本或加拿大的航天员皆属此一类;第四类称为太空飞行的参与者(Spaceflight Participants Astronauts),和前三类相较,这一类的人数较少,如教师行业当中所选出的 Barbara Morgan 以及 1986 年随挑战号失事的小学教师 Christa McAuliffe,航天总署也希望能有媒体记者参加太空任务。

自 1983 年始,航天总署首次启用女性和少数族裔飞上太空,华裔第一位航天员王赣骏,属于第三类的"酬载专家",当时他任职加州喷射推进器实验室,以借调的客卿身份在 1984 年入选,1985 年升空一次,目前在田纳西州的范得堡大学(Vanderbilt University)任教。张福林、焦立中、卢杰三位属"任务专家"类,都是职业航天员。张、焦两位于 2005 年退休,三年后卢杰亦结束他十二年的职业航天员生涯。

太空之中的冷热温差极大,时有流星飞蹿,又含辐射,其浩瀚无际的黑暗苍穹充满凶险和未知数,航天员飞航其间,虽有三五同僚相伴,但和地球上的生态环境相较,则被重重的紧张、孤独包围,航天总署因此在选拔航天员时,除了学历经历、体能测验和面试之外,还须通过一套心理测验,试测这些科学家、飞行员和工程师,如何在特殊的情况下"发号施令,或接受他人的命令"。换言之,航天员必须应变能力高强,具备团队精神,能做大将,也愿意当小兵。

获选是一种殊荣

不论为兵为将,能够入选航天员的培训计划,分派飞行任务,一睹宇宙奇观,不仅代表个人卓越的能力,进入一种稀罕的现代先进领域,也被视为人生在世的莫大荣誉! 20世纪 70 年代中叶,美国与西欧签订太空探测计划,其中一项规定:各国可上一位酬载专家,美国为了奖励日本参加国际太空站的计划,让日本先后上了五位酬载专家(日本也付了近亿美元的费用),里根总统为感谢加拿大参与百分之四的太空站计划,也给了加拿大一个名额。

晚近多位美国总统为平衡预算,精简政府组织,已不复当年向太空洒大把银子的魄力(阿波罗登月的壮举,耗去美国纳税人 3 000 亿美元),太空总署的经费一再紧缩,有人大声疾呼以"太空旅游"的方式,集资发展太空计划,又因兹事体大,航天总署迟迟未响应,另一方面俄罗斯的财政窘迫,也日甚一日,于是批准一位美国富豪丹尼斯·狄图(Dennis Tito)的申请,他于 2001 年 4 月随俄罗斯的宇宙飞船,进入国际太空站作六日停留,缴纳两千万美元的登机费,这个数字等于俄罗斯全年太空预算的六分之一。早先以工程师身份服务于美国航天总署的丹尼斯,后来转业银行股市投资,挣得亿万家产之后,一圆游太空之梦,因此成为人类有史以来的第一位"太空观光客"。

"飞往太空的一次经历"可以是美国总统为加强邦交而赠送的"外交礼物",或亿万富翁两千万元买来的荣耀,或无数美国中小学生渴望达到的一个梦想;华裔航天员晋身探测太空的队伍,也代表美国民主政治的体制下,讲求"个人机会平等"原则之实现。若扩大历史的视界,华裔进入美太空探测的计划,实乃中国历史变迁及国际时事交相作用的产物。显而易见,因为中国近代科学落后,才会出现华人以少数族群兼科学精英的身份,依附美国的科技机制,飞往太空轨道。

历史学者吴相湘在 1978 年所出版的《历史与人物》一书中指出:中国数学、天文历象之学自古发达,虽然 1969 年 7 月美国航天员登上月球,但中国天文学的书籍立论,至今依然成立。中国在 2 300 余年前的古籍上便有"浑天说",认为宇宙无极无穷,《后汉书》曾有"太空说",认为天是空而无质,并且无极,朱熹也有"天无体"的认识,但欧洲人似乎在早期都说天是实体,直到 16 世纪天主教耶稣会士东来,才知道中国古代有太空的理论,如今美国的太空计划也可以说是印证了中国古代学者的想法。

吴相湘认为,"中国人科学落后"之说,实在是鸦片、甲午战后,失掉民族自尊、自信的中国人,人云亦云地妄自菲薄。钱穆在《国史大纲》的引论中谓,中国在清末列强纷争的时代,何尝不想接受外来之科学,"唯科学植根应有一最低限度之条件,即政治稍上轨道,社会稍有秩序,人心稍得安宁是也,清末虽谋科学发达,但无发达之余地。"

　　华裔美籍历史学教授黄仁宇(《万历十五年》一书作者)指出:中国历代为了防患水灾及北方游牧民族而实行中央集权,以明清为例,凡全国1 100多个县令的任免,全由朝廷号令行之,尤其地方的税收预算也由中央管理限制,在政策上缺乏积极精神,朝廷不用权威去扶助经济,反而强迫先进的经济部门向落后的经济部门看齐,这和近数百年来西方社会在经济上,以负债经营、集合资本,培育中产阶级的做法背道而驰。

　　黄仁宇在《放宽历史的视界》一书的序文中说,中国过去以文士管制亿万农民,用刑法作张本,和现代社会引用商业习惯,以律师、会计师、工程师做前导,着重民法,是完全不同的两个体系。黄教授指出,此即造成中国积弱之因。他表示中国20世纪的革命,即显示整个社会重新构造的艰辛过程。

华裔科学精英

　　在此一艰辛的再造过程当中,秉承儒家传统的知识精英,纷纷负笈海外,这类新型的读书人,其滞留国外而未归者,在20世纪中叶北美洲,有获诺贝尔奖的李政道和杨振宁,随后陆续有丁肇中、李远哲、崔琦、朱棣文等物理和化学诺贝尔奖获得者。

　　全美知名的华侨史学者李瑞芳(Dr. Betty Lee Sung),在1959年出版的《美国的华人历史和现状》一书第16章

"人才辈出"中,对各行各业的杰出华人做了一番列举,在科学方面有杨振宁、李政道、吴健雄、李卓皓等。李瑞芳教授在结语中指出,华人对他们的痛苦和成就总是沉默不语,他们过去并没有使用激烈的手段反对美国政府的排华法案,而是以忍耐,或漠然处之的苦乐观,来对待不平等和不公平的现象。李瑞芳教授所言"不平等和不公平的现象"之中,有一件轰动一时并且影响深远的案例,此人即鼎鼎有名的中国导弹之父钱学森。钱学森在 1934 年考取庚子赔款的留美公费,专研航空工程,毕业后成为美国顶尖的航天科技专家,曾主持加州喷射推进器实验室的研究工作(Jet Propulsion Laboratory,英文简称 JPL),并且通过安全检查,参与机密的军事计划。二次大战后,随其恩师冯卡门(Theodore von Karman)一同到欧洲审问德国火箭和喷气机的专家。可以说钱学森是本书"四位华裔航天员"的正宗同行前辈。

但是造化弄人,钱学森恰巧遇上 1950 年美国"麦卡锡时代"的反共排外,被控为共产党。他被捕受审后,由加州理工学院出面保释,于自宅内软禁五年,终于以美、中交换俘房的方式,遣返大陆。根据张纯如所著的《钱学森传》,钱在 1949 年已正式申请入美籍,而且 30 年后,让一对在美出生的子女过了"而立"之年,回到美国求学、就业,可见他对美国社会并无恶感。由这两件事分析,他的遭遇乃时事演变,以及当时美国社会对亚裔的歧视态度所致。

20 世纪 70 年代曾投身争取华裔民权运动的李瑞芳教

授,在著作中回顾华人踏上美国国土百余年的历史,终见华人在美国的不平等地位已经获得改善。她认为今后华人处境必较为顺利,机会极多,展望未来,他们可以做出更大的贡献。譬如以下叙述的第一位华裔航天员王赣骏,1983 年 6 月 8 日被遴选为航天员时,他所工作的加州喷射推进器实验室共有同仁 55 人,其中 10 位为华裔科学家,无论从华裔人数和社会容纳外来移民的态度看,都比 30 年前钱学森在同一机构所处的环境要好得多。再看 20 世纪末期和新世纪之交,正当壮年的焦立中和卢杰在粥少僧多的太空团队当中,被分派升空的机会难得,而且他二人在 21 世纪之初都被分派进驻国际太空站,各自绕行太空轨道达半年之久,实属难能可贵。

根据美国人口局的统计数字,华人同胞身列少数族裔,其平均教育程度比一般美国人高,也较后者更为关心政治事务。在全球化浪潮的冲击之下,许多人选择落地生根,回顾 20 世纪末的二十五年,四位华裔航天员参与美国太空计划所走过的时代背景和路程,令人欣慰之中夹杂些许感慨!

2003 年 10 月 16 日清晨,中国大陆第一位航天员杨利伟随"神舟五号"返回地球,整个飞行任务共 21 小时。若以炎黄子孙进入太空的时间来排班定位,杨利伟名列第五,但他却是在中国大陆的科学机制之下,完成中华儿女的飞天梦,意义自然不同。

在"神舟五号"返回陆地的记者会上,中国大陆载人航天工程办公室主任谢名苞表示,大陆载人太空工程分成三个步骤实施:第一,发射无人和载人宇宙飞船,把航天员安全送入近地的轨道,进行适量的对地观测和科学实验,再安全返回地面,目标是要建成初步配套的载人太空工程体系;第二,实现太空漫步,完成太空飞行器交会对接,研制、发射太空实验室,解决有一定规模的短期有人照料的太空应用问题;第三,根据需要建立太空站,解决较大规模、长期有人照料的应用问题。

谢名苞总结说,大陆的载人太空工程于1992年建立,包括航天员、宇宙飞船应用、载人宇宙飞船、运载火箭、航天发射场、航天测控通讯和着陆场等七大系统。他透露,过去发射神舟1到4号的每次直接花费是一亿美元,而神舟五号的发射将近十亿元人民币。

截至2012年为止,中国大陆的载人太空工程已完成第二阶段太空漫步的任务,观照时下美国经济不振,太空计划预算削减的情况,令人兴起十八年风水流转之嗟叹。由于美国科学发展的根基雄厚,也并不表示一时顿挫,就会萎靡不振下去。第一位升空的华裔太空人王赣骏在2012年初赴北京出席"影响华人终身成就奖"颁奖典礼,称赞中国航天事业发展有声有色,随后附上恳切诤言:航天事业的发展要与中国经济发展匹配,不能盲目攀附,不一味追求速度,要让更多的人参与航天计划。

一马当先上太空

王赣骏是第一位进入太空的炎黄子孙。2012年3月底,王受邀前往北京出席"影响华人终身成就奖"和"影响世界华人大奖",他在颁奖典礼上发表遨游太空的感想:"从太空看地球,几乎十全十美,太空之上没有国界,没有缺陷,所以凡参与太空计划回到地球之后,有半数的美国航天员都皈依宗教,因为他们觉得这么美好的东西一定有神有菩萨,另一半就像我这样,觉得要保护地球,因为这个地球实在太美了,而且是人类唯一的家。"王赣骏希望世界各国领袖将来有机会去外层空间,气度会有变化,世界将和平许多。

或许为配合声光灿烂的典礼,他的发言从辉煌华丽处着眼,相信王赣骏若能从留美学生或外来移民角度,谈谈如何争取到上太空的机会,一定更能打动听众的心弦。

他这次造访北京,不止一回称赞中国航天事业的发展有声有色,随后附上恳切诤言:航天事业的发展要与中国经济发展匹配,不能盲目攀附,不一味追求速度,要让更多的人参与航天计划。

王赣骏博士也是第一位在太空亲自动手做自己所设计实验的科学家,待载誉归来,受聘执教田纳西州的范得堡大学,又有加拿大的科学同行邀他结合物理实验与医学实验,希望能够让糖尿病患者得到解救之方。为了取得最后成功,王赣骏一再推迟退休的年龄,他在 2012 年春天接受江苏电视台记者田力的访问时一再向爱妻道歉,并且表示:"希望我成功的时候,妻子的身体好,我的身体也好,还可以有点时间在一起。"

王赣骏,1940 年出生于江苏省,1952 年随父母亲迁居台湾后,在高雄市就读莒光小学,后举家北迁,进入台北师大附中,1963 年前往美国加州大学洛杉矶分校攻读物理学,当时遭遇父亲的反对,但却获得母亲的全力支持。母亲认为儿子有选择自己前途的自由,经营轮船公司的父亲王章先生,则希望王赣骏念个企业管理方面的学位,来日能够接掌家族企业,但是王赣骏却坚持非读物理不可,后来就因为他在学校对液态氦的研究,以及日后到喷气推进实验室(JPL)做滴液无容器的实验,一步步走向太空之旅。20 世纪 90 年代中叶,王赣骏前往休斯敦明湖城参加航天员两年一度的重聚大会,他告诉笔者:"当年父亲要我学做生意,我却执意选择科学,现在我的两个儿子不听我的,坚持学商;

我们一家三代就业的选择,好像一个人出门散步,绕了一圈,又回到原点,真是很有意思。"

1970 年王赣骏获得博士学位,他的指导老师拉尼克(Rudnick)是一位专门研究固态物理的名家,此外还兼长流体力学和声学,他说后来上太空做"液滴实验","我的业师传授的三样专门都给用上了"。

1972 年,王赣骏进入加州喷气推进实验室做研究,主要工作是设计太空中液态氦的研究,王赣骏解释:"氦"被行内人称为"超级液体",没有黏性,若给予旋转动力,液态氦会旋转不停,也不产生热,因此可以作为许多物理验证的工具。液态氦又是一种最佳冷媒,可用于极精密的侦测仪器(如人造卫星使用者),氦可以液化,是 1940 年以后才知道的物理性质,此后许多物理学家拿到诺贝尔奖,都和这个热门题目有关。

被点"状元"

1974 年,太空总署向全世界各科学机构征求在太空实验室三号做实验的题目,王赣骏和他的同事艾立曼(Dan Elleman)一同完成液滴实验计划的申请。为此王赣骏做了十几场的专题报告,会见了 200 余位专家,接受评审。1975 年他又发表了一篇论文,有关零重力下转动的滴液形态之研究,这篇学术文章引起太空总署的注意。终于在 1975 年,他的实验计划击败 500 多个竞争对手,而由太空总署核准他进入第三号太空实验室。原定 1980 年要飞,但因航天飞机计划一直搁延,他所领导的实验室继续为液滴实验的仪器和技术做准备工作,时间长达九年。

王赣骏获知被选上以后,欣喜若狂,曾对友人表示"我竟被点了状元!"单就以击败 500 多个竞争者,独占鳌头,状元的比喻并不为过,也足以说明华人在美国出人头地靠的是真本事。他分析入选的重要理由之一,是为修正液滴实验仪器,曾有过五六千次"超级云霄飞车"的经验;这种云霄飞车由军用波音 707 改装,代号 KC135,当它飞到两万英尺高的时候,便以 45 度仰角冲上四万英尺,然后再以 45 度角往下坠,可以飞出抛物线的路径,当飞机往下掉时,可以得到 20 秒的"零重力"状态,但人在机身之内因猛然失去重力,立即发生呕吐、晕眩的现象,王赣骏的实验小组就靠这 20 秒做液滴实验,观察液滴状态,看仪器,再修正意料之外的误差。

KC135 在内行人之间,被称作呕吐彗星(Vomit Comet),有人劝他在飞行之前吃药舒解痛苦,但王赣骏坚持用意志力控制,不过他也因此对于适应重力变化的环境,有了相当丰富的经验,为日后进太空,作了一番扎实的准备。

太空集训要项

王赣骏为时两年的航天员训练项目包括:操作科学实验(除了王赣骏自己的液滴动力实验,还有在航天飞机内所

进行的其他 14 项入选的科学实验）、熟悉航天飞机的功能
（辨别舱内设备的开关装置,相关手册就有 40 多本）、太空
环境适应训练（前述 KC135 的飞行训练及休斯敦太空中心
的中性浮力水槽实验室即 Neutral Buoyancy Laboratory,
两者都提供或长或短的太空飞行中无重力的经验）、求生训
练（万一航天飞机发生意外,如何逃生）。

1985 年 4 月 29 日,王赣骏创下两项记录。自这一天
起,他名留华文史册,成为第一个进入太空的炎黄子孙,同
时,他也是世界上第一位亲自登上太空轨道,亲自动手做自
己所设计的物理实验的科学家。但是由于“挑战号”航天飞
机升空时剧烈震动的影响,他所设计的“液滴动力测动仪”
发生电子系统短路的故障,机器失灵,王赣骏在地面（控制
中心）科学家的支持下,不眠不休地完成修复工作,每天工
作 15 到 16 小时,全力追赶延误两天的进度,完成了滴液动
力学的实验工作。

据王赣骏回忆,七日太空之旅,一开始就发生机器故障
的挫折,的确让他着慌,首先他想到自己花了两年时间训练
上太空,难道就这样空手而回?第二点,他是第一个进太空
的华人,许多美国华人团体都非常兴奋,也有所期待,他深
恐无颜见江东父老。“当时我向航天飞机地面控制中心表
示:是否可以想办法修复实验仪器,否则我就不回去了。”地
面控制中心回答:“太空是不平常的地方,什么都没有,怎么
修理?而且时间也很有限。”

完成滴液实验

地面控制中心找了一位心理学家和王赣骏谈话,告诉他如果做傻事会影响安全,最后决定给他一天的时间修理机器,叫他再也不能说不回来的话。最后王赣骏把仪器修复,实验的结果也令人满意,一场机件失灵的风波总算有惊无险。

事隔一年,"挑战号"在升空72秒后爆炸,王赣骏的妻子冯雪平接受《世界日报》记者访问,她说再也不让王赣骏上太空了。王赣骏本人在另一场合却很坦然地表示,上太空是很难得的机会,真正有事死就死了,人迟早会死,不过家人可能是受害者。王赣骏的母亲在他上太空之前就对儿子说:不去没有关系吧,王赣骏答道:有上万的人想抢这几个上太空的位置,这是十分难得的机会。

事实上,家人的担忧并非没有根由,王赣骏所参与的STS-51B任务指挥官奥弗迈耶后来参加了"挑战号"失事的调查工作,结果发现STS-51B号任务与失事的STS-51L号任务也有相似的O环问题,一位工程师告诉和王赣骏一同上太空的同僚说:"你们七人在十分之三秒内起死回生。"足见千钧一发的紧急情况。

王赣骏征空归来后,曾告诉他师大附中的校友石永贵(曾任台北《中央日报》社长)说,他的7日太空之旅,经历了人生最紧张而且最沮丧的低潮,同时也体会了最兴奋和最骄傲的高点,满载而归的太空之旅是他毕生难忘的经验。王赣骏并指出,此一实验结果对日后研究材料科学有极大的帮助。

幸为王家子孙

在西方文化之中,一个人若功成名就,往往归功于他(或她)的个人努力和打拼,王赣骏在《我能,你也能》一书的自序中表示:造成他个人成就的美好条件和机会,并不是他的功劳,"我只是祖上积德,幸运为王家子孙而已"。

王赣骏在完成太空任务之后接受"国科会"的邀请回台访问,并且回到他的母校师大附中,出现五千人的欢迎场面。而王氏宗亲会由《联合报》董事长王惕吾主持仪式,特别为航天员开了中堂,王赣骏说,这是身为王氏子孙极有面子的事。四日行程之中,他两度前往阳明山祭拜他父亲的坟墓,在一次江苏同乡会的欢迎茶会上,前台湾地区主要领域人祖籍苏州的严家淦赞扬王赣骏的孝道和苦干精神,正是数千年来华夏文化的本色。

从上述"祖上积德"的说法,王赣骏循着留学途径来美成家立业,仍然深受儒家文化(重视家庭、不忘本)的影响。

自从任教范德堡大学以来,王赣骏运用他在太空任务中所做的微重力复合滴液实验的研究成果,开发了具有免疫隔离功能的多空胶囊系统。它能有效地移植细胞,并能有效地保护被移植细胞,从而避免了抑制免抑反应药物的使用和它们引发的消极副作用,这项新发明的免疫隔离系统由多种复合成分、多层膜壁组成,并能允许所有胶囊设计参数独立优化以保证在大型动物和人体的应用上可大规模重复生产。

2012年,《移植学报》发表了一篇经专家评审的有关封装技术成功应用于大动物移植细胞实验的学术论文。在这项具有里程碑意义的研究中,被胶囊封装的犬胰岛被移植入患糖尿病的狗体之内,在未对实验对象使用药物或抗发炎疗法的情况下,被移植了的胶囊化的胰岛细胞表现了很好的活性和生物适应性。通过一次性的移植,一共有九条狗达到了两百天的空腹血糖正常。

移植胰岛胶囊

王赣骏在2012年4月接受江苏电视台的访问时表示,他的实验室和哈佛大学医学院合作,用猴子做移植胶囊胰岛细胞的实验,2013年开始用人来做这项实验,如果人体不排斥它,移植的细胞可以活下来,那么糖尿病就可以治愈。他在受访中指出糖尿病对小孩的影响比较大,因为病患必须节制饮食和运动,否则造成病情的恶化,对于成年人或上了年纪的人比较容易做到,但对于小孩则影响他们的生活质量,日子过得不自由。

类似他的这个实验在40年前就有人动手做,约有一百多个学校参与,但由于一直不成功,做的人越来越少,现在范德堡大学成功之后，做的人又逐渐多起来。王赣骏说他和医学院不同的地方是用物理的方法，从物理中得到启发，这是其独特之处。王赣骏的实验室从包裹胶囊开始，求其渗透性和化学稳定性，接着把"包裹细胞的胶囊"放进人和动物的身上，一年之后再拿出来看，里面的细胞仍旧活得很好，这就给予科学家无穷的希望。时下王赣骏实验室做胶囊的技术已居领先地位，但是移植的部分一定要医生来做，而且事先要经过美国食品药物检验局的通过。

退休与妻相守

王赣骏表示这项工作完成以后，就可以退休了，他认为妻子为他牺牲很大，"希望早点退休，多陪陪她，将来事业成功（事实上是现在已经很成功了），她占很大功劳。"

年逾七旬，王赣骏回顾他的一生不禁感慨：一个人的生命很短，七十多年一眨眼就过去了，假如你做不喜欢的事会非常苦闷，假如做自己喜欢的事就很好过，比如像他晚上常常睡不着觉，因为第二天要做的实验很令人兴奋，就等不及天亮，赶快跑去实验室看看，所以这辈子找到自己爱做的事，十分幸运。因此他奉劝年轻人，要做你喜欢做的事，如果你为别人过一辈子，就太可惜了，因为你只有这一辈子，不如替自己过。

王赣骏的这一辈子过得非常丰富，他荣膺范德堡大学的"百年终身教授"，一共发表两百余篇学术论文，28项专利涵盖液泡动力学、液滴碰撞与结合、无容积材料科学及干细胞研究等领域,范德堡大学早先是美国南方乡绅或殷实子弟就读的大学,宋家三姐妹的父亲宋嘉树曾在此攻读神学。1985年王赣骏曾获美国太空总署的"太空飞行奖",1987年获太空总署的"优异科学成就奖",1989年获亚裔成就奖,1990年在联合国大会为"仅有一个地球日"致辞,2007年获美洲中国工程师学会、国家工程学基金会颁发的亚裔美国人工程师年度杰出科技大奖。2012年自教职退休,同年三月在北京获"影响华人终身成就奖"和"影响世界华人大奖",借用戏词上的一句话,真乃"不虚此生"。

王赣骏自传《我能,你也能》,称自己是大学的"淘汰郎",未能考上大学,不意日后留学美国,在学术研究方面大放异彩,留下浪子回头金不换的那一折,于是高山与低谷的起伏全在做与不做的一念之间,其能量可以直达太空!

出航任务的记录保持人

　　在四位华裔航天员当中,张福林和其他三位一样,都是以学术和专业成绩亮丽而入选美国航天员团队的,唯一不同的是张福林出生在中美洲,并且含有西班牙裔血统,似乎格外凸显其头角峥嵘的个人成就,譬如哥斯达黎加的观光局就明列他为地标式的人物,并曾以他着宇宙飞行服的肖像印制邮票。1986年纽约自由女神百年纪念,里根总统颁予他"自由奖章",这都是非比寻常的荣誉。

张福林(中)

张福林同时也是太空团队之中,升空次数最多的两位记录保持者,另一位也飞了七次的航天员为杰瑞·罗斯。张福林上太空还有一件与飞行任务有关的名人轶事,即2002年第七次升空前,装上牙齿矫治器,那年他52岁,因此写下另一记录,成为第一位带着牙框进入太空轨道的人。

1951出生的张福林,祖父是广东省中山县人,清朝末年原计划移民到夏威夷,阴差阳错来到了中美洲的哥斯达黎加,祖母是当地人士,他父亲一度南移至委内瑞拉,往来哥斯达黎加之间买卖石油。年幼时他便立志做科学家,上太空。1967年,当张福林高中毕业以后,他父亲替他买了一张飞机票,让他继续追求一生的梦想,单枪匹马前往美国东北部的康涅狄克州投靠一位叔父。

日后张福林归化为美国公民,依照美国人口局划分族裔的规定,他属西班牙裔。1973年他自康涅狄克州立大学获得机械工程学士学位,1977年获麻省理工学院电浆(Plasma)应用物理的博士学位,对于离乡背井的一位小留学生而言,这段靠奖学金念完博士学位的过程,就代表着一种不平凡的奋斗成果。

如果你查询哥斯达黎加观光局的网站,可以看到介绍。张福林是四亿四千七百万拉丁美洲人当中征服了太空的第一人,其中提及他的祖父来自中国,因为张福林入籍美国做航天员,成为太空团队中第一位归化的美国公民,于是哥斯达黎加国会通过立法授予他"荣誉公民",此外有一个哥斯达黎加全国高科技中心也以他名字命名。张福林的长女在

2008年(三十而立之年)当选麻省州议会的参议员。

必也正名乎?

受过华夏文化熏陶的中国人,常在追本溯源之际,喜欢拿出"必也正名"的祖宗训谕;如果对照张福林的中英文名字 Franklin 和福林谐音,正符合华裔给下一代取外语名字的习惯。张福林的妻子也有一则"必也正名"的故事。20世纪90年代中叶,笔者在休斯敦太空中心附近的社区集会场合,见到一位碧眼金发的女士,胸前挂着 Dr. Peggy Chang 的铭牌,交谈之下知道她是航天员张福林的妻子,笔者疑惑不解:"张福林的家族姓是 Chang-Diaz,为什么你舍弃 Diaz 不用?"她笑着解释,"只用张也是符合美国人的习惯,因为张是我丈夫祖父的姓,而 Diaz 是西班牙语裔加上母姓的做法"。笔者无意借题划分种族的界线,至少由此可以看出张福林及家人对中国习俗的解读和做法。

事隔两年,算起来是千禧年前后,笔者的家庭医生休假,因腹痛看医生,代诊的大夫竟是这位 Dr. Peggy Chang,进一步交谈之下知道她是加拿大南下的法国后裔,自路易斯安那州迁来休斯敦,近观皮肤细致,脸庞像洋瓷娃娃,更难得的是医术精妙,摸出我腹内长了一块瘤,经过仪器照相复检的结果,需要动手术,确确实实地救了我一命。

言归正传。1995年张福林在休斯敦太空中心新闻室接受一群记者的采访,透露他祖父与国民革命的渊源。张福林自小曾听父亲谈起当初祖父离开广东省,并非出于单纯的移民动机,而是因为参加国父孙中山先生的革命运动,事败暴露形迹,不得不亡命海外。当初的计划是前往夏威夷,后来阴差阳错跑到中美洲的哥斯达黎加,因为在哥斯达黎没有亲属,但为了身份问题购买了一张出生证明。事实上,祖父本姓陈,就改姓张,自称从小就回中国老家,现在长大了,要求返回出生地哥斯达黎加。所以七度进太空的张福林,实际上是一个不折不扣的革命党人后裔,他告诉笔者三年前曾作了一趟寻根之旅,前往广东中山游历,并且会见家乡的亲友。

回溯张福林走向太空之旅的起点,始自七岁迁居委内瑞拉的时候,那一年(1957)恰巧苏联的史波尼克号(Sputnik)射入太空,张福林依照课堂老师的指示,在满天星斗的黑夜,爬到院子里的一棵大树上,希望能一瞥人类所制作的第一颗人造卫星。中学时候张福林参加科学比赛,发射自制的火箭,至今存有录像记录,其中有一只小白鼠,待火箭落地时,那只小白鼠依旧能活蹦乱跳。进入康涅狄克州立大学就读之前,他在该州的哈特福(Hartford)市读了一年高中,全力学英文,他透露学英文的方法是依靠字典下苦功,高中毕业时名列前茅。

就读康涅狄克州立大学时,他曾以研究助理的身份参加物理系高能原子对撞实验的设计和建造工作,他因高中成绩优异,获得四年的全额奖学金。待进入麻省理工学院攻读博士学位,便投入联邦政府所资助的核聚控制计划,从事核聚反应器(Fusion Reactor)的设计和操作。攻读博士学位的时候,他和第一任妻子相遇,育有两个女儿。1980年他入选航天员的培训计划。

钻研火箭推进器

自 1983 年到 1993 年,他在麻省理工学院带领学生从事"电离子"(Plasma),又称电浆火箭推进器的研究,借以发展前往火星的载人飞行任务。1989 年 3 月和 1990 年 1 月,他自商务部标准局取得火箭推进器的观念和操作的两项专利,后来因为研究工作和航天员的飞行训练日程紧凑,他往来奔波于休斯敦及波士顿之间,几经磋商,休斯敦太空中心的"国际太空站计划署"应允设法在休斯敦太空中心之内,提供场地,于是他将实验室南迁,继续从事电浆火箭的研究,直到 2005 年他自 NASA 退休为止,一直担任该研究室主任,退休后成立公司,再延续电浆火箭的研发工作。

张福林解释:此一构想下的火箭推进器是由氢离子电浆做燃料,电浆的温度非常高,达到华氏千万度以上,无法把它盛放在容器之内,必须由磁场来固定它的方位及飞行方向。他说这种火箭的特色在于能依飞行时所遇外界环境而调节自身的引擎和排气,就像一个人开车到山岳地带一样,汽车的自动排档能依山坡的斜度来改变引擎的转力矩及车轮的转动方式。张福林指出,这项科技乃采自美欧俄日合作"热核子融合"的计划。

2002年5月初，张福林在七度升空前的记者会上，再次详述电浆火箭推进器的优点。根据他研究的最新进度，该项科技能在39天把宇宙飞船送上火星，他说缩短火星任务的好处是，减少航天员长途旅行生理学上的体力问题，同时可缩减暴露在辐射尘下的时间，宇宙飞船如果不断加速，可提供一种人造的地心引力，对太空任务产生正面影响。最后他补充：缩短太空任务的时间后，可减低航天员维生系统之维护作业以及对它的依赖。张福林认为这项火箭推进器的革新，会把人类探访其他星球的梦想，变得愈来愈接近事实，并对飞机和汽车的动力也将产生革命性的影响。

同年5月30日，张福林在《今日佛罗里达》日报上的一则专访中指出，因为国际太空站受到大气的拖曳，慢慢往地球坠落，他所领导的"先进太空推进器实验室"正准备利用火箭推进器的原理给太空站添一装置，使它不堕，而且成本不高。目前国际太空站上有小火箭偶尔会替它推上一把，或碰上航天飞机任务两者接合时，也会发动引擎替太空站提升方位。

丁教授与"磁谱仪"

张福林二十余年来不仅潜心于火箭推进器的研究，同时在征空任务时，也替其他科学家做实验，其中最著名、又较为华人学界所熟悉的是1998年6月，张福林第六趟飞行的STS-91"发现号"航天飞行任务所携带的"磁谱仪"

（AMS）计划，它的主要目的乃从事高能物理的理论实验，希望发现反物质，试图打开宇宙之谜。

"磁谱仪"AMS计划共有400余位物理学家、60余个世界科研组织及16国参与，由华裔诺贝尔物理奖得主丁肇中领导，而首次在太空中动手做该项实验的恰巧是张福林。在休斯敦太空中心所举行的记者会上，有一位哥斯达黎加的电视台记者问道：这次张福林第六次升空，并负责磁谱仪的试测工作，是否因为他是麻省理工学院的高能物理学家，而主导人丁肇中又是该校的终身教授？丁教授立即表示，太空总署选择飞行任务的人员，自有其标准，他并没有参与其事。无论凑巧与否，这趟飞行已促成两位杰出华裔科学家在太空携手合作的佳话。

博士生义工

协助丁肇中在太空操作磁谱仪的张福林，不但专业成绩杰出，而且因为一家三代都经历移民的迁徙生活，所以对于贫困或流离失所的人，格外同情。1995年，他在接受笔者的访问中诉说他攻读博士时的义工经验：那时张福林跑到一个戒毒所担任"张老师"的角色，帮助训练犯有前科的西语裔吸毒犯，增加这些人读写英文和数学方面的基本技能，这项义工一直持续两年半，后因功课忙碌而停止。

另一件为哥斯达黎加媒体所报道有关张福林爱家的故事，是自20世纪70年代他移居美国、待离校就业之后，历年每逢重大节日,一定回到哥斯达黎加看望母亲,这种情况在哥国比较少见,被传为美谈。1992年9月在他完成第三次飞行任务之后,应中国国际文化交流中心的邀请在航天医学工程研究所讲学,并前往广东中山县作了一次寻根之旅。2006年,当她女儿参选州众议员之前,张福林在信函中向她说明了家族来自广东的历史,也是出自中国饮水思源,不忘本之传统。

基于张福林个性中浓厚的人文关怀,他在1984到1989年间,由太空总署派任"支持航天员团队"负责人,该项工作也因"挑战号"在1986年出事后而突显其重要性,其任务包括在肯尼迪太空中心帮助航天员熟悉太空舱的设备,使用程序,以及发射之前对航天员的种种支持。事实上,张福林原定排班在1986年1月参加"挑战号"的航天任务,但在飞行的数月前被调班,因此避开这次意外灾难,然而这次的意外事件,并没有改变他做航天员的初衷。

对于他的出生地哥斯达黎加,张福林充满回馈之情。根据2000年11月28日《纽约时报》科学版的半页报道:张福林积极协助成立一个拉丁美洲高等学府的科技联盟,与美国进行农业和医疗制药方面的合作。

医药研究的合作

这项合作最早源于张福林对生物医学的浓厚的兴趣。1991年张福林访问哥斯达黎加的地球大学(Earth

University)，他和校长 Dr. Jose Zaglul，讨论了一些热带雨林寄生虫所造成的传染疾病，以及可能的治疗方法。张福林认为太空微重力的环境之下，提供了产生晶体的理想条件，它正是某些药物的基本形态，张福林认为航天飞机可以成为试验治疗南美锥虫病的实验室。回美之后他找到生化科学家狄鲁卡斯博士（Dr. Lawrence J. DeLucase），请他设计一个有关的实验，在航天飞机 STS‐75 的任务中，展开了对南美锥虫病寄生虫的生成蛋白的研究，后来美太空总署使用了四次任务，分析其中的成份，替治疗南美锥虫病 Chagas 推动进一步的研究和发展。张福林认为这一项研究增加了拉丁美洲国家对于太空科技的兴趣和联结运用，他相信热带雨林中生物多样性和太空及大气环境也有着密切的关联。

2005 年张福林自太空总署退休，一并辞去他自 1993 所领导的先进火箭推进器实验室（Advanced Space Propulsion Laboratory）的主任之职，随即成立 Ad Astra Rocket Co. 火箭公司，以便继续电浆火箭技术的研究。

不久张福林在哥斯达黎加地球大学的校园又成立了 Ad Astra Rocket Co. 火箭的分公司，成员由哥斯达黎加的科学家组成，百分之七十的投资来自该国，他们已建造较小的 VASIMR 航天器，并在地面真空的环境中进行测试。

期望奔向火星

2011 年 11 月,根据一则法新社发自华府的消息报道:由麻省理工学院华裔物理学家及前航天员张福林所研发多年的 VASIMR(The Variable Specific Impulse Magnetoplasma Rocket)火箭技能能把未来旅行到火星的时间缩减到 39 天,这是一般估计所需时间的六分之一。自人类登上月球之后,科学界有愈来愈多的人谈论奔向火星的载人飞行。张福林所设计的等离子火箭推进器,可以把人从地球飞向火星的时间从七八个月缩减到 39 天,如果等到探索火星计划的时机成熟,他希望自己被选中执行这项任务。他说做医生一行是诊断的经验愈多,则年纪愈大,就愈受重视,航天员应该亦复如此,年龄愈大,练就的本事愈多。他说根据所搜集的统计数字:航天员死于辐射的机遇率,要比一般人低得多。

由于奥巴马政府上台以后全面取消在 2020 年重返月球的星座计划,太空总署(NASA)加紧号召民营科技公司替未来的太空探测和载人飞行提供最新的技术支持,像张福林所主持的 Ad Astra Rocket Co. 火箭公司即 NASA 希望之所寄。

张福林认为往日的 NASA 不像现在这样注意先进科技,是因为过去一味陶醉于阿波罗登月的辉煌成就,而忘记继续研发新的技术。张福林解释他的火箭使用电流将氢、氦或氘燃料转化为等离子的气体。这些等离子的气体被加热到摄氏1 100万度后,磁场会把这些等离子的气体燃料启动进入排气管,从而推动宇宙飞船的飞行,其最高速度可以达到每秒55公里。张福林认为如此加速的结果可以把地球到火星的旅行时间缩短到39天。

根据张福林和 NASA 的协议,他主持的公司已制造出小型 VASIMR 宇宙飞船,已在真空中进行测试,张福林表示,下一步是计划数年以后,再推动一个宇宙飞船进入轨道的部署。

除了担任火箭公司的执行官,张福林也致力于环保活动,唤起社会大众对于地球气候改变的关心,他曾说过:"在太空中遥望地球,总有一种莫名的感动,虽然我已经飞行很多次了,但这种感觉始终如一。"另有一件引人注意的事,即受邀参加 Odyssey 2050 电影的演出,鼓励年轻人对环保事务的关心。除此之外,张福林还在休斯敦莱斯大学(Rice University)和休斯敦大学任兼职教授,主讲物理学和天文学。

2012年5月张福林参加肯尼迪太空中心的一项仪式,庆祝他进入"航天员名人堂"(Astronaut Hall of Fame),当时他在麻省担任参议员的女儿索尼娅(Sonia)还接受记者采访,发表谈话,赞扬她父亲的工作与成就对于移民而言,深具启发性。他也是四位华裔航天员当中第一位进入该堂的人士。

张福林获有四个大学颁赠的荣誉博士学位(两个得自中南美洲),1986年纽约自由女神百年纪念时,里根总统曾颁予他自由奖章(Medal of Freedom)。

第一位华裔太空站站长

1961 年出生于威斯康星州密尔基市的焦立中,在 1990 年入选航天员计划,虽然他是第三位进入科学轨道的华裔美籍科学家,但 2002 年夏天太空总署所发布的一项飞航任务的名单中,焦立中创下一个十分耀眼的第一。

休斯敦太空中心宣布:焦立中于 2003 年 2 月(此为原订日期,但因哥伦比亚号出事,而延后至 2004 年 10 月),以站长的身份进驻国际太空站,该任务称为"远征十号"(Expedition 10),同时在 2003 年"远征八号"(Expedition 8)的任务当中,如果原定的指挥官因故不能飞,预定焦立中递补他的位子。这不但在华裔航天员之中首开太空团队"领导"的先例,同时显示了国际太空站将为美国太空计划的主力,一般航天飞机任务大约十余天左右,但是国际太空站任务时间先前都在三四个月左右,后来逐渐增加到半年。

华人首次出舱

焦立中一共征太空四回,第一次是 1994 年 7 月 8 日至
23 日,任务的代号是 STS-65(哥伦比亚号),在当时创下
航天飞机 15 天的最长飞行记录,该 STS-65 任务一共有 7
位航天员,在 15 天内完成 80 项微重力环境下的有关材料
和生命科学的研究。

焦立中第二次的太空任务 STS-72(奋进号),时在
1996 年 1 月 11 日到 20 日,共计 9 天。早在 10 个月之前,
日本发射了 Space Flyer Unit,该任务是将它收回。另一项
工作是把 OAST-Flyer 在太空施放并收回,焦立中进行了
两次太空漫步,其目的在试测工具与硬体设备,并评估其技
术操作,以便来日应用于建筑太空站。焦立中这次在舱外
漫步的时间长达 13 小时。他也是第一位在太空行走的
华裔。

第三次任务 STS-92(发现号)是 2000 年 10 月,恰巧
碰上航天飞机飞航的第一百次。在为期 13 天的任务当中,
7 位航天员设法递送重达 9 吨的 Z1 支架,借以作为 8 扇太
阳光能板的基柱石。Z1 同时包括四个大的回转仪,当太空
站绕着地球运转的时候,它可控制太空站的方位,功能显
著;Z1 并包含太空站将使用的两个通讯系统,一个向地球
转播现场的录像画面,另一个可望让地球上的科学家观察
国际太空站上所做的实验。STS-92 号任务的最后一项工

作是安装一具 2 000 磅圆锥形密封舱门接合器,它可用做航天飞机造访太空站的另一个接合的舱口。第 STS-92 任务的复杂性可见一斑。

太空总署替这次飞行安排了 30 小时的"太空漫步"(英文简称 EVA),由两组人马出外进行国际太空站的装配工作。焦立中承担了任务,一共出舱两回,总计 13 小时又 16 分钟。返回地球之后,他被任命为休斯敦太空中心航天员办公室"舱外漫步"主任,足以说明他执行这项任务表现优异。后来因太空训练作业密集,时常前往俄罗斯,无法兼顾该项行政工作,而辞去主任一职。

奇妙的太空漫步

由于焦立中曾任休斯敦太空中心航天员办公室"太空漫步"主任,他就常被媒体询及感受如何?焦立中形容:你穿着太空装跑到舱外,首先听到风声呼呼作响,那是维生系统不断将氧气打到脸上的声音,然后觉得自己行动有点笨拙,因为衣服的构造复杂(要花上千万美元的制作成本),当你走出舱外看地球就会发现和舱内的感觉不一样,这时地球看上去像一只蓝色的球,但时而担心会掉下去,有一次我走到太空站的最后端,地球就在我的脚下,感觉是被吊在阳台上,心里一直犯嘀咕:"我要掉下去了。"待回到地球,有许多刚卸下太空任务的人,还错觉以为仍在太空,时常会随手扔一样东西,以为会漂浮起来,于是常发生砸坏杯子或丢了笔的事。

焦立中虽然认为上太空的经验美妙无比，但有一回完成任务归来他写下自己的座右铭，放置案头，"身为航天员，我已竭尽所能，全力以赴，但还有许多从未飞航的航天员等着排班。所以我应该闪开一旁，帮助他们升空，而不是自己一味再争取进太空的机会。"从这段话看来外人可以想见航天员争取升空任务的激烈情况，也显示了焦立中的宽阔胸怀。

笔者第一次见到焦立中是在1992年的6月底，当时担任台湾行政部门主要领导人的林洋港，前来参观休斯敦太空中心，中等个儿的焦立中，当日着一件套头的蓝色太空装，面带笑容，站在航天飞机的模拟设备之前，解答参观者的问题，一旁作陪的还有美国在台协会主席白乐崎、超导专家朱经武和"国科会"驻休斯敦科学组长熊丽生。

在那一次导览活动中，焦立中也回答了华文记者不少问题，说自己从小就对太空新闻发生兴趣，凡有关太空的科幻小说和电影他从不错过，焦立中念小学时和许多华裔家庭的子女一样，课余学钢琴，只要是入耳又喜欢的电视广告配乐，焦立中都能弹得出来，后来因为花在自然科学课余制造飞机及火箭模型的参展，以及比赛的时间占用太多，只好放弃学琴的爱好。

1990年代笔者采访航天飞行任务的华裔航天员新闻，曾两度在休斯敦军用艾灵顿机场遇见迎接爱子归来的焦母朱青筠女士，她获有加大柏克莱材料科学博士学位，她告诉笔者,焦立中自幼双手灵巧,悟性高,家中许多机器经过他拆了又复原的不知有多少! 同时言语之间也透露她和夫婿焦祖韬非常注意子女的教育,当初为了让下一代尽快融入主流社会,而决定把住家安置在美国人的聚集区,焦立中和他妹妹也就成为当地小学班上的唯一亚裔学生。焦立中的妹妹也不孚双亲的期望,获有博士学位。

不担忧别人的想法

作为班上唯一的亚裔学生,焦立中自然受到一些特别"关照",直到念了高中他才摆脱少数美国小孩找他碴的苦恼。或许由于这段年幼时的经验也培养了不服输的个性,焦立中日后在公开的演讲中鼓励亚裔年轻人要学会"让别人看得见自己,努力去追求自己想要的东西,不要担忧别人的想法。"

根据统计:美国小学老师若在课堂调查学生未来的志愿,"太空人"是一个热门选项。焦立中8岁那年收看电视转播阿波罗11号登陆月球的画面,眼见阿姆斯特朗左脚伸出舱外,跨出人类的一大步。2012年8月底,阿姆斯特朗去世,焦立中接受CNN的访问时表示:阿姆斯特朗是他儿时的偶像,同时也激励他成为一个航天员。高中毕业那年,焦立中从新闻中获悉美国太空总署训练航天员的新政策,将调整以前从军方挑选的方式,转而增加科研界的新血,他估计如此一来,自己入选的机会大为提高,不久他进入加大柏克莱研习化工,后进入加大圣地亚哥分校取得博士学位。

　　焦立中入选航天员的路途,虽非千回百折,却也经历一次顿挫。他说第一次申请是在念研究生的时候,太空总署的回信说:"必须先完成学业,取得一些工作经验,再来申请。"1987年,焦立中以不足27岁的年龄获得博士学位,并进入海格席尔(Hexcel)公司参加与太空总署合作研制的一种高精准度的光学复合材料,随后应用此一复合材料制成太空望远镜。次年,他进入劳伦斯利佛穆尔国家实验室,继续研制一种厚度较大的航空复合材料。此时他再申请加入航天员的行列,终获入围通知,尔后经过两次面试及体能、心理测验,顺利成为1989年23名入选者当中年龄最小的一位。

练得健康的体魄

　　当选航天员必须具备哪些条件?焦立中以过来人的身份指出,必须非常健康,据他所知有许多人是因为心脏或视力的问题被淘汰。进入航天员的团队之后,更是注重体能训练,譬如每次任务结束从太空回到地球,航天员都发现身高和骨骼都会缩减,最明显的另一事实是航天员的肌肉和心脏都要经历一次重新适应地心引力的考验。焦立中经常以跑步来锻炼自己的身体,每周至少跑四天,每次跑二到四英里。焦立中第四次太空飞行就做了太空跑步的实验,那一次他和俄罗斯同行在太空站待了6个月又13天。

当焦立中进入航天员培训计划之前(1988年),曾和同行(学化工)的父亲焦祖韬应邀到北京航天科学院及长沙科技学院发表数场有关材料科学的演讲,并且顺道游览了上海和香港。1996年,台北驻休斯敦的科学组组长熊丽生邀请焦立中和他STS-72航天飞行的同僚一块访台,这项计议已定的访问,因双方没有官方关系,最后未能成行。

2004年带着"探险十号"(Expedition10)指挥官头衔的焦立中于10月13日和俄罗斯航天员沙里波夫在中亚哈萨克斯坦启程,一同搭乘俄罗斯宇宙飞船"联合号"抵达国际太空站并任站长,经过6个月的停留,完成20余项实验,两次漫步太空舱外,从事维修和装配国际太空站的工作。于2005年4月24日圆满完成任务,返回地球。随后在俄罗斯空军基地接受体检,后取道莫斯科返美。事后媒体请焦立中解释国际太空站的站长所肩负的任务为何?焦立中说,就是保证整个任务的顺利推动和成功实施,以及团队之间的良好工作关系。在这次飞行当中,他培养了摄影的爱好,在他最后一次的飞行期间,焦立中拍摄了两万多幅地球、月亮以及太空为主题的照片。

爱好太空摄影

因为国际太空站以每秒8公里的速度掠过地球,如果在太空摄影必须以极佳的技巧才能拍到清晰的照片,焦立中在太空舱内先找到一处窗口,掌握美好的视野,他同时在休斯敦地面控制中心的协助下，根据国际太空站的位置，地球的天气情况和阳光的照射角度等因素，确定了拍摄的主题和对象。拍摄的时候一面把相机贴紧窗口，一手牢牢抓住墙上的扶手(以免漂浮移动位置)，一旦看见美丽的景色就赶快按下快门。焦立中拍摄最多的就是月球。

2005年5月14日，焦立中自莫斯科返回休斯敦，同行有"探险十号"的伙伴俄罗斯航天员沙里波夫(Salizhan Sharipov)，这是他第四次完成征空任务。休斯敦太空中心主任杰斐逊·霍威尔将军及数十位支持太空站作业的地面控制中心同僚前往欢迎。

由于焦立中在国际太空站停留期间，美国举行四年一次的总统选举，于是他在太空轨道行使公民投票权的细节，也成为媒体之上引人注意的新闻。

太空科研的视野

2005年，焦立中自太空总署退休，他决定与私人公司进行合作，希望以后能开发太空旅游业，或加盟私人太空研究工作。十余年来他重要的职务和工作如下：

2006年3月，焦立中获聘担任路易斯安那州立大学机械工程系杰出讲座教授。同年焦立中被任命为休斯敦贝勒医学院国家太空生化研究中心(缩写NSBRI)User Panel的主席，NSBRI是在太空总署的资助下所成立的联合组织，其宗旨在研究长期太空飞行对健康造成的危害，而此一机构的 User Panel 为一咨询小组,由曾经服役或现役航天员所组成。它为来日探测月球和火星铺路,焦立中领导此一小组,将检视航天员远程任务的需要来推广 NSBRI 的科学及技术方面的计划。

2008 年焦立中出现在"Manswers"影集中,他在影集中解释如何在太空里把一个变成歇斯底里的航天员恢复正常个性。同年 9 月 27 日,中国的太空计划完成了第一次舱外的太空漫步,焦立中撰文主张美国的太空计划必须像当年容纳苏俄一样,不应将中国摒弃在外,应该扩充到全球的视野。但另一派的看法认为正在急速求进的中国,可能借着合作的机会使得美国失去航天科技的优势,尤其在美国航天业工作的华裔因为身份定位的问题,大家都不敢碰触这个话题,以免引起选边或忠贞的问题,焦立中的言论一方面反映他率直敢言的美式个性,或许也因为他已自政府机关退休,忌讳较少。无论如何,发表这样的言论是需要相当勇气的。

2009 年 5 月,焦立中被提名至美国太空载人飞行计划审查委员会,该委员会乃应科学及技术政策办公室的要求而成立。

2011 年 9 月 1 日,焦立中又在 CNN 的特别节目中建议中国应被允参加太空站的计划,缘于美国航天飞机的计划结束后,而俄罗斯的 Soyuz 太空舱又在同年 8 月 24 日发生故障,有关太空飞行的选择受到限制。

太空政策研讨会

2013年1月24日,笔者以记者身份旁听了休斯敦莱斯大学的斐克公共政策中心所主办的一项有关太空政策的研讨会,邀请6位专家学者包括:两位前白宫科学政策顾问Dr. Neal Lane Dr. Mark J. Albrecht,三位大学教授(一位专于太空史的Dr. John M. Logsdon、一位专于太空法律Dr. Joan Johnson-Freese、一位专于太空物理的学者Dr. Eugene H. Levy),还有焦立中。由于焦立中四度以航天员的身份随航天飞机升空,而且最后一次2004年10月13日以"探险十号"指挥官的身份进驻太空站,运行长达半年之久,2005年4月24日圆满达成任务返回地球,研讨会结束后他也是听众提问最多的对象。细看这场研讨会的英文原名:Lost in Space:The Need for a Definitive U. S. Space Policy,如果翻译成中文,讨论主题是:美国需要一个明确的太空政策,副标题Lost in Space,可译作在太空中迷失,或在太空中败阵。无论"迷失"或"败阵",站在美国国民的立场都令美国人忧心忡忡,尤其后者是有竞争对手的情况下而落居颓势。综合会上6位在太空领域各有专精人士的发言:大家都认为全美上下对于太空总署的未来方向缺乏共识。

莱斯大学的这场研讨会也达成几点结论:首先,太空总署、美国总统和国会可以联合起来为太空总署提供一个明

049

确的方向;其次,全国所有涉及太空飞行的机构如国防部、太空总署、全美海洋大气总署及私人企业大家应作更紧密的合作。研讨会另一项结论是,呼吁太空活动的国际合作,譬如太空总署的"星座"计划受到批评,部分原因在于不邀其他国际伙伴参加,这和十余国所参与的国际太空站计划便有显著的不同。

曾在 2006 年 9 月以第一位美国人身份前往中国大陆参观宇航员研究及研究中心的焦立中在会中表示,中国在太空探测方面的硬体设备不差,所缺乏的是操作方面的经验,需要与先进国家交流合作。这位美国出生的华裔航天员,通中文、俄文,和日俄欧洲的太空机构都有合作的经验,曾累积四次飞行太空的记录,也曾任教莱斯大学,2009 年被白宫任命为美太空载人飞行计划评估委员会委员,目前担任太空总署之下的载人探测太空及行动咨议委员会委员。他在会中发表了一段非常感性的谈话:我自小就被电视上的太空新闻吸引,后来进入航天员的团队,以至第一次征空任务,让我感觉太空是如此的纯净无邪,后来听到国会议员要把太空计划的执行当作一种外交政策的延伸和运用,令我感觉十分不是滋味,但是现在年岁已长,我才逐渐接受这种国际政治的考虑与现实。

笔者所以摘录以上会议的片断,一方面反映美国社会对于专业宇航员的尊重和爱戴之情,会后听众围绕他纷纷提问,同时也发现在美国出生的焦立中其敢言与直言的一面,虽冒着负面影响的风险,也要吐露肺腑之言。

2011年12月，焦立中出任 Epiphan Systems 航天部的副总裁，该公司依据太空的科技生产高分辨率的录像，或替医药、教育工业市场出产记录产品。焦立中在该公司的任务是协助公司筹划远景，譬如在航空交通控制方面达到全盘筹划的目标。次年被任命为太空基金会"人类太空飞行"特别顾问。

近两年来传出焦立中研发对健康有益的"太空鞋"，它源自日本式的拖鞋，是他和日本宇航员交流的结果，"太空鞋"的特色是把大脚拇趾和其他脚趾分开，希望这位身怀十八般太空武艺的科学家，把在太空所得到的经验，变作赚钱的本事，即令跨足商场，也能春风得意！

卢杰首先进驻太空站

　　四位华裔航天员之中，
数卢杰的年龄最小，1963 年
出生的他，却是第一位以飞
行工程师(Flight Engineer)
的身份，进驻国际太空站的
华裔航天员，时间在 2003
年 4 月 25 日，任务名称为
"远征七号"(Expedition
7)，这是卢杰第三次的征空
任务，由于同年 2 月 1 日
"哥伦比亚号"发生意外，使
得卢杰的这次旅途绕了一个大弯子：必须搭乘俄罗斯宇宙
飞船，往返国际太空站。

　　卢杰比另一位华裔航天员焦立中小 2 岁，他俩年龄相
仿，二人至少拥有五点相似之处：焦、卢都是在美出生的第
二代华裔移民，都在求学时学习中文；二人的双亲同是
1949 年从大陆迁徙台湾的知识分子，后赴美深造，而安家
落户；两人都全力拼事业，依中国人的算法，过了"不惑之

年"方才完婚;他们也因嗜好飞行而各自拥有私人飞机。

专长天文物理

　　1995年被甄选进入航天员计划的卢杰,1984年毕业于康乃尔大学电机系,4年后获得斯坦福大学天文物理的博士学位,自1989年至1992年他应聘科罗拉多州包德市(Boulder)的高海拔观察台担任"访问科学家",从1992到1995年,他前往夏威夷火奴鲁鲁天文学研究中心从事博士后研究。根据休斯敦太空中心的档案资料,卢杰在这段时间内对了解太阳火焰(solar flare)物理的原理,发表了先进的理论。卢杰同时也就宇宙学、统计力学、太阳振荡及电浆物理发表多篇论文。

　　卢杰不仅对科学抱有浓厚的兴趣,而且也喜欢运动、弹钢琴、打网球,中学时是摔跤队的校队代表,可说是一位能文能武的全才,当他从夏威夷搬到休斯敦太空中心时,行李之中有一架钢琴。他的母亲告诉笔者,卢杰上有一个姐姐,下有一弟弟,性情可动可静,脑子开窍很早,凡事解释一遍就能记得。在学校念书时,从来不叫父母操心,常给功课不好的同学补习。卢母说卢杰做事小心谨慎,天性使然,父母亲并没有教他如此。卢杰的父亲卢景辉毕业于广西大学,迁台后分发到石油公司工作,20世纪50年代在美深造,获得博士学位,任职化学工程师,卢杰的母亲臧雪莲,毕业于台中农学院(中兴大学的前身),到美后转业计算机程序设计,卢杰的外祖父是前东北大学校长臧启芳。

笔者有一回见到卢杰上台讲话,是 2000 年 9 月,恰逢他第二次完成太空任务归来,在休斯敦东郊艾灵顿军用机场的欢迎仪式上。同去的一位俄罗斯航天员称赞卢杰在任务中调度得宜,表现可圈可点。那回卢杰担任酬载指挥官(Payload Commander),时任休斯敦太空中心主任乔治·艾比(George Abbey),赞扬这次 STS - 106 号任务圆满,它替第一组进入国际太空站居住的航天员进行了铺路的工作,任务当中运送 6 600 磅的补给和用品,并给太空站装电池、电流变换器、维生系统及运动器材,面积相当于两个足球场,此一历时 8 年、结合 16 国之力建造完成的太空研究计划,一则进行物理、生物、医学、环保观察,另则可进一步成为发展未来外层空间探测活动所需的新硬件。

搬运补给和器材

试想我们平日在地上搬家、营建新居,都千头万绪,不知从何下手,更何况把这种麻烦事搬到太空轨道上去做。在太空因为没有地心吸引力,身在太空随时飘浮,完全没有上下的观念,也没有天花板和地面之分,航天飞机和太空站内的任何一片墙都装有扶手,这样就可以定自己的方位,由此可知在微重力之下,虽然搬东西没重量,但并不是一件容易的事。

卢杰的第一次太空飞行也和搬运东西有关,当时(1997

年5月)执行STS-84号任务的航天飞机和俄罗斯太空站"和平号"在轨道上接合,美方携带了8 000磅的饮水、食物、科学器材和实验用品,该次的任务手册还注明卢杰除了搬运补给,并给俄方的"和平号"做一番摄影记录,同时协助两个实验,其中一项和俄罗斯合作,实验与人的日常生活有关:"测验细胞在微重力下的运作方式,以及受其影响的程度"。

卢杰的第三次征空任务,早于2001年前便由太空总署发布消息,排班已定,不料晴天霹雳,2003年2月1日(恰是中国阴历羊年元旦),"哥伦比亚号"STS-107完成两周的任务之后,在归航的最后途中,以每小时12 500英里的速度,在距离地面40英里高空进入大气时,不幸发生爆炸惨案,机骸散落美国西部的加州及德州地区,这和17年前"挑战号"失事所造成机、人均毁的震撼和悲剧,同样地令举国哀伤。两者唯一不同之处,1986年"挑战号"的意外发生在出发后的72秒,而2003年"哥伦比亚号"则是返航最后16分钟功败垂成。

1986年1月28日,当"挑战号"失事后,航天总署立即宣布停飞航天飞机,重新检讨安全措施,当年的调查结果发现,火箭推进器的〇环安装不妥,因而肇事。但是17年后,太空轨道上已新添了国际太空站,其补给输送及人员换班、端赖航天飞机的出征任务,如果决定暂时停飞,那么驻在国际太空站的三位航天员如何返回地球,以及太空站如何继续操作的问题,都成为各方关切的焦点。

临危受命

"哥伦比亚号"航天飞机出事 3 周后,美航天总署署长欧奇夫在国会众议院科学委员会的听证会上表示:美国和其他 15 个国际太空站的伙伴国家同意在四五月之交,发射俄罗斯的"联合号"宇宙飞船,用来载运换班的航天员。欧奇夫署长说,已有一艘俄制的宇宙飞船停泊在太空站之旁,"远征六号"的 3 位航天员可以在交班之后,乘它返航,至于 4 月下旬发射的"远征七号"所乘坐的"联合号"宇宙飞船,则停放在太空站旁边,以备万一有什么意外,两位航天员就可以熄掉国际太空站的灯火,钻进宇宙飞船,打道飞回地球。

到了 4 月 1 日,航天总署宣布,该署决定派遣两位经验丰富的航天员卢杰博士及俄罗斯空军上校麦连钦柯(Col. Yuri Malenchko)接替驻在太空站内的三位航天员,麦连钦柯担任任务指挥官,卢杰为飞行工程师,卢杰的主要任务乃维持太空站运作正常,并进行十余项的科学实验。

卢杰在准备第三次飞行任务时,特别将出事的"哥伦比亚"航天飞机任务代号 STS-107,做成一块小布牌缝在袖口上,借以纪念七位逝去的战友,他说在太空站的六个月的任务期间,"每当看到它立即让我想起我的朋友,就不会感到孤单寂寞"。

相拥而泣

"远征七号"发射之前,卢杰和他的同行麦连钦科专程赴俄罗斯位于中亚哈萨克斯坦的太空发射站,那时还是卢杰女友的克丽斯汀娜和卢杰的弟弟替他送行,当他两人看见发射成功,不禁相拥而泣。根据俄罗斯的传统,家人在现场观看不是好兆头,因此卢杰的俄罗斯飞行伙伴家属并没有出现。发射的那天早上,两位航天员提早了两小时入宇宙飞船,两人都没有发表谈话,只向人们竖起大拇指,希望能为自己带来好运。

卢杰和俄罗斯飞行伙伴麦连科钦上了太空站以后的主要任务是维持太空站的正常运作,由于大部分器材只能由航天飞机运送,他俩无法从事继续建设太空站的工作。与其他太空任务的步伐相较,"远征七号"的速度稍微减缓,然而因为"哥伦比亚号"航天飞机功败垂成的阴影,两位航天员的工作量虽然不大,但是心理负担确实不小。接近"远征七号"任务的尾声之时,卢杰写了一封信给地面的朋友,启头谈他在无重力环境下的太空站生活六个月,如何练就了移动肢体的诀窍和心得,卢杰使用两个卡通英雄人物"超人"(Superman)和"狄可"(Tick)说明两种移动肢体的方法,他采取的是后者。其次谈到他在太空舱所拍的地球奇景。

同是探险者

当绕行地球之际,卢杰想起2003年的这次飞行任务恰是美国历史上 Lewis and Clark 探险队去勘查美国自法国购得的"路易斯安纳州"两百周年,而当年这支队伍一路上徒步、骑马、坐独木舟,一共走了三年时光。

卢杰追古抚今之余,希望2003年的"远征七号",能对未来探测"深太空"有所贡献。他常听人提起太空计划就是科学计划,卢杰认为它不仅是科学计划,而且还拓展了商务、贸易和人类新聚落,他进一步解释,15世纪的探险船推动了科学的进展,并不是因为在船上做科学实验,而是因为船把我们带到人类从来没有梦想过或去过的地方。由于新的视野改变了人的想法,打开了新的商贸路线,开垦了新的居住之地。卢杰说,同样地,人类可以使用太空站来帮助我们把人送到太阳系的其他星球!

"谈到太空探险的题目",卢杰接着说"中国发射了载人的宇宙飞船神舟五号,上面有宇航员杨利伟,我很高兴也有其他人共享太空!"卢杰所说的此一场景是中美俄三国航天机构的人员都在外层空间飞行,俄罗斯的麦连钦科在太空站里,通过视频经由美国休斯敦太空中心的地面控制中心,用英语祝福杨利伟,而卢杰用的是中国普通话说"欢迎你到太空来!祝你一路平安,顺利返航!"

荣获"杰出服务勋章"

2004年9月12日,卢杰在休斯敦太空中心接受太空总署署长欧奇夫亲自颁赠的"杰出服务勋章",这是NASA颁发给工作人员的最高荣誉。欧奇夫在会上表示,卢杰2003年所执行"远征七号"的任务,创下美国航天员第一次搭乘俄罗斯宇宙飞船、往返国际太空站的例子,它发生在"哥伦比亚号"航天飞机失事之后,许多地方并无规章可循,必须发挥想象力和创新力,并且在原定三人裁减为两人的情况下,维持国际太空站的正常运作,十分难能可贵。

平日因飞行和俄语密集训练忙得不可开交的卢杰,最初在休斯敦太空中心附近和另一位单身的航天员合租一栋房子,难得有时间待在家里,唯一的休闲活动是星期日早晨,带着四五位航天员前往休斯敦华埠吃广式茶点,大家都吃得很开心,忙里抽空回加州看父母的时候,该说中文的地方,都说成俄文,给家人制造了不少笑料。

进谷歌公司

2007年夏天,卢杰自太空总署退休,结束了12年的航天员生涯。他从太空团队退役以后,其科学背景及太空经验都替他的职场生涯开拓无限空间。同一年,他加入谷歌(Google)公司,在两万员工之中,他是唯一上过太空的人,凭着他天体物理学家和观察星象的经历,协助研发街景摄影机、图书扫描器以及地球和地图的数据搜集工作。2010年一月海地发生地震,卢杰以资深经理的身份,扮演了公司和政府之间的桥梁,以不到两天的速度,提供最新的卫星照片给地面的救援人员。

卢杰在谷歌最为人所称道的项目研发是谷歌的电表(Power Meter),这个点子出自卢杰查看自己汽车油表所得的灵感,用户可达到省电、降低电费的目的。2008年NASA庆祝50周年,谷歌执行长Eric Schmidt受邀前往演讲,卢杰一同前去,在飞机上二人交谈,Schmidt采纳卢杰研发电表之议,于是派给卢杰一个项目研发的团队。

2011年9月,卢杰转职硅谷另一家专门负责海洋信息的科技公司,名叫液体机器人(Liquid Robotics),他的职衔是"创新应用主管",同时也是B612基金会的主席,此一非营利组织的主要功能是预测并且防止小行星对地球撞击所发生的影响。

成立B612基金会与哨兵计划

据天文学家的解释,小行星是45亿年前太阳系形成时所遗下的石块,它们大多留在火星和木星之间的行星带,有一些漂浮到地球附近。NASA和一个天文学家的网络组织定期扫描接近地球的天体,并发现其中百分之九十对地球具有威胁性,这些至少有三分之二里长的小行星,被视为毁灭性的星体。但卢杰领导的这个 B612 基金会认为应更留意那些数量达五十万颗的较细小行星，与此形体相类似的小行星，于 1908 年堕落西伯利亚爆裂，并且把逾 800 平方英里的森林区夷为平地。

担任基金会主席的卢杰说：我们好似在玩宇宙轮盘，我们的太阳系陪着这些物体飞行，那根据概率到最后总会找上门！自 2011 年 B612 基金会成之以来，便希望找到袭击小行星偏离轨道的方法，过去曾有人建议用宇宙飞船发核弹予以截击，如今基金会把焦点转向使用望远镜寻找小行星，有一家名叫 BALL 的航天科技公司，已与基金会合作定下望远镜的初步设计。该公司曾制造哈伯太空望远镜里的仪器。

由于预警天外来的威胁，所使用的设备及科技花费庞大，动辄以亿计，所以该基金会计划展开筹款工作，基金会成员除卢杰担任主席，还有"阿波罗九号"航天员、前火星专家、远太空探索计划经理等。

卢杰担任 B612 基金会主席的职务之一是出外演讲，倡导该会的理念与做法。在 2014 年 10 月的一次演讲中，他介绍 B612 基金会的哨兵计划（Sentinel Mission）。筹建中的"哨兵"即是一座红外线的望远镜，具备极高的敏感度，在浩瀚无边的宇宙之中，可以察觉到距离远达三万英里外又黑又小的陨石。估计整个计划需要四亿五千万美元，希望 2019 年能够把望远镜送上太空。

卢杰所主导的哨兵计划的主要目标是进行陨石的侦测

工作,他指出人类的文明在未来会面临陨石撞击的威胁,目前的第一步是先致力于了解陨石,并且设法减低撞击的危险。卢杰说,在宇宙的轮盘赌局上,人类并非庄家,不会总是赢家,"你在某些时刻,必须改变赛局,否则人类就像恐龙一样绝灭"。不过短期内太空陨石摧毁一座城市或整个人类的机遇率微乎其微,但随着时光流转,此一风险会逐渐升高。

卢杰认为,我们具有改变命运的能力,可以取消世界末日的威胁,当前的任务是筹措哨兵计划的经费,来日得以仔细监控太空中的一举一动,测知下一次的陨石冲击何时发生。

寻找另一半宇宙

　　"劳心者治人，劳力者治于人"，这是 1976 年诺贝尔物理奖得主丁肇中教授在瑞典举行的授奖典礼上，以华语发表得奖感想的一句引言。

　　他引用这句话的意思，并非夸耀自己智慧出众，属于劳心治人的高眉族。相反地，丁肇中把自己本行所做的实验物理（相对理论物理而言），归类为"劳力者"，他想借这个机会向听懂华语的青年强调"实验工作的重要性"。他说，自然科学理论不能离开实验的基础，尤其物理学更是从实验

中产生的。中国的这句古话是一种落后思想，使年轻人倾向于理论的研究，而避免实验工作。丁肇中希望"由于我这次得奖，能够唤起发展中国家学生们的兴趣，而注意实验工作的重要性"。

这篇得奖感言也开宗明义地揭示了丁肇中学术思想最突出的特点："即在科学研究之中重视实验"，他多次在演讲中指出，物理学是在实验与理论相互作用的基础上发展起来的，他强调没有一个理论能驳斥实验的，反之，如果一个理论与实验观察的事实不符合，那么理论就不能存在，他重视科学实验的观点，对于科学工作者是很有教益的。丁肇中还有一句名言："我不反对和理论物理学家一同吃中国饭，但是没有兴趣跟随他们的理论做实验"。

2003年3月，丁肇中接受美国电视台名记者莫耶斯（曾担任约翰逊总统的白宫新闻发言人）"前线"（Frontline）节目的访问，他追忆诺贝尔颁奖典礼上有史以来的第一篇中文演说，除去劳心、劳力之辨，尚有其他幕后的曲折。例如他决定先用中文发表得奖感言一事，立即引发美国驻瑞典大使事前的造访和面谈，大使问：你是美国人，为什么用中文发表得奖感言？丁肇中回答：我想用什么语言就用什么语言。随后他用英文再把讲词重复一遍。

丁肇中还在节目中透露，当时冷战方兴未艾，中国仍旧是一个封闭社会，他有意邀请居留大陆的姑妈前往瑞典出席颁奖典礼，但被中国政府所拒，丁肇中心想，你不让姑妈参加颁奖典礼，我就要坦白告诉你的青年学生，我对中国教育的看法。

发现 J 粒子

一生钻研粒子物理实验的丁肇中,在 1976 年发现 J 粒子,而获得诺贝尔物理奖。他最先在德国汉堡的正负电子对撞机 PETRA 科研中心寻找光子与重光子的关系,于 1979 年寻获称为"胶子"的新粒子,再进一步研究胶子的特殊性。20 世纪 80 年代初期他开始使用日内瓦 LEP 正负对撞机做实验,主要的目的是寻找质量的来源和第六个夸克。他还用实验方法去寻找自然界四种力量(核力、弱力、电磁和万有引力)之间存在联系的证据。他所设计实验的基本观念是争取发现弱力和电磁力之间的耦合作用,他在一篇文章中表示:"依我们现在的理解,这一目标很可能最近几年内实现。"

另一位诺贝尔物理奖得主杨振宁在他的自传中评述:"丁教授在粒子物理学中有许多卓著的贡献,最有名的是 1974 年 J 粒子的发现,这项发现导致粒子物理学走入了新的方向,他因此获得 1976 年的诺贝尔奖。此外,他对量子电动力学的精确性、轻子的性质、矢量子的性质、胶子喷柱现象、Z-r 之干涉问题的研究都有十分重要的贡献。"

双亲留学美国

丁肇中的科学教育及日后扬名全球的研究成果皆根源于美国,就连他的出生地亦在美国一所大学校园的数里方圆之内。他的父亲丁观海(工程学教授)和母亲王隽英(心理学教授)于 1935 年到美国访问密歇根大学,原希望他在中国出生,没想到意外早产,丁肇中次年一月在密歇根州诞生,三个月后,一家返回中国大陆。丁肇中屡次在媒体访问中表示:"我的父母亲非常爱国,他们返回中国的主要目的就是加入抗日行列。"

自 1936 年回到中国大陆后的十余年间,丁家和其他数以千万计的中国同胞一样,不停地在兵荒马乱之中逃难,丁肇中也没有按部就班地接受传统的学校教育。这位诺贝尔物理奖得主在 2016 年访问年幼曾读过的重庆小学,他告诉听众,念小学时没好好念,常考倒数第一,但父母从未责备,母亲从小就支持我,所以我跟她的关系特别好,后来在美国求学,准备从机械系转到物理系,母亲反对,但最终尊重了我的意见。丁肇中说一个人在这世界上只走一回,应该依照自己的兴趣走,1960 年母亲就去世了,这是他一生最遗憾的事,因为母亲没看到他后来的发展。

丁肇中在他获得诺贝尔奖的小传中自述,因为双亲都出外工作,所以他从小是由外婆带大,外公早年就追随孙中山先生从事国民革命,不幸牺牲,他的外婆在 33 岁那年,才进学校读书，毕业后担任老师，独力抚养丁肇中的母亲。他年少时，经常听到外婆和母亲回忆她俩如何在战乱频仍的困苦年代求生存，并且让母亲接受良好的教育，他说这两位走在时代尖端的勤奋女子，是他一生的典范。

1948年，丁观海教授全家抵台之后，先在台中丰原镇居住一年，随后搬到台北，进入建国中学就读。丁肇中回忆这所中学的几何、中国历史、英文和化学方面的师资，都非常优秀。丁肇中念高中时最感兴趣的科目是中国历史、化学和物理，但是他发觉如果想在历史中追求真理要比从科学之中追求艰难得多。

2009年，他接受北京中央电视台节目主持人曲向东的访问时指出，"我喜欢历史，但并没有做进一步的研究，因为在中国很难找到真正的历史，譬如每一次改朝换代，新王朝的第一件事就是改写历史。"丁肇中的这番话，换来节目主持人一脸愕然。更由于他在12岁之前没有受到正规的学校教育，所以对国文、英文科目感到极大的困难，不过物理和化学两门因自修的时间多，所以能够有较深入的了解。

丁肇中直言不讳的个性也在央视同一节目中表露无遗。主持人曲向东再问："我阅读你的个人资料，你家三兄妹的名字依序是，肇中、肇华、肇民，如果再有第四位手足，是否要叫肇族？"丁教授回答："如果再这样顺着秩序叫下去，应该叫丁肇国，因为去了台湾所以没有'国'了"，主持人又问："为什么父母亲取名字这么老早就有远见？"丁教授回答：因为我母亲的父亲王以成，变卖家产，帮助孙中山国民革命而殉身，所以双亲对中华民国的感情深厚。如果对应他向美国大使表示在诺贝尔奖典礼使用中文发表得奖感言的事件，或许和齐鲁之士的豪爽个性有关。

迎接新挑战

高中毕业之后，丁肇中做了台南成功大学一年级的新鲜人，鉴于美国的高等教育制度较为完备，而且他在美出生，具有公民身份（美国采出生地主义），进出境比较容易，所以1956年他负笈北美，就读密歇根大学工学院。在密大求学期间，丁肇中的数理成绩出色，靠奖学金完成学业，大学第二年转入理学院，六年内获得物理博士学位，缔造一项难能可贵的记录，直到现在该校只有极少数人能以这样的速度修得博士学位。

丁教授在他自撰的《一个物理学家的体验》中回顾这段求学的时光，"在学校里我的考试成绩相当好，更重要的是，在大学期间，我有机会缜密地研讨了整个物理学，并且突破书本的格局去了解物理现象，作为一个科学家，最重要的是不断探寻教科书之外的事，对该学科有更深一层的理解，有能力去独立思考各种物理现象的本质，当面对占压倒优势的反对意见，要毫不胆怯地迎接挑战。"

在美国的大环境和制度之下，丁肇中以优异成绩取得博士学位，自然有许多理想的工作机会迎候，但他所选择的是"能使我进一步从事研究的工作"，他渴望能够和欧洲核子研究中心的柯克尼教授一起工作（虽然薪金只有其他工作机会的三分之一），为期一年。柯克尼的特长是，在选择物理研究的课题时具有敏锐的观察力，能够深入浅出地阐释复杂的问题。自欧洲归来，他开始到哥伦比亚大学的物理系担任教席，日后展开他一连串卓越的科研成就。

探索反物质

1995 年，丁肇中有心将粒子测验器放在太空轨道之上，借以测量宇宙之中是否有反物质（antimatter）的存在，进而希望能替宇宙的起源解密。太空科技对于丁教授和他麾下的团队而言，是一个全新的领域，但三年之内他就克服经费、人力和实验设计的重重困难，1998 年 6 月初把阿尔发磁谱仪（Alpha Magnetic Spectrometer，简称 AMS）借着航天飞机"发现号"将它放进太空轨道作了十天的飞行，原先预计 2004 年二度把它送进国际太空站，再作两至三年的试测。但因 2003 年 2 月 1 日，"哥伦比亚号"航天飞机发生意外，其余的航天飞机作业全部停摆，所以磁谱仪第二度升空便延后到 2011 年。

磁谱仪（AMS）初次升空作业的前一年（1997 年 8 月），笔者参加了太空总署为丁肇中在休斯敦太空中心举行的记者会，会上他解释"反物质"的探索计划。丁肇中说，科学家推论宇宙始于大爆炸，估计目前宇宙年龄已达 140 亿年，大爆炸之后产生数目相等的粒子和反粒子，正电子和反电子，正质子和反质子,依此推理有了物质,就有反物质。反物质的观念最初由物理学家保罗·狄拉克于1928年提出,5年后他因此一理论获诺贝尔奖,但是直到现在还没法在生活的环境中找到反物质,究竟由反物质所组成的半个宇宙潜藏何处?

丁肇中接着说明大爆炸的理论,他说:"我们知道宇宙是从大爆炸而来,因为你从天文望远镜中观察,便可发现星辰与银河系纷纷向外扩散,由是观之,宇宙不断向外扩张,所以明天的宇宙要比今天的大,明年的宇宙要比今年的大,如果逆向命题,溯源到140亿年之前,宇宙就是一个小点,所以在大爆炸之前,万物皆真空。倘若有一个正电子,便会有负电子予以平衡,反物质存在的道理亦寓于此。"

丁教授表示,宇宙间带电的粒子常被地球的大气所吸纳,所以无法在地面上测量,过去40年来曾有人用气球做短期的实验,但所获资料有限,而带电的宇宙射线只能用磁场的射线指认,这也是他使用阿尔发磁谱仪的重要理由。

磁谱仪的构造

磁谱仪的构造分为五个部分:一块永久磁铁(Magnet)、硅造的微带传输追踪器(Silicon Microstrip Tracker)、传播时间闪烁器(The Time of Flight Scintillators)、反复合闪烁计数器(The Anti-Coincidence Scintillator Counters)和气凝溶胶临界计数器(The

Aerogel Threshold Cerenkov Counter），除此而外还有电子仪器及支持界面与结构的装置。记者会分发一页各国所负责制造的图表解说，磁谱仪重七吨，两米高，为直径两米的圆锥形，内含七大项，其中磁谱仪探测器所用的磁铁是由中国大陆制造，台湾负责电子仪器，丁后来回台时，特别在一次演讲中提到，这是中研院的李世昌和中央大学的张元翰及中山科学院电子所的刘金陵所领导下的优异表现。中山科学院承制磁谱仪的电子系统至今已有多年历史，呈现零缺点，连美国太空总署都肯定其优异性。

丁肇中特别感谢太空总署的国际太空站提供了一个不受地球大气和地心吸引力影响的实验室来支持这项长期、大规模、精准的物理实验。他说假使存在一个反物质所构·成的宇宙，则磁谱仪便能测出反物质在地球边缘走游众星系时所发散的反氮、反碳的粒子。

美能源部相助

1998 年 6 月 2 日，磁谱仪随着"发现号"航天飞机第 STS-91 号任务升空，行前丁肇中在记者会上宣布，AMS 是太空总署所批准的第一个在太空站上所做的物理实验，它分成两回进行，首次即将随"发现号"到太空运作 100 小时，除收集科学资料，借机也测试磁谱仪的本身机能，为日后进入太空站铺路。

丁肇中在记者会上回答问题时表示，磁谱仪的造价和两次飞行的费用是 3 300 万美元,太空总署承担 1 300 万元,美国能源部付 400 万美元,其余由参与国家和地区摊付。所参与者包括:美国、芬兰、法国、德国、意大利、俄罗斯、中国、中国台湾、罗马尼亚、西班牙、瑞士和葡萄牙等。丁教授并透露,制造磁谱仪磁铁的原料是一种高纯度钕铁硼的合金,产于内蒙古包头市,该地严冬冷至零下 40 摄氏度。

1998 年随"发现号"六度升空的航天员张福林,具有四分之一的华人血统,他出生于哥斯达黎加,记者会上有一位来自该国的电视记者问道,张福林是麻省理工学院的高能物理学家,这次由他在太空负责测试 AMS 的操作,而筹划 AMS 的又是同校的教授丁肇中,二者是否有什么关联之处?丁教授表示,太空总署选择飞行人员自有其标准,他并没有参与其事。无论如何,此一因缘际会促成两位杰出华裔科学家的合作佳话。

磁谱仪的雏形完全出于丁教授的一个观念,加上一幅愿景。随后在短期的两三年内,以他的智慧领导及经理而组成国际团队。这项地球上史无前例的国际合作计划是如何推动它的工作?丁肇中在 2003 年 3 月接受美国公视台"前线"节目访问时,作了详细的描述。

科学团队统帅

丁教授说,我们每三个月见一次面,大家到日内瓦集

寻找另一半宇宙

会,他们之中有实验室的主任、教授、研究助理甚至研究生。会议开锣之后,先听他们的报告,我非常仔细聆听他们的意见,因为物理学家各有自己的想法,你不能传达命令支使别人,也不能付诸表决,因为大多数人的意见不一定正确,而背后支持这项计划的政府,其动机纯为满足求知欲和好奇心,因此只好由我仔细考虑每个人的发言以后,再决定下一步怎么做。

昔日科学家每当钻研一项新理论之时,往往踽踽独行,充其量背后有一个实验室给予支持,至于像丁肇中此番征集、组合全球各地专家、科技人员,以及美国能源部、太空总署的例子,可谓少之又少。丁肇中曾向媒体解释,对他个人而言,是为满足求知欲。许多实验和发现在最初的时候,纯为满足好奇心,但是到后来却能产生实用价值。譬如百余年前发现的 X 光和电子,等过了 30 年,就能把 X 光应用到医学界。像 20 世纪 20 年代,最先锋的科学是原子物理,又称量子力学,现在我们把它应用到激光、电讯交通、超导。再看 20 世纪 40 年代和 20 世纪 50 年代,最先进的科学是核物理,现已应用到能源、国防和医学。丁教授说,我们可以归纳如下:一项科学知识,从发现到应用,大约相隔三四十年,一旦进入应用的范畴,其影响力就无远弗届。

在丁肇中看来,科学永远是一个"过程",很难断言它的方向和目的地,例如科学家对于组成宇宙的最基本单位的认知,便与时推移,迭有更变。大约在一个世纪之前,咸认元素周期表上的化学元素氢、碳、氮和原子是自然界中最基

073

本的元素。后来经过无数的研究,否定了这项假设。到了20世纪60年代,众所周知基本粒子是最小的宇宙组成单元,但是20世纪70年代又发现夸克是最基本的单位,或许百年之后再回头看,又是另外一番景象。

丁肇中目前所领导寻找反物质与暗物质的工作,跨越欧美亚三洲、包括16个国家和地区、60余机构,有千余位科学家参与其事,所花费的金钱数以千万计,其钻研之物又是一个未知数,许多人不禁要问丁肇中的说服力来自何处?丁教授在回答媒体记者这个问题时表示:"别人相信我,因为他们看到我过去所做的东西,以及研究工作的纪录。"随后他云淡风轻地加一句"或许因为我曾得过诺贝尔奖吧"。他认为一个科学家最重要的工作是找出最紧要的问题发问。名记者比尔·莫耶斯(Bill Moyers)甚至追问:"你犯过错误吗?"丁回答:"至少到目前为止,还没有。"

偶　　像

像丁肇中这样受到同业敬重的大师级的科学家,心中有没有英雄或偶像?当然有!他的回答是,牛顿、法拉德(Michael Faraday,英国化学及物理学家)和詹姆斯·麦克韦尔(James Clark Maxwell苏格兰物理学家)。"他们令人崇拜的地方在哪里?"丁回答:"他们不停地探索那个未知的世界。"若干西方记者对于丁肇中的功成名就,忍不住追根究底:"是否和中国的文化背景有关?"丁教授回答:"如果有关的话,应该是一种反作用。"他说:"我和父亲对事物的看法,经常意见相左,虽然他学的是土木工程,但成长于传统的中国社会,对于孔老夫子所说的话都一概接受。我的想法就不同,如果老旧的东西都是对的,那么人类就不会进步。"

莫耶斯曾抓住机会幽丁肇中一默:"当你变成美国人的时候,你必然要向传统和权威挑战。"丁接着补充,另一个"美国化"与否的例子,就是:当你夜里到实验室工作,或数数字的时候,不再使用中文,而使用英文,或不再庆祝中国农历新年,那你就彻底美国化了。

"当你彻底做了美国人以后,是否仍旧和中国文化有番精神或智慧的交流呢?"丁肇中回答:"我年轻时记性好,读书可以过目不忘,有时常沉迷中国的历史故事。如今在家中的晚饭桌上,喜欢向妻儿说中国的历史故事。"但这位有如哥伦布率领探险部队的科学统帅,在家中说古,却知音难觅。丁肇中结过两次婚,第一任妻子凯(Kay Kuhne)是在密歇根大学相遇,于 1960 年结婚,为专业建筑师,生育一双女儿 Jeanne 和 Amy。第二位妻子苏珊(Susan Carol Marks),于 1985 年结缡,为心理学博士,担任他办公室的经理多年,育有一儿 Chris。

站在丁肇中背后的人

笔者于 1997 年参加休斯敦太空中心为磁谱仪举行的

记者会,第一次见到鼎鼎大名的丁教授。1998 年 6 月刚巧碰上美国中小学放暑假,第二次见到丁肇中伉俪带着 13 岁的儿子 Chris,来到休斯敦太空中心,观察磁谱仪进入太空轨道后搜集数据的进度,这一次让我见识到丁教授很少在外显露的柔软身段和语言,当时这位享誉国际的科研统帅指着她太太说:"这是我的 Boss!",他的妻子则轻言细语地说:"我是他办公室的经理,"立时给我留下"柔"能克"刚"的印象。

后来又读到一篇丁教授伉俪去台湾新竹市参加"物理营"的报道,丁在给学生讲完课以后,接受记者访问时表示:"我们是合作无间的工作伙伴,也是天衣无缝的家人,"而苏珊接着表白:"我主要帮助丁教授处理行政工作,跟他讨论物理、预算、新闻发布和美国政府打交道。"

那时年近八旬的丁教授不禁吐露真言:"我生活里所有的大事都和苏珊在一起,基本上是仰赖她而生存,"他自认能力有限,每次只能做好一件事,如果没有苏珊,他的研究就没有可能做下去。尤其后面的这段话替"每个成功男人的背后都有一位伟大女性"的说法,做了最佳诠释。

磁谱仪的重要性

1936 年出生的丁肇中教授,近年来着力于"反物质"的探索计划,希望透过磁谱仪,探测反物质,进而有助于对宇宙起源的了解。2011 年 5 月,磁谱仪第二度随航天飞机进驻太空站,事隔月余,丁肇中教授、德州共和党联邦参议员凯·哈钦森(Kay Hutchinson)及 STS-134 任务指挥官马克·凯利(Mark Kelly)一同在休斯敦太空中心举行记者会,丁教授特别感谢哈钦森参议员给磁谱仪进驻太空站所需的国会立法授权的大力支持,表示十二万分的谢意。

　　航天飞机任务指挥官马克·凯莉指出,磁谱仪对于了解宇宙而言,将有革命性的影响,丁教授还在记者会上强调:物理学家们对于宇宙来源提出暗物质、暗能源和反物质的理论,必须经过一番测试和挑战,而当下唯一的方法是用一个工具来收集有关讯息,而磁谱仪就是这个工具。

　　丁教授并且说,磁谱仪将使用太空独特的环境来推前有关宇宙的知识,同时借用搜寻反物质、暗物质和测量宇宙线的方法来增进对宇宙的了解。根据 2016 年 12 月丁肇中在欧洲核子研究中心所领导团队发表磁谱仪太空实验的结果,磁谱仪对宇宙线中的基本粒子与核子进行了精确的测量,测得银河系宇宙线的年龄大约是一千两百万年,这是人类首次获得宇宙线的相对准确年龄。自 2011 年 5 月磁谱仪第二度随航天飞机进驻国际太空站以来,收集到超过九百亿宇宙线事例,在国际太空站的寿命时间内,磁谱仪将会测验数千亿的宇宙线事例,磁谱仪的科学目标包括寻找反物质、暗物质以及宇宙线的起源,由于磁谱仪将一直随着太空站运行,所以当精确实验被用于探索未知的世界,便可以期待崭新的新发现。

　　丁肇中教授表示,如要完全证明找到暗物质,还要需要等到 2024 年之后。他总结磁谱仪的应用是一项创举,但并不是一个很大的成就,虽然这是第一次把磁谱仪送到天上去,同时收到很多数据,他告诉所有与之合作的人,在今后 20 到 24 年之间,不可能有人再放一个这么精确的仪器到天上去,第一,它需要大量的国际合作,第二需要很多经费,第三,现在没有航天飞机(指的是美国的航天飞机),不可能把这样一个七吨重的机器搬到天上去,所以我们最重要的任务是保持这个实验结果的正确性。目前最显著的结果是,所收集到的资料和宇宙线现象,大大超过以往一百年之间全球收集过的总和,而所测量的结果,都和以前的不一样。事实上,已经开始改变人类对宇宙线的了解,而逐渐接近向宇宙探源的道路。

(注:本文除采访丁肇中教授,还参考 2003 年 3 月美国公视节目"前线"所做有关丁教授的访问。)

宇宙飞行服贝塔纤维的发明人

早在 20 世纪中叶，旅美散文名家陈之藩教授创作了《失根的兰花》一词，藉以刻画那个年代，大多因时局变乱而飘零在外的中国人。

半世纪后，进入美国新大陆的华裔移民仍旧络绎于途，虽说炎黄子孙依旧还是炎黄子孙，但因台湾、香港、中国大陆和东南亚各地的政治、经济结构不同，《失根的兰花》已不能概括海外华裔移民的群相。

1916 年出生于江苏省无锡市的唐鑫源博士，曾任美太空总署休斯敦载人中心的"航天员及热系统"部门的首席工程师，1991 年 6 月中旬获得美政府颁赠的太空实践奖章，连带两万五千美元的奖金，此一数字在民间奖金数额中不算高，但在政府机构之中，确是数一数二，得奖的贺函说："这份奖不仅表扬您的实质贡献，同时对其他工作人员也有所启发,尤其阁下的工作热诚和体恤他人的风范,实已赢得彬彬君子的美誉。"他是太空中心得到此奖的第一人。同年6月21日在休斯敦太空中心出版的《太空新闻》头条消息指出,唐博士所发明的贝塔(Beta)纤维,自阿波罗计划以后便用作宇宙飞行服的材料,性能优异,目前又移用商业化屋顶建材,譬如沙特阿拉伯的吉达机场,底特律市的银盖体育馆和1986年温哥华在世界博览会所建造的"加拿大海宫",以及其他建筑物如教堂和购物中心等。

"太空科技名人堂"

1991年2月1日《太空新闻》头版新闻中透露:太空总署署长褚利(Truly)向国会提出一份名单,其中有五名休斯敦的杰出人员得到科学与技术的双衔身份,晋升为首席工程师,其中之一是唐鑫源博士。文章标明他入选的理由是:过去十年中,一共完成了1 500余项工作计划,并且得到18样专利权。早在1989年,当全美庆祝登月20周年纪念之时,唐博士入选"太空科技名人堂",成为进入该堂的第六人。

1991年,年届76岁的唐鑫源博士因为工作成效卓著,每次申请退休都遇恳切慰留,或许因为忙得起劲,见了他的人都羡慕他养生有道。平日每周上班六天,每天五点半起床,七时左右便抵达实验室,一直忙到下午五点以后才回家,这种规律化的"白领"生活,是他移民来美之后,凭着知识技能所换取的安身立命之道。如果把人生比喻作舞台的话，唐博士在 1949 年中国历史巨变之前，却扮演着迥然不同的角色。

唐鑫源出自江苏无锡纺织世家，在胡光麃所著《中国现代化历程》第一册第 170 页记载，唐炳源（堂兄）在无锡办的鹿丰纱厂是中国早期实业中"衣着"项的先锋之一。根据唐博士的自述，他家在无锡开办工厂是取长江水运之便，当时其祖父唐子良老先生，有一套发展家族事业的通盘计划，除了纺织厂，还开办面粉厂及砖瓦厂，这三样产品不同的工厂都和人的食衣住三大需求关系密切，此外唐家还自办钱庄，借以方便诸厂的资金流动。

唐博士记得，年幼时家中管教甚严，他说："大家庭的堂兄姐妹很多，特别延请老师在'书厅'读古书，各依年龄不同、分排列坐，每日跟着老师朗诵唱读，不懂意思也得念；一边还到公立学校上学，两方面的课业加起来很繁重，大学毕业时尚未满 19 岁，现在没有人这么做，到如今觉得受益良多，后来的中文基础都是这时候打下的。"

"父亲督促得更紧，每次叫背书，如果有一点夹生，就施体罚，每学期必须考第一名，有一次因为大考期间生病得了第六名，不问缘故，不管年纪多大，依旧处罚。因为小时候的这种经验，等自己有了小孩，碰也舍不得碰一下。"

学习纺织技术

唐博士的岳父姓邓,号裁岑,是清廷所派出早期的留美学生,回国后创办浙江电话公司,并且开办了上海第一家广播电台。因邓、唐两老在求学时期便相识,邓老自美留学回国,获得电机工程的硕士,曾替唐家的工厂装置新式马达,双方有了生意上的往来,于是决定进一步结为秦晋之好,唐鑫源结婚那年只有 17 岁,当时两家已从无锡迁至上海法国租界,那条座落唐宅的街名叫白仲赛路。

唐博士的夫人邓美烈女士,毕业于上海中西女学堂,踏出校门立即结婚,1949 年之前,一切家务皆由佣人代劳,来美以后,一切从头学起,不仅带孩子、煮饭,还学缝衣,给沙发换制布套……,邓女士也和丈夫一样,在抵达北美新大陆以后从头适应新环境,迎接生活中的种种挑战。

唐博士追溯往事时表示:"年少时我志在继承家业,有心学习新的纺织技术,21 岁那年赴美读书,前往罗威尔(Lowell)大学和麻省理工学院追随名师,专攻纺织。本拟赴英伦继续攻读博士,因欧战爆发,束装回国,一面发展人造纤维,一方面开始在南通大学、上海市立工业专科教授纺织课程,后又于工业界集资开办中国工学院。因为办教育是为理想,不是为生活,对自己经营的纺织业无异是一种相当程度的牺牲,学生人数总计达一千人。现在大陆纺织界很多都是由这所学院毕业出来的学生,他们有些人辗转从报上得悉我做宇宙飞行服的消息,陆续来信道贺。"

"当年在上海除了从事纺织、办教育,还替政府所举办的高等文官考试(经济、农矿、教育等部)作典试委员,因为留学回来年纪还很轻,别人以为我是其他委员带去的秘书,这些都属于不拿酬劳的义务帮忙。"

赴美再攻博士

1949年,唐家的工厂全数被充公没收,唐博士带了家小仓皇离开上海,由港赴美,当时虽然有现成的美国硕士,但东方人谋事困难,于是决定进入威斯康星大学续攻读博士学位。

当唐博士第一次徘徊在抉择第二个职业的十字路口时,有一段插曲。那时他在美国银行界有位在上海时的商界的旧相识,答允给予资金上的方便,但这位美国友人建议到古巴开设工厂,因为美国本土的竞争太激烈,唐博士再三考虑小孩的教育问题,于是决定放弃这条路子,他说:"还好当年决定留在美国,否则古巴共产党执政后又要遭到全军覆没的厄运。"

唐博士于取得学位后,经过一番移民必需的挣扎历程,随之加入美国空军飞弹部门从事高温材料的研制,1962年,太空总署借调他到休斯敦协助设立非金属材料的实验室,成为当时参与其事的第一位中国人。不意这一借调就是30年的光阴。

休斯敦太空中心的全名是"约翰逊太空中心",是美航天总署太空载人任务的训练中心,1973年2月缘于美国参议院的一项立法,为纪念约翰逊总统而更名。当地人直呼JSC(Johnson Space Center),每次太空探险任务的火箭器发动之后,待航天员升了空,便由JSC的任务控制中心负责联络,因此当全球观众收看"阿波罗11号"登陆月球的历史壮举,其大小新闻总汇皆出自JSC的控制中心。

定居太空城

然而对于休斯敦地区的居民而言,太空中心的确切地点不在休市,而在其东南方约40分钟车程的明湖城。1989年,当太空中心庆祝登陆月球20周年之时,当地报纸曾访问发明宇宙飞行服纤维材料的唐博士,并且指出他是"初来太空中心的两百户人家之一"。

如今明湖城已逾七万多居民,其中大多数乃从事太空科技的工薪阶级,有的直接受雇于政府,有的投身于承包政府合同的民营企业,因此"山姆叔叔"成为名副其实的衣食父母。根据非正式的统计,在明湖城吃太空饭的华裔工程师约200余人左右。

前端已约略提及唐鑫源博士在太空材料方面的贡献和发明,可谓不胜数计。他书房内所累积的褒奖状,因墙上挂满了,便往地上堆,总数已超过一百件,记者建议他不妨站在奖状堆中拍张照片,一定开人眼界,并且具有高度的新闻价值。在他多样发明之中,应用最广又最为同行称道的是贝塔(Beta)纤维,它是一种无机性的硅化合物,质地细密不受气温及阳光的影响,它的直径只有 3.5 微米(一微米是百万分之一米),唐博士为它命名时希望自己发明的纤维直径能够更小,所以把这种材料以拉丁文第二个字母冠称,而舍第一字母不用,从命名的本意来看,十足表现了中国读书人克己而又谦和的性格。

贝塔纤维的优异特性不仅用于宇宙飞行服、太空舱内的材料、制造救火消防衣,同时也成为民间建材;此一科研副产品推广于商业用途的做法正为美国政府所大力鼓吹。

美国这家专业制造贝塔屋顶建材的公司名叫鸟空(Birdair),贝塔的质地比传统建材轻巧,而且色白、透光(节省电费)又坚韧不易破,能帮助建筑师在造型上有所创新,譬如 1986 年温哥华所建造的国际博览会会场——名为"加拿大海宫",屋顶分作五条白色平行的巨浪,仿佛扬帆待航的船只,和周遭环境调和得水乳交融。

另有沙特阿拉伯的吉达机场,每年有 100 万朝圣的回教徒进出其间,该机场使用漂白的贝塔材料,做成帐篷式的顶盖,充分表露阿拉伯民族的文化色彩,全机场使用的贝塔材料多达 460 万平方英尺,覆盖 5 平方英里的面积,放眼望去尽是一排排成串的帐幕。

宇宙飞行服的造价

贝塔屋顶建材的原始发明人是唐博士,但因属于政府资产、个人不享专利权,故鲜为外界所知。但他另有一件为人熟知的发明,不仅行家赞好,并且在诸次太空探险任务当中皆为"零故障",同时也为千千万万的电视观众亲眼所见。

电视新闻镜头上的宇宙飞行服,一眼望去除了颜色白、体积庞大之外,并无其他异常之处,根据唐博士的解说,太空装共有十层,最外层由贝塔纤维制成,贴身一层是尼龙,依序另有五层绝缘层(作用是隔绝严寒酷热)、一层防弹(或防备具杀伤力的陨石)、一层抗压、一层防涨(确保抗压层不会爆裂),一袭宇宙飞行服的全部重量95磅,加上维生系统的箱子共有270磅。由于外层空间没有地心引力,所以航天员在翻滚、甚至两手弯到背后都不感到衣装笨重。

就太空装的设计发展过程来说,宇宙飞行服的改进依时期、任务与需求的标准而定,在过去30年间共有六个发展阶段:水星号(Mercury)、双子星号(Gemini)、阿波罗(Apollo)、太空实验室(Skylab)、航天飞机(Space Shuttle)和太空站(Space Station)。其间显著的几次改良包括:质料、关节活动以及头盔和护罩的特别设计。护罩是为保护航天员舱外漫步时,避免眼睛及视力受到辐射线伤害,特别在护罩表面涂了一层纯金。

关于一袭宇宙飞行服的造价如何?外界揣测纷纭,唐博士说:"因为我负责技术方面,无以奉告成本计算的问题。"升空的航天员共有两式衣装,一是航天员到舱外漫步或工作时所穿的太空装,看似笨重的行头;一是飞行装(Flight Suit)于舱内穿着,质料舒爽,口袋特多,如果航天员偏好短打式,则将大腿处的拉链解开即成短装。早期的宇宙飞行服是照个人尺码定做,现在做成五种大小(特大、大号、中号、小号、特小),每次任务归来就送交国家博物馆收藏或外借展览之用。

唐博士说飞行衣的最主要作用乃"保护身体及行动安全",在颜色方面,由于航天员的要求而作了几次变动:譬如最初是白色,后来换成棕色,现在加上天蓝色,因为近年来太空总署主管的作风愈来愈民主,因此航天员希望调换颜色的愿望大多获准。

一个完美主义者

依唐博士的自剖,他是"一个完美主义者",白天在办公室开会、接电话占去很多时间,所以每晚只好把工作带回家做,"老伴和我说,最好你把床也带到办公室去"。

唐博士最大的心愿是及早退休,平日除了太空站的研究工作,由于航天飞机挑战号失事后,每次航天飞机出征之前,各有关部门主管都必须签字才能飞行,因此责任及压力都很大,尤其1990年唐博士夫人因车祸受伤,虽然复原得很好,但因年龄关系,需要老伴照顾。

回忆平生最欣慰的时刻,"那是 1964 年怀特穿着宇宙飞行服漫步太空,以及 1969 年的登月旅行",于是由中国人设计材质的宇宙飞行服,便成为人类登月画面的一部分,唐博士当时感动得落下泪来,"即使易时易地,感觉还是一样。"

唐博士与邓美烈女士结婚逾一甲子,育有二子一女,智千就职休斯敦化工界的经理,信千在印第安纳大学教书,伟美投身于波士顿银行界,皆卓然有成,孙辈共有四人。

当唐博士骄傲地数说子女的成就之后,记者问:"您这一生前后经验两种不同的生活,都很成功,如果能够从头来一遍,您选择那一个?"他毫不犹豫地回答:"当然是家乡的那一个。"

《失根的兰花》依然兰心蕙质,不改其芬芳质操,但是如果"兰"能自主的话,当愿回到生根发芽的地方。唐鑫源博士于 2001 年一月 11 日走完他多彩、丰硕的一生,享年 85 岁,一月二十一日举行葬礼时,休斯敦太空中心下半旗致哀。生前通晓堪舆之学的他,选择美东麻省一处依山面水的福地作为长眠之所。

附　唐夫人九十忆往

自唐鑫源博士于 2001 年一月去世之后,笔者曾数度探望唐夫人,一方面出于关怀和敬老,再则喜欢听她回忆往事。唐夫人不仅见多识广,为人直爽,要言不烦,而且没有一般年长妇人唠叨多言的习惯。她出生于民国二年(1913年)的上海,父亲为庚子赔款选送的留美学生,家中往来皆民国新派人物。她自己毕业于上海中西女学堂,所受的是西洋传教士办的新式教育。听她述说往事,仿佛阅读清末民初的小说,外加一份真实感。

2002 年,唐夫人的子女为庆祝她九秩大寿,毕业于哈佛大学的女儿唐伟美撰写了一册英文的袖珍图文集,曾借我阅览,再根据和唐夫人数次交谈的内容,于是写下"唐夫人九十忆往"。不多久听说她印第安那大学教书的儿子退休后,把她接往内华达州拉斯维加城奉养,逾二年,传出她去世的消息,令人感伤物换星移,人事沧桑!十余年后,我重读这篇"唐夫人九十忆往",发现文中追述她父亲的一生,和她婚礼大典的习俗以及在美适应移民生活的种种,都可视为那时代的珍贵史料,因此附在这里,与读者分享。

年逾九旬的唐邓美烈女士,自 2001 年一月老伴唐鑫源博士去世、独居 17 个月后,决定搬离安身 40 载的明湖太空城,选择休斯敦盖洛里商业带(地价最高的黄金地段)的一个耆老小区,作为栖止之所。这耆老小区的第一楼有全日营业的餐厅,各住户卫浴厨房设备齐全,每周有人清扫房间,每天定时收垃圾,如同住旅馆一样便利。对街就是远近闻名的盖洛里购物中心,经常被美国电影、电视摄入镜头,作为场景。唐夫人是在登记一年之后,才有空缺搬进。

从她 15 楼新居的落地窗放眼远眺,正是州际 59 号和环城 610 两条公路的十字交叉口,号称德州车辆最密集的路段,总是不分昼夜地车水马龙。环顾室内,临窗的一面,摆设五六盆兰花、万年青和昙花,枝叶繁茂,窗明几净的客厅放置一套红色沙发,墙壁上挂了数帧家人照片及合照,其中最抢眼的是康熙年代所绘制的邓母齐太夫人画像,画中人是邓美烈女士的曾祖母,因为曾祖父在朝为官,太夫人的服装威仪不同一般。这幅画是1949年逃离大陆时所带出来,二十多年前花了数百元美金请人重新装裱。另一面墙上有一幅深红色锦缎做底的百子图,是她的嫁妆,父母亲当年托人在苏州找美工绣成的。

父亲考取庚子赔款留美

民国元年出生的唐夫人,父亲邓福培(字栽岑)为清末朝廷庚子赔款选送赴美的留学生,她名字里的"美"字,即因1912年呱呱落地之时,父亲在美留学而取。三年后,邓福培先生自俄亥俄州立大学攻得电机硕士回国,创办浙江电话公司,替无锡和邻近城镇安装电话系统,日后又成立上海第一所广播电台;同时他进口发电机,为无锡市的唐、荣两大家更新纺织、砖瓦和面粉厂的设备,所以邓福培是清末民初,名副其实促进社会结构走向工业化的先锋。

他不仅以自己留学所得的专业知识、服务并改革社会,同时也鼓励家人接受新式教育。首先他说动未婚妻张文昭从无锡跑到到上海念高中,他的长姐邓宝诚因遇人不淑,婚姻失败,他劝说宝诚不如先回娘家,再到上海念书充实自己,待邓福培留美求学,这两位曾往上海接受新式教育的女性,便在无锡家乡开办了一所成人学校,教人识字、读写、算学,并借此维持家中生计。邓美烈记得姑妈天生一副古典美人胚子,性情娴雅,富于艺术细胞,擅长刺绣、缝纫,嫁给无锡一家珠宝商之子,但对方风流浪荡成性,姑妈因此决心结束这段婚姻,和弟弟一家同住。美烈说:"我们都很爱姑妈,敬重她,她是旧式婚姻的牺牲者。"

邓福培先生思想先进,不但鼓励自己的未婚妻和长姐到上海的中学住读,接受新式教育,日后更勉励每一个子女在可能范围之内,求学深造。他年少时接受兄长的指导,勤读中国古书,随后自学英文,考取上海圣约翰大学,又转读交通大学。1915年留美归来自创浙江电话公司,并为美国西方电力公司(Western Electric)工作,替它在全中国各地拓展电话业务,邓福培曾远至东北出公差装设电话。1924年他离开"西方电力",转往凯洛格总机及供应公司(Kellogg Switchboard and Supply Company)服务。由于凯洛格公司经营无线电广播公司,所以邓福培在上海开办了第一所广播电台。他们家中很早就有收音机、唱片留声机、电话及电冰箱等现代化家电装置。邓福培嗜听音乐,他那时收集了歌剧明星卡罗素及其他名角的唱片。这是家中小孩接触西方古典音乐的起点。

邓美烈女士说,她年幼住无锡的时候,并没有正式入学,只在母亲和姑妈开办的成人学校附读,学习读、写,姑妈说美烈是班上最能熟记书中章句的优秀学生之一,后因父亲工作的关系,举家迁往上海。

接受新式教育

居沪期间,她一共念了五所学校,其间两度转学,皆涉及教育原理当中"通才教育"、"升学主义"和"个人志趣"的几个大议题。最初她进入美国传教士所办的小学,后来到一所天主教修女办的初中住读,这原是母亲当年所念的学校,修女非常严厉,一间大统仓住上四五十名学生,只准在周三及周六进餐的时候说话,其他时候都要保持静默。

美烈因为不喜欢这种斯巴达式的作息方式,就游说父亲把她转进由圣公教会主持的一所学校,在那里她初次接触圣经。念高中时,父亲把她送进一所狠拼功课的明星学校,但是她的数理科总是跟不上,虽经父亲补习指点,依然未见成效,于是父亲决定把她转到由一双留美的姐妹所办的女校,这个高中比较注重艺术、文学及音乐欣赏。老师带着学生参观博物馆、听音乐会、看电影,介绍西方的新知识。此一教学方式和内容深获美烈的喜爱,她因结婚早,是家中唯一没升大学的女儿。

该女校的学生大多是上海有钱人家的千金,美烈常被邀到她们的豪宅玩耍,待回到自家中等住宅区的屋子,常让她感叹人生境遇的差别竟如此之大,父亲就引用古书上的话,人生真正的快乐是得自内心的宁静、平和,而非外在的物质、财富。父亲也爱带她逛古玩店,灌输美烈关于中国瓷器和铜器方面的知识,家中三个年龄较长的孩子常跟着父亲光顾上海的著名西餐馆或到他俱乐部品尝法、德、俄国美食。

十四岁定亲

邓美烈14岁就和无锡唐氏家族的次子唐鑫源定了亲,缘于父亲替唐家工厂装置发电机时,与唐老先生相识相知,对方提议进一步结为秦晋之好,直到美烈18岁才被告诉定亲一事,她的母亲头脑新,觉得应该让未婚夫妻先见个面。那时候唐家二少爷在上海念书,第一次到她家时带了十盒巧克力糖(上海的风气向来崇洋,流行舶来礼品),母亲和姑妈坚持美烈一定要坐到客厅去,因为邓家迁居上海多年,美烈看见无锡来的唐鑫源衣着、谈吐都带着一点乡土气,加上场面尴尬,她坐了一会就离去,被母亲追上来数落一顿,再重新回到客厅。

唐家二少爷彬彬有礼,邓美烈的双亲都十分中意这位佳婿,因为他离家到上海念书,所以未来的老泰山殷勤邀请唐鑫源常来家吃饭,每次都整治许多他爱吃的佳肴。美烈的三妹和五妹记得当年大姐夫以未婚夫的身份来造访姐姐的时候,母亲不准其他小孩到客厅去,我们就偷偷从门背后瞧他,因为他爱用香水,所以只要闻到那股特有的香水味,我们就知道他来了,他非常注意仪容,经常趁人不注意的时候,照照客厅里的镜子,不时摸摸头发,看看有没有不服贴。"

邓美烈和唐鑫源于 1932 年 10 月 1 日完成人生大典,
邓福培虽属留美的新派人物,却遵照中国旧俗为长女准备
了丰厚的嫁妆,尤其唐家在无锡是数一数二的富户,邓福培
决不能让女儿短了礼数。早在婚礼的前一年,父亲就替女
儿定做客厅、饭厅和卧室全套名贵的黄檀木家具。又因为
美烈喜欢弹琴,于是嫁妆包括一架钢琴。婚礼前还雇请五
位裁缝师缝制各式衣裙,就连新人用的丝质床罩和枕头都
到苏州找人加工绣上花朵。

地方盛典

唐、邓两家联姻办喜事,在当年的无锡是地方上一件盛
典。婚礼的前一天,新娘全家先从上海赶到无锡,住进火车
站附近的一家旅馆,第二天,插满莲花的花轿来把新娘抬
走。那年代的新娘不作兴穿白,她的嫁衣是粉红色,滚着金
边。妹妹们记得美烈在喜宴上至少换了五套衣服,婚礼庆
典延续七日之久,美烈的同学见到她的夫婿时,都说她中了
大奖,因为唐鑫源个儿高,穿起西装来,十分英挺。他俩虽
是父母做主的旧式婚姻,但比新式自由恋爱的还和谐。邓
美烈女士每次提到夫婿,就会说:"现在很难看到像他这样
的君子。"

唐家也专为娶媳妇建造了一栋新屋,装设自来水和抽
水马桶,因为即将进门的二少奶奶早先在上海时,就习惯西

方的新式设备,新房子倚河建造,还有一个大花园。他俩
1994 年回去,发现有数十户人家居住其间。邓美烈说,根
据她日后到美国的观察,愈是面对海洋湖沼的房子,价钱就
愈贵,但是邓美烈记得无锡那栋巨宅临水的一面,却给佣人
住,借以方便他们洗菜、洗衣取水,充分表现中国人"谨慎、
讲求实用"的习性。

别人眼中享有荣华富贵的二少奶奶,在踏进唐家大门
以后,即遭遇了适应新环境的困难,如果细想其间的转折,
也是理所当然。美烈婚前接受西方教育,父亲为留美学生,
思想开通,求学期间已习惯大都市的便利与文明,婚后所面
对的却是一个完全陌生的环境和人群。虽然她带了一个女
佣做伴,但唐家族繁人多,比较守旧,规矩也大,邓老先生非
常了解女儿的感受,所以尽可能找机会邀她回上海娘家小
住。美烈结婚三年后产下一男智千,她便搬回娘家。1936
年她的夫婿前往美国留学,同年底,第二个男孩信千诞生。

夫婿学成归国

志在继承家业的唐鑫源,于 1940 年学得新式纺织技术
返国。他一方面在工厂研发人造纤维的技术,一方面在南
通大学和上海市立工业学校教授纺织课,后又集资开办中
国工学院,学生达一千多人。现在大陆纺织界有许多人都
出自这个学校。邓美烈当时做了一个小统计,她丈夫的职
务有十个之多,除了办教育、工厂,还替政府所举办的文官

考试(如经济、教育及农矿部)做典试委员,每天都有人打电话到家找他。

　　日本入侵中国后,猛烈轰炸上海和邻近地区,邓家因此迁往上海国际协管区一所较大的房子。1941年,日本拘捕了许多在上海的外国人,把他们关进集中营。邓福培经常跑到监狱去探望他的朋友,并且周济一些食物。接着一波波的难民潮涌到上海,其中有美烈母亲的亲戚和父亲的朋友到家吃住避难,父亲一边帮助他们找到安身之所。虽然这段时期邓家感受到相当的经济压力,但福培先生从无怨言。此时无锡也传来消息,唐家的巨宅被日本军队强占做指挥部,美烈的陪嫁黄檀木家具被拿去当柴烧。

　　经过八年抗战,日本终于投降,邓家有几件值得欢庆的大事,家中唯一的男孩将到哈佛大学攻读企业管理,四妹及妹夫也将赴美求学,邓福培在亲友的簇拥之下,假上海滩著名的公园饭店欢庆60大寿。邓美烈说她父亲一生自奉俭约,一件大衣穿了几十年,但父亲慷慨热情,总是鼓励子女读书上进,念最好的学校。

离开大陆

　　1948年,邓老先生因胃癌住院,不幸次年2月9日病逝。同年大陆政权变易,美烈和三个子女搭乘最后一班的美国轮船S. S. Gordon号前往香港,唐鑫源为了家族工厂事务,打算几个月后再和妻子家人在香港会合,经过留沪数月的观察,他决定作逃离上海的计划。最初先借口赴天津开会发表论文,到了北方,在友人的协助下,登上前往香港的轮船,藏身载货的冰冻货柜房,待五天的航程结束,他不仅饿瘦许多,而且全身都被虱子咬遍但他非常庆幸自己脱离困境。三个孩子先随亲戚到美国就学,美烈在香港等候他八个月,可谓度日如年。

1950年,邓美烈及夫婿和三个子女在威斯康星州的麦迪逊城团聚,这时她第二度遭遇适应新环境的困难,往日从来没有做过家事的她,这时必须要一切自己动手,幸好身边有留美多年的四妹从旁指导,同时她开始信教。她跑到当地的成人学校注册学烹饪、缝纫、编织、插花,做窗帘、沙发套等,在威斯康星州的12年间,他们一家开始融入美国社会,成为当地卫理公会教堂的一员,经常到学校出席老师家长联谊会,参加邻里的聚餐会等。

和邓美烈相较,唐鑫源的适应过程则更为艰难。20世纪50年代,美国的纺织业正进入萧条期,虽拥有美国硕士学位,谋职依然困难,所以他又回到学校攻读博士学位,毕业后先在一家塑料工厂工作,1962年转往俄亥俄州帕特森(Patterson)空军基地的实验室从事高温材料的研究,次年太空总署成立,借调他到休斯敦东南郊明湖城的载人太空中心非金属材料实验室工作,于是举家南迁,一住就住到21世纪,唐鑫源博士在此努力开拓另一番事业,而名震太空总署。

融入美国社会

1960 年代初期,唐鑫源和邓美烈的子女纷纷学业有成,长子智千和次子信千都自威斯康辛大学化工研究所毕业,相继成婚,小女儿也在 1964 年自该校东亚系毕业,前往哈佛大学攻读企业管理,两年后"毕业"与"婚姻"花开并蒂。日后长子在休斯敦化学公司担任部门主管,次子在印第安那州立大学任教,女儿服务于波士顿银行界。

美烈滞留大陆的幺妹,在母亲及姑妈逝世后,于 1985 年移民美国,家中六姐妹之中,唯有二妹定居巴西,其余都住美国,手足中唯一的男儿在日本东京做生意。1985 年 5 月,七位手足假五妹婚礼的场合重聚,虽然分离多年,但亲昵欢笑如旧,内乱和外患一再使他们失去所拥有的世间财富,却夺不走手足之间的亲情。

1994 年,唐鑫源博士自休斯敦太空中心退休,总计他在太空总署工作期间共获 178 奖项,1990 年被太空总署授予首席工程师(Chief Engineer)的头衔,2000 年获得美华协会颁赠的华人先驱奖。

唐博士退休后,曾偕美烈夫人造访大陆,回到上海和无锡的故居,二人均无法辨识往日家乡的面貌,这趟旅行苦甜参半,五味杂陈。不幸唐博士回美后,发现自己患了前列腺癌,不得不在生命末端与病魔周旋、搏斗。1997 年癌细胞扩散至脊椎骨,终于 2001 年 1 月 12 日逝世。同年 12 月他

们的长子智千意外病故,令白发人送黑发人,唐夫人伤痛
逾恒。

　　看尽世间繁华的邓美烈女士,若非自小上教会学校,读
圣经、说写英文,熟悉西方社会的风俗习惯,她就不会独立
自主地决定在暮年迁入一个全新的居住环境,而大隐于市。
追踪邓美烈女士和她夫婿唐鑫源前后半生在大陆和美国的
际遇,不禁令人感叹浮生若梦,但也不得不相信:你一大半
的命运还是掌握在自己的手中!

参与飞行任务的无名英雄
——周耀伟

　　远在一个世纪之前(1908 年),周耀伟(Bill Moon)的父亲,用家人辛苦积攒的 1 500 元美金,购买了一张"纸面儿子"(paper son)的出生证明,扮演原始非法移民的角色,艰辛备尝地从粤省漂洋过海,抵达美国西岸,再迁徙至密西西比州,成家立业,生养五男三女。

　　行至 2002 年的 1 月 25 日,周耀伟结束他在休斯敦太空中心 37 年的专业生涯,除了最早期的"水星号"

(Mercury)之外，他先后参与了"双子星号"(Gemini)、"阿波罗"(Appollo)、太空实验室(Skylab)、航天飞机及国际太空站的一连串太空总署的计划。这段历史是航天载人飞行任务之中，十分重要的一环，尤其早期的"水星号"和"双子星号"的作业皆为人类登月计划铺路，"阿波罗11号"登上月球确是人类有史以来的一项壮举，在25日的退休惜别餐会上，负责整个航天飞机计划的主任狄托穆尔(Ron Dittemore)说，"比尔是休斯敦太空中心历史上的一位巨人"，即强调周耀伟所做的飞行控制任务的工作，有苦劳，也有功劳。

共同创造历史

当天退休餐会现场的白墙壁上，张贴了数帧周耀伟在"地面控制中心"作业时历史性的巨幅照片，在有形的记录和无痕的岁月之中，他的工作重点（集中在地面控制的作业）也符合一般人印象里休斯敦是太空飞行任务当中，负责"地面控制"的一大特色。

许多位同事在退休惜别餐会上追忆当年在"任务控制室"共同历险和解决问题的细节，一般观众从电影银幕上所见汤汉克所主演的"阿波罗13号"，不过是其中的一个片段，但是退休餐会的话题不仅包括阿波罗计划，而且跳跃在双子星计划和航天飞机之间。有位同僚提起当年周耀伟对一项飞行电子机械作业，写了一份预估，被一位单位大佬否定,事后证明比尔(周耀伟)的评估完全正确。

餐会结束后,周耀伟表示,对于同事的美言,他从内心感激,回顾37年来,在太空中心随着美国太空探险计划所走的专业路程,他有一种共同创造历史的骄傲。

初入航天事业

1942年出生的周耀伟,22岁那年自密西西比州立大学电机系毕业(他家有三兄弟自该系毕业,另一位学会计的弟弟在休斯敦市政府轨道交通局工作),那时向各方申请工作时,得到太空总署之下佛罗里达州肯尼迪角的录用机会,但他决定进入密苏里州圣路易市的麦唐纳道格拉斯航空公司工作,任职于幽灵式喷射战斗机F4D的电子设计部门。

一年后,他到休斯敦探视他的哥哥,发现休斯敦的气候比较暖和,又因为一位家叔在休斯敦定居,休市的华人聚落不小,再加上他对当时开始热门的航天事业兴趣渐浓,周耀伟便积极向刚成立两年的休斯敦太空中心申请工作。一个月后接获录用通知,却发现太空中心的起薪比他原属的麦唐纳道格拉斯航空公司来得低,但为志趣所驱,周耀伟接受减薪的事实,而投效自己喜爱的工作,一进去从最基层做起,到后来一步步升入管理阶层,一直做到2002年退休为止。

晋升领导小组

　　1965 年 7 月 7 日,这位来自密西西比州三角洲的华裔青年,加入了航天载人训练中心的作业,他陆续在下列部门工作:阿波罗计划的飞行控制部门、遥控地点及实验部门、通讯及维生系统部门以及电机测量系统部门。从 1974 至 1980 年间,他迁升到飞行控制执行部门的电机系统的领导小组。

　　1980 到 1987 年,他正式成为该领导小组的组长,1987 到 1992 年转任航空电子系统办公室的经理,自 1992 到 1997 年任飞行任务整合办公室的经理,自 1998 年至退休前,担任飞行任务整合办公室副主任。

　　周耀伟履历表中值得注意的一项变动,是 1981 年,调升电机系统的领导小组组长的职务。他说那时候他是飞行控制室第一个少数族裔主管,也是第一位华裔背景的主管。或许由于这个缘故,小他十岁的幼弟周耀凌后来也到太空中心工作,他说这些年来他鼓励好几位华裔科学工作者投入太空总署的工作,这些人顺利进来就业之后,他也倾囊相授自己的经验与心得。

　　回头看航天飞机计划主管狄托穆尔在周耀伟退休餐会上所说"巨人"的话,在 2017 年四月再次得到验证:原来一位名叫 David Fairhead 的英国制片人,根据 2015 年出版的一本书《飞行任务的无名英雄(1965—1992)》,拍摄了一部名叫《任务控制》(Mission Control)的纪录片,记述美国阿波罗登月计划的故事,该片四月中旬在休斯敦太空中心的大礼堂首映,有四百余人前往观赏。

变成影片主角

这部影片的最大特色,不似先前的同类影片,都以航天员(宇航员)的个人英雄色彩着墨,这部片子进而转换焦距,以飞行控制室的团队技术人员的视角出发,重述美国登陆月球的故事。40余年前的30多位飞行控制室的工程师,如今随着时光巨轮的转动而花果凋零,拍片时只有11位硕果尚存,年岁都在75到90岁之间,周耀伟即其中的一位,而且是唯一的少数族裔(华裔)人士。

影片上市之后,周耀伟也像电影明星一样跑码头,带着《飞行任务的无名英雄(1965—1992)》的原著,到东西两岸做推广工作,一面替售卖出去的书签名,一面接受电视、广播电台和报纸的采访,为《任务控制室》的影片广做宣传。该书的第250页,使用了一张半页篇幅的照片,图示周耀伟当年坐在太空中心"任务控制室"的场景。该书的作者介绍周耀伟时也比其他人多用了一些笔墨,强调其和其他的"任务控制室"的工程师的出身和背景大不相同。影片中所出现的工程师,都清一色是男性、白人,来自美国中等人家,而周耀伟是唯一的少数族裔,为亚洲移民的第二代。

身世背景不同

《飞行任务的无名英雄(1965—1992)》一书详细叙述了周耀伟的身世。周的父亲,最初在1908年来到美国西岸,准备移民新大陆,但入境管理局发现他眼睛发炎,没有通过体检的规定,拒绝发予入境许可。两年后,他卷土重来,终于获准上岸。那时的华人时兴到加州的"金山",投入淘金热,周的父亲起先到农庄、牧场和磨坊打工,后来跑到现今加州首府附近掘金和修铁路的营地,做起厨师来,这期间往返中国数回,结了婚,妻亡故,又重返加州。

到了1924年,周耀伟的父亲和一位20岁的黄姓女子再结连理,次年辗转迁徙到密西西比州的三角洲安家落户,在密州波义耳城开设了一家杂货店维生,于此生育五男三女,排行老三的周耀伟记得父母亲时常教导他们"一定要努力达到自己定下的目标"。八个兄弟姐妹之中,有七人完成大学教育,这在当年的密西西比州的乡间地区,颇让左右邻居刮目相看!

周耀伟的成长岁月,类似你我所听闻早期中国移民开洗衣店、杂货铺的模式,全家人住在店铺后边的隔间屋,子女一边做功课,一边帮忙店务,甚至还没进学校,就帮忙干活。根据周耀伟在《飞行任务的无名英雄(1965—1992)》一书的回忆,他六岁开始就能招呼顾客,并且在他们购物付款后,找钱给他们,是一个智慧得很早开的孩子。

六岁帮忙店务

由于家里的兄妹多,人手足,他父母亲常把周耀伟"借贷"给其他店家去帮忙。到他 10 岁(1952)那年,每天可以赚到五元的工资,干些什么活呢,譬如在店里的贩肉部,学切牛肉和鸡肉,并且在父母亲有需要的时候,可以放心让他和一个 15 岁的雇用工人照应整个店务。所以周耀伟自称他"实地的生活教育"十分完整。他的中学念完九年级,因学区合并的缘故,依规定他可进入附近的另一所克利夫兰高中继续念十年级到十二年级的课程,没想到成绩优异的周耀伟也得到密西西比州州立大学的入学许可,1960 年他便直升大学,同时也进入了该校的兄弟会。

依常理,今天一个美国大学新生参加学校社团组织,乃天经地义的事,但换作半世纪之前,保守的美国南方,再加上他出身少数族裔,这件"进兄弟会的事"本身就算作一项突出的成就,一如日后周耀伟能进入飞行任务控制团队室,坐上监控任务台,一样地不同凡响!

实事求是的本色

1965 年,周耀伟刚进入太空中心时,开始在双子星(Gemini)计划工作,后来步向"任务控制"室的团队。他记得"阿波罗 9 号"作业的时候,女儿出生,他请一位同事代班数小时,待女儿落地,又赶回去上班。他回忆当年在在线工作的时候"就是对我做的每件事情负责,每次拿到交付的工作,就好像它是我自己的事一样,我会尽自己最大的能力去完成"。

虽然周耀伟是第一位"飞行任务控制"团队的亚裔人士,但是在那本书里他却没有"就此"多谈,周耀伟说,"我从基层做到主管,全凭我做事的能力,和我是不是亚裔全无关系,在那一个团队里我并没有受到差别待遇"。在整个阿波罗计划当中,他参与了16和17的监控任务作业,接下去的航天飞机第一次发射任务的控制由他主舵,《飞行任务的无名英雄(1965—1992)》一书有两位作者,一位是作家休斯顿(Rick Houston),另一位海弗林(Milt Heflin),是出身"飞行任务控制"团队海弗林所写的序文中感谢周耀伟,让他担任1981年4月航天飞机第一次发射任务STS-1的飞行控制主任的副手。

太空业的精英

毋庸置疑,这些从1965年以来,坐在太空中心"任务控制室"的工作人员是美国太空计划的一代精英,他们分秒之内所做的决定,可以决定飞行任务的成败。当然每位飞行控制主任背后,都有无数专家支持作业,这些"任务控制室"的工作人员,是每次飞行任务之中最重要的一环。他们调控整个飞行任务的运作,不时和航天员对话,如果出了问题,要靠任务控制团队解决,最重要的是让这些航天员安全返回地球和家园,虽然大家都记得航天员的名字,但如果没有飞行团队的这批人,太空任务就无法完成。《飞行任务的无名英雄(1965—1992)》这本书,是从这群"无名英雄"的视角保存了这段珍贵的历史。

这些人工作时何所本?据了解,飞行任务控制室,开始运作时并无任何参考书或案头手册供参阅。现年已93岁的克莱福特(Christopher Columbus Kraft)先生,是筚路蓝缕的第一位飞行任务控制室的主任,他奠定了飞行任务控制的基础,制定了工作规则供团队人员遵循。

开山鼻祖克莱福特

克莱福特,生于1924年2月28日,他的名字如果去掉最后的姓氏 Kraft,便是发现美洲新大陆的哥伦布(Christopher Columbus)之名。年少时,他对拥有这样的一个名字感到尴尬,愈到晚年,新闻记者和评论员依据克莱福特在美国航天飞行器"载人"历史的发展过程之中,所扮演的角色,都认为这个名字"十分恰当",克莱福特自己在回忆录中曾经表示:父母给他一个这样的名字,好像从一开始就替他决定了人生的方向。

1944年,克莱福特自弗吉尼亚州科技大学获得航天工程的学位,毕业后本拟投效海军,因未通过体检,他申请进入全国航天咨询委员会,它隶属太空总署前身的一个分支机构。1957 年,苏联发射史伯尼克号(Sputnik)进入太空,促使美国加速了发展太空探险的脚步。1958 年艾森豪威尔总统签署太空法案,接着成立太空总署 NASA,一个月后,克莱福特获邀参加 Space Task Force,以及美国人"上太空"的第一个水星计划。

克莱福特成为这个计划主管查克·马修斯(Chuck Mathews)的助理,当时克莱福特就接到上司的第一个指令:筹划一个太空飞行任务的蓝图,这项工程浩大的蓝图工作包括:飞行计划、时间线、作业程序、飞行任务的规则、飞行器的追踪、遥测工作、地面的支持工作、远程交通网和应急的管理方案。航天界公认克莱福特对于太空载人飞行的最大的贡献是发展了"任务控制中心"(Mission Control Center)的概念:他个人从主导水星系列的飞行计划中认识到一位航天员即使能力再高强,但个人的精力毕竟有限,尤其是太空飞行的速度太快,航天员(宇航员)的确需要有人替他观察环境,随时给予支持。

杰出领袖奖章

水星计划完成之后,克莱福特在白宫获得肯尼迪总统颁赠的"太空杰出领袖奖章"。20 世纪的 60 年代,克莱福特的名字家喻户晓,并且在 1965 年 8 月 27 日登上美国《时代》杂志的封面,最初他向太空总署的公关人员表示,他不够资格上杂志封面,最后不再坚持,《时代》杂志的封面报道形容他是站在"司令台上的乐队总指挥"。

如今位于休斯敦太空中心的"任务控制中心"在 2011 年 4 月 14 日命名为 Chris Kraft 中心，目前有关当局正申请将它规划为全美历史地标，但在一个民主社会，许多公共事务必须由民意决定，此一地标究竟由什么机关管理？如何表述它的过往历史？都减缓了事情进行的速度，不过一般相信到了 2019 年 7 月庆祝"阿波罗 11 号"登月 50 周年的时候，这件历史纪念碑的事必然会水到渠成。

三代职业变迁

人生除了工作、"立业"，还有家居生活，周耀伟"成家"的机缘，亦肇始于他的工作地点。他的妻子希拉（Sheila）是他初进太空中心时办公室的秘书，二人因近水楼台，情投意合而结为连理，日后养育两男一女，都入牙医一行。在周耀伟的退休餐会上，一位同事打趣说，他做事一向稳扎稳打，我们做"政府工"的健康福利还算可以，唯独牙医不在保险之列，你们看，他老早打好算盘调教了两位牙医。

纵观周耀伟家中三代的职业变迁，从开杂货店的父亲到太空中心的电机工程师，再传衍到下一代开业做牙医，也反映华人移民美国的奋斗历程及境遇的变迁。1965 年，约翰逊政府通过立足点上平等的移民法，取消种族间的比例配额制，那一年周耀伟刚进太空中心工作。回溯 1882 年，美国国会制定排华法案，限制华工入境，长达 60 余年之久，周耀伟父亲一代人受尽屈辱与迫害,虽说如今美国在国内外提倡民权与人权,但华裔仍有许多权益待以争取。

退休之后的周耀伟对生活有什么规划?他说,因为过去一向把精神放在工作上头,现在除了松弛一下过去上得太紧的发条,还打算将时间用来和家人共度,譬如女儿即将生产,计划多帮她一点忙。虽然美国生长的周耀伟不能说写华语,但依然保持炎黄子孙"爱家"的传统。

参加首映会

转眼周耀伟已退休 15 载,2017 年 4 月 15 日,他和妻子应邀参加休斯敦城西北郊的凯蒂(Katy)镇一家戏院放映《飞行任务控制》的首演会。开映前,影院老板在门口迎接周耀伟和另一位名叫肯尼迪的飞行控制主任进场,请求他俩在电影结束后,稍作逗留,也好回答在场观众的问题。周耀伟面带笑容地说:"可以,不过我今天带着两个孙女来,只要她们不吵着回家就行。"两个孙女,从头到尾都安静地和奶奶坐在一旁,听爷爷回答问题。提出第一个问题的听众,是位年轻人,显然由于时代的鸿沟,或许出于当今职场换工作的频率较繁,他问:两位在任务控制中心,一位做了 37 年,一位做了 38 年,从影片上看工作十分辛苦,当时的薪水并不比民营企业高,而且一当班往往超过 8 小时,甚至"阿波罗 13 号"升空后发生问题,当班时间的最高记录达到 35 小时,不吃不睡不洗澡,为什么?背后有一股什么力量支撑你们？又有一问：现在太空事业的情况和以前有什么不同？

周耀伟答道："因为这项工作'独一无二'，我们对工作都怀有一份热诚，任务控制的主要目标的是让飞到太空轨道的航天员平安归来，不仅工作人员团结一致，而且好像家人一样情同手足，那时全国上下都在背后支持我们，那真正是一个太空探险的黄金时代！现在呢？不但全国各界人士对太空计划的未来方向有着不同的看法，就连和太空事业有关联的企业和团体，也意见纷纭，莫衷一是。"

周耀伟反问："现在我们该怎么做？我觉得当局让航天飞机退休得早了一点，现在的主力乃是国际太空站，下一步应该和航天企业合作，一则省钱，再则可集中力量。有时候发生意外是不可避免的，但我们必须向前看，不要让我们的视野被肉眼的目光所局限！美国的基础浑厚，太空事业的前途仍大有可为！"

另有一人问："2017年被好莱坞奥斯卡金像奖委员会提名最佳影片奖《幕后英雄》，说的是三位在太空中心工作的非洲裔女性的故事，你看过这部影片吗？"周耀伟回答："我没看，因为过去看以太空探险为主题的电影，发觉编剧都强调它的戏剧性，因此难免夸张、偏离事实，所以从那之后，我不再看此类电影。

至于你所提到的那部片子，我以前的同事去看了，事后告诉我：'我们以前在任务控制室当班回家，脑里还是不停思索如何解决工作上所碰到的问题，直到有了答案为止，哪里能像戏里的女主角下班之后，还能煮饭、做家事，照顾三个孩子。事实上，我们这一群人，家里的事大多都由另一半单挑，说实在的确是影响了正常的家庭生活。'有一位曾经担任飞行控制主任的鲍勃·卡尔顿（Bob Carlton）在影片中表示：他因为全心全力工作而造成对家人的疏忽和亏欠。'如果能够从头来一遍的话，我大概不会干这一行！'"

看样子有关《任务控制室》的故事、书和电影仍有续集。

追求蓝色星球之梦

长久以来，文理两科之所学所用，皆泾渭分明。学文科的与文字长相左右；学理工科则和数字、方程式永不分家。但是，太空物理学家李杰信在他专业生涯之中，却能行走于两境之间，乐此不疲。

李杰信毕业于台大物理系，自1971年加州大学洛杉矶分校获得物理博士学位后，始终供职科技领域。最初到美国海军"反潜战"项目下工作，后投效美国华府太空总署，管理"太空科学实验室"任务；另一方面，业余勤于笔耕，使用通俗、生动的文字，介绍科学尖端知识，成绩斐然。截至2017年为止，他在海峡两岸已出版12本科普书籍。

李杰信为何会游艺文理两境，基本上，他理性喜欢科学，全力攻得物理博士学位，而以太空物理为其一生志业。根据一般了解，未来世界势必建立在西方理性主义的科学和技术的基础上,就像一位名作家刘大任在一篇为李杰信所作的序文中所言,中国社会需要解释科学的文字,李杰信生性热情,刘大任亲眼看到李在中国主持"青少年航天飞机科学实验"评审颁奖活动,目睹他"跳出冷冰冰的纯理性科学的世界,而在科普这一无比重要的社会领域里,热情无私地奉献自己。"

迁 徙 台 湾

李杰信多彩而又丰硕的人生道路启端于中国东北的大平原,他的父亲毕业于辽宁医大,二战后当选为国大代表,国共内战期间转任野战医院院长,林彪和国民党军队在东北开战期间,全家不得不迁徙流离。1947 年 11 月初,解放军开进沈阳,全家六口混在难民之中,逃往南方。

李杰信的爸爸用独轮车推着简单的行李,母亲抱着弟弟,其余的手足跟随左右,全家老小跋涉四千公里,15 个月后终于抵达广州,1949 年 8 月搭船来到台湾。

李杰信曾写过一篇自述《阿山情结》的文章,归结他从出生以后便过着迁徙漂泊的日子,譬如初到台湾,小学六年,读了六个学校,被人霸凌,呼作"阿山",后来中学和大学渐入佳境,在台南一中度过一生最快乐的时光,还学会了说台湾话(即闽南语)。他在文尾说,一晃几十年过去了,这些年里,英语为主要语言工具,闲时讲普通话,中国崛起后,也开始学舌头卷起的普通话,偶尔和中学老同学小聚,听到台语乡音,感到亲切温馨。但因疏于使用,已经不能上口。在陈水扁当政期间,有次回台南访友,以普通话交谈,旁边有人呛声:"是什么人讲话有点像外国人,"李杰信心想,还好,没有人再叫他"阿山"了。他感叹一生走过台湾以外的世界,还没有被歧视过,但回到一生自认为故乡的地方,却被称作外国人,这都是忘了乡音所闯的祸。

"边缘人"

李杰信说,现在他常在世界各地游走,在北京,他们说我是台湾人,在台湾他们说我是外省人,在美国说我是亚洲人,在其他国家,说我是中国人。他的结论是:"我总是被归类在社会人际的边缘。"

李杰信自有其坚强的心理建设:"其实,打从加州理工学院'喷射推进实验室'做事起,我就已经跳出这个在太阳系中的地球,自诩为宇宙公民,不从政,不经商,谨守着人生几个简单的基本做人原则。非我族类的杀伐之声,早已充耳不闻。"这是何等的胸襟和气度!

李杰信太空科研者的生涯始于 1978 年初到加州洛杉矶喷射推进实验室(JPL)工作。当时 JPL 专攻美国科学卫星的研发工作,成为美国"深太空"(Deep Space)的探测中心,而两颗被 JPL 放上火星的"维京号"每天定时向所有员工作火星天气预报,让李杰信听得如醉如痴,因而细细品尝着人类的科技成就,把他从东北大平原继承来的胸怀,又更上层楼,扩张到整个宇宙。

在 JPL 实验室做研究

　　李杰信在 JPL 喷射推进实验室主要从事太空材料处理的研究,一共有三个研究项目,属于"有人太空计划"的范围,其实它并不是在喷射推进实验室的"无人太空计划"的主流之内。八年任职期间,李杰信一共发表近 40 篇科学论文,取得 8 项美国专利,主持过多次大小型国际会议,对他的研究和人脉网络,打下良好的基础。

　　再者,喷射推进实验室筹划太空材料研究小组的阵容坚强,生产力高,先后产生了三位航天员酬载专家(Payload Specialist Astronaut),王赣骏首先于 1985 年在"太空实验室三号",进行一周的滴液动力实验(Drop Dynamics),尤金郑(Eugene Trinh)在 1992 年 7 月"微重力实验室一号"飞行 16 天,完成多项实验。1998 年,安得鲁·托马斯(Andrew Thomas)登上俄罗斯的"和平号"太空站,完成为时三个月的太空任务,在此期间,李杰信也一度申请参加航天员的出航任务,他自喻在那场选美竞赛中落了榜。

　　在喷射推进实验室工作之时,李杰信有机会接触到亚洲发展中国家的社会和群众,对于那些国家的太空科学水平也有粗略的认识。美国太空总署是依 1958 年公布的《太空法》所成立,它鼓励员工向全国和全世界宣扬美国为人类和平使用太空所做的努力,例如休斯敦太空中心和喷射推进实验室每年都举办规模宏大的"开放日",使民众对太空科学发生兴趣。由于太空计划需大量经费,都是纳税人的辛苦钱,而许多国际合作的大型太空计划,如航天飞机和"国际太空站",都需要许多国家纳税人的支持,才能向前推动。亚洲的太平洋盆地在近几十年经济蓬勃发展,是 21 世纪人类太空活动的主力群,从美太空总署的角度,和若干亚洲国家建立非官方的太空活动的实质关系,对于美国长期太空策略有益。

投入科普

1979 年,李杰信受父亲之托,回大陆探亲,在探望老家途中的见闻,给他极大的震撼,深感做工人的堂兄,天资并不比自己差,却没有机会和条件去发展自己的潜能。回美之后,李杰信在南加州和一些志同道合的朋友组织"美国促进中国科普协会",并被推为会长。1985 年 7 月,李杰信和第一位华裔航天员王赣骏,一同接受中国政府的邀请,前往中国参观访问,为时两周,李同时也受"美国促进中国科普协会"的委托,进行初步探路的工作。

在中国期间,有机会见到一些中国国家领导人,也认识了多位航天部领导和工作人员,以及"中国宇航学会"的成员和许多中国新闻媒体的记者,也替未来开展科普活动做了奠基的工作。

李杰信回美后,和"美国促进中国科普协会"的成员开了几次会,他在会中提议:每次太空总署使用航天飞行器上天,因为载物重量和体积不规整,常有一些空余舱位无法使用,于是制定了"搭载桶"(Get Away Special,简称GAS)的计划,以十分便宜的价格开放给各国政府或教育、工业等政府机构使用。当时已有二十余国为他们的学生租下"搭载桶",发展一些简单的实验仪器,希望引发学生对太空科学的兴趣。由于李杰信在喷射推进实验室工作的需要,因此认识"搭载桶"计划的负责人,有一份轻车熟路的感觉。于是"美国促进中国科普协会"定下以"搭载桶"为主题的科普活动。

经过探询,台湾认为不方便,香港要参加,大陆可考虑,最后这项活动于1986年在中国大陆展开,从评审提案到美国佛罗里达州送上天空,在1992和1994年一共举办两届,前后历时八载,研发五项科学实验。主办两届中国青少年航天飞机科学实验活动及竞赛,甄选佳作上太空做实验。

中国航天部为了研发两届五项实验设备,一共投入了四位工程师,由柯受全总工程师负责,金恂叔设计,于冬波和冯伟泉制作,花了八年时间,"美国促进中国科普协会"在20世纪90年代暑假邀请两届得奖的四位同学访美,带他们游览迪士尼乐园,在华府参观太空博物馆,为"中国青少年航天飞机科学实验"增添欢愉的朝气。

转行科研管理

1987年,李杰信转入华盛顿太空署的总部,从事管理与行政工作,因此有机会扩张他的科学视野。通过科研管理,开始参与推展人类科学文明,并服务科学界。工作四年之后,李杰信得到一个"在职进修"的机会。1991年,太空总署决定派一位科技人员前往麻省理工学院的司龙管理学院(Sloan School of Management)进修科技管理的硕士学位,为期一年。

在此之前,李杰信曾争取一个宾州大学为期三个月的讲习班,没被录取,于是他向主管单位反映希望了解评审的程序,局长指出他的申请表格和附件不够详尽,李建议以后除了审阅表格,还应口试。为了准备"在职进修"的考试,他辞去"任务科学家"的职位,因为太空总署的科学工作者逾千余人,竞争非常激烈,计划用五个月的时间来准备这项考试。甄选的程序分成书面评选和口试两个阶段,口试的部分由五位委员轮流考问两小时,比他博士论文的答辩还要热烈,两个星期后接获通知,他被录取,真乃喜出望外。

他去上课前,太空总署聘请一位大学教授代理业务,出发前还由署长召见,并与其他几位在别处进修的人员共进午餐。"科技管理"硕士学位除了修17门课程,还要缴一篇论文,他的同学来自世界各地,李杰信说这些国际友人是他一生中的巨大财富,开课的老师都是名牌教授,还有一些大公司的总裁前来演讲,细述他们成功的秘诀。日后他把所学的"全面质量管理"、"科技策略管理"、"语言处理"等课程内容都运用于他的工作部门。过去十余年,他获得太空总署所颁赠的"杰出工作成就奖章"、"绩优成就奖"和航天员办公室所赠予的"史诺比奖"(Snoopy Award)。

李杰信因主管太空实验室的职务,所以时常有机会到太空总署设置全美各地的分支机构出差、视察。休斯敦太空中心附近有一个华裔组成的太空城专业协会,获悉李杰信来访的消息,曾先后邀他两次座谈。

第一回座谈会时值 2000 年 6 月下旬,海峡两岸已同步出版了李杰信的《追寻蓝色星球》,该书的副题为李杰信的太空梦,共分 19 章,书中所言即美国太空科学发展的缩影,描述人类寻找外层空间《蓝色星球》的种种努力。据李杰信解释:高等生物的存在和演进,必须依赖大量的水和氧气,而拥有水和氧气的星球,跟地球一样,远远望去是蓝色,于是寻找蓝色的星球即 21 世纪人类的大梦。

他在座谈会上鼓励大家多写科普文章,他指出,中国社会很需要这类介绍或解释科学的文字。在台湾,他和青年学子也有面对面的交流经验;前"国科会"主委黄镇台倡导"人文关怀",他曾为李杰信在台大国际厅安排演讲,发问的同学踊跃,李杰信并向青年学生留下电子邮箱,许多台北一女中,或建中的学生曾以电子邮件请李杰信"释科学之疑",这些台湾的中学生都能问出很好的问题。

"我们是火星人？"

李杰信在第二本书《我们是火星人？》中指出，中国人观察火星已有三千年历史，古称火星为"荧惑"，古代的中国人常喜欢把天象和帝王的政绩连在一块。直到 15 纪初，郑和下西洋的时候，中国的天文学和航海术仍旧领先，郑和的舰队远至红海、埃及。后因明成祖为了北讨鞑靼，扩运河、迁都、修长城，因此国库空虚，决定不再造船，中国自绝于海上的探险活动，科学的发展也就逐渐落后于西方。综观这本论火星的书，先从它的历史和外在形质说起，然后再论火星生命和地球生命的关联。依作者推演的论点，火星在太阳系中，身形较小，散热快，很可能比地球先达到生命起源的条件，目前无法排除的可能模式是：生命在火星上形成后，乘坐频繁出发的陨石列车，抵达地球，播种生命。

太空站的诸项研究计划是为发展科技，回馈地球，但目前每年花上 130 亿美元的美太空总署的探索太空活动，一心一意寻找"外层空间的生命"，李杰信说这是航天总署最秘密的愿望，同时也是未来二三十年太空科学计划的最重要方向。

他在各地举行科普演讲时，最常碰到的一个问题是，太空实验室和一般实验相比，为什么造价要高出那么许多？李杰信说：小的实验一两百万可完成，较为繁复的动辄三四千万，甚至上亿美元，最重要的原因之一，就是所有的仪器，都必须符合航天员生存及操作的安全条件，比如说任何需要加热气化、液化的长单晶材料，必须用三层容器包住，才能通过安全检查，另外抗震、电磁、噪音方面的绝缘问题等，也都必须符合严格的安全规定才能过关，这是造成价格高的直接原因。

科普写作乐无穷

李杰信工作之余以写作为乐，已完成的有：《追求蓝色星球》、《我们都是火星人？》、《别让地球再挨撞》、《生命的起始点》、《天外天》及《宇宙起源》等六本，最近完成第七本《宇宙的颤抖》。除了著述之外，公余他也旅行到外地举行科普演讲，他认为这是提高中华民族科学文化水平的好方式。

对于李杰信的科普著述，中科院院士顾逸东在《宇宙起源》一书的序文中有着精辟的分析和解说。顾院士说这本书是关于当代宇宙学及其最新进展的科普著作，写这本书"不仅需要科学专业的深厚功底，还需要融会贯通的深入了解，丰富多彩的形象思维和贴近生活的精彩表述，杰信先生做到了，这是最让我钦佩的。"

院士的品题

顾院士说，前不久杰信先生来北京中科院，做了一场精彩的宇宙起源的科普报告，又赠送了他一本繁体字版的《宇宙起源》。读完之后,顾院士发现,作者在"人类对宇宙起源的历史认知和缺失、相关理论的内容背景,重大科学发现的来龙去脉,宇宙起源关键问题上的科学解释,使人对宇宙起源有整体性的了解。"顾院士阅读后给李杰信发邮件说,"我极为喜爱你的大作,感受到你思考的广度和深度,这是我看到过最好的高水平科普著作。"

2017年初又有新书《宇宙的颤抖》问世的李杰信,自三年前开始,他主要的工作是在JPL喷射推进实验室发展一个"冷原子实验室"(Cold Atom Laboratory CAL),渴望在2017年下半年送上国际太空站,进行三年的科学实验。CAL可将原子冷却到绝对温度(−273 C),形成量子状态,如波色爱因斯坦凝结态和用原子干涉技术检验爱因斯坦的等效原理,侦测暗能量和暗物质的存在。研究员中包括三位诺贝尔奖得主,埃里克·库奈尔(Eric Cornell),比尔·菲力浦(Bill Phillips)和沃尔夫冈·克特勒(Wolfgang Ketterle),到了2020年将和德国一起研发第二代仪器。问起未来的工作计划,他说或许不久将从工作岗位退休,继续写科普文章,多花点时间陪孙女嬉耍。

林庆辉:约翰逊太空中心
第一位亚裔单位主管

　　美国约翰逊太空中心(Johnson Space Center, JSC),
滨临墨西哥湾,位于全美第四大都市休斯敦东南郊的德州
沿海地带,是航天总署之下十个太空中心之一,在美国太空
计划之中,JSC肩负两大任务,一是训练航天员,另一项是
太空舱升空之后,负责联系地空之间的通讯及控制航行
任务。

林庆辉(中)

1970 年 4 月林庆辉获得美国莱斯大学（Rice University)化学工程的博士学位,最初受雇于航天业的洛克希德(Lockheed)公司,1981 年归化美国公民后,便符合进入约翰逊太空中心工作的基本规定,1986 年"挑战号"航天飞机失事之后,他的工作从科研技术走向管理层次,升任单位主管(Branch Chief)。

林庆辉一生和海洋结下不解之缘,他 1942 年出生于福建省滨海的莆田县,1970 年踏入职场后,便落脚滨临墨西哥湾的德州休斯敦东南郊的明湖城。他从出生到退休,和海洋结邻逾半世纪,所不同者,墨西哥湾属大西洋,而莆田县滨临的则是太平洋。

林庆辉远渡重洋,完成学业后,在休斯敦太空中心扬名立万的事迹,交织着他个人的家史、中国二十世纪内乱外患和世局变迁等背景因素,以及他个人努力追求人生梦想的奋斗历程。林庆辉认为影响他一生最大的因素是他的父亲林维完老先生。林维完,1901 年生,是家中第一位跋涉千里、从福建跑到北京念书的大学生,就读的是交通大学电讯科,当时学校的师资若不是外籍人士,便是回国的留学生。林维完毕业后,任职中国电信局,直到 1963 年退休。他也是该局早期能看懂所购买机器的英文说明书的人员之一。

最初林维完先生的工作地点在上海市,后来日本发动侵华战争,他奉命随政府迁往西南内陆,然而林庆辉的母亲却带着子女回到福建家乡。八年抗战期间,林维完老先生每年回家探亲一次。抗战胜利,台湾回到祖国怀抱,他被派遭到台湾接收岛上的电话及电报设施,在此之前日本的电讯主管怀疑中国人能否继续维持工厂运作,但是林维完的团队证明日本人的怀疑是错误的。台湾之行的任务结束后,他回到福建家乡装设电线和电话网,直到1949年再度迁台湾。

林庆辉的父亲一生节俭勤劳,以身作则,从不说教,所得薪金,除去支付家用,便存进银行,待人接物,温良恭谦,克己复礼,是一位典型的君子。像林家这样的农民家庭,都是辛勤耕耘,存钱买地,供给子女出外念书、谋职,尔后光宗耀祖。这也是数千年来中国农民进阶社会上层的一个途径。

十年寒窗的写照

细看林庆辉事业的奋斗过程,恰巧也是中国人自古求功名"十年寒窗"的写照。最初因为他在台湾大学的学业成绩优异,1966年得到美国莱斯大学的全额奖学金,他以不到四年的时间完成博士学位,日后得到梦寐以求的理想工作,也和他所做的博士论文内容有关。

林庆辉的博士论文的指导教授Dr. Fritz Horn是一位奥地利出生,在英国深造的化学工程的理论学者,他在工作室的黑板上和笔记本写下脑里的新概念和数学模型。所谓新概念,是用周期性的温度或压力变化来诱导不同气体在不同介质里有着附着力的差异,因此得以分离。林庆辉的

127

论文工作是把这些模型改写成为计算机的计算程序,他用20世纪70年代初的雏形计算机来计算及验证新概念,居然能够顺利地完成论文。

他在莱斯大学的博士论文题目是:《诱导输送分离的数学模型》,研究的主题是用数学模型和计算机计算来验证新的气体分离的概念和设计。

在太空舱里,人呼出的二氧化碳必须从吸入的空气中分离,这是太空舱环境控制和生命维持的必要过程,短期的任务中用氢氧化锂罐就可以把二氧化碳吸去,但每过数小时就必须换新罐。从美国第一次太空飞行到航天飞机都使用氢氧化锂罐,不过对于更长久的任务,这些用完要换的氢氧化锂罐就会成为沉重负担,所以在20世纪70年代,美国太空总署就已经考虑研发新技术来分离太空舱里的二氧化碳。新的技术概念须要用数学模型先检验,这样才较有信心投资,林庆辉的研究就是用数学模型来检验新技术。

莱斯大学的所在地休斯敦,为美国石化工业的重镇,号称世界"能源之都"。依常理,获得化工博士学位的林庆辉在休斯敦地区应该不难谋得本行的工作,然而他的论文内容偏向理论,并且使用刚兴起的雏形计算机计算,使得工业界或工业实验室不易理解,而若干教书的工作,又因为抵达美国的时间相对地"短",英文表达能力受限,而未能适任。于是林庆辉便选择留校工作,接受薪资较低的博士后的研究工作,一边继续另谋他职。

山穷水尽疑无路

　　林庆辉在莱斯大学的博士后研究计划是由当时正时兴的生物工程学的一位专家领导,试图用数学方程式和计算机仿真来分析人的日夜节律。一年"博士后"的研究过去了,谋职的事未见着落,就像中国古诗上所说"山穷水尽疑无路,柳暗花明又一村",林庆辉以为他在化工界找事的路已经走投无路,没想到有一天早上,曾担任他博士论文口试委员的化工系教授来到林庆辉的办公室,告诉他:"休斯敦太空中心有一个博士后的研究工作,不知道你是否有兴趣?"于是林庆辉抓住这个机会,跳上戴维斯教授的车,跑到东南郊的太空中心做了一个求职面谈,结果顺利得到这份工作。林庆辉说因为戴维斯教授是太空总署的顾问,同时又审查过他的博士论文,戴维斯教授也是唯一能把林庆辉所熟谙的计算机技术和那件新工作接上线的人。因此1971年8月,林庆辉到太空中心后,立即投入由美国全国研究协会所出资设置的博士后的研究工作。

　　1969年7月20日,林庆辉像世界各地成千上万的人一样,收看荧光幕上"阿波罗11号"登陆月球的新闻,同声感叹人类的科技实已登峰造极,万万没想到自己日后也有机会投入这一行。两年的博士后工作结束,休斯敦太空中心有意继续雇用林庆辉,但因为他不具美国公民的身份,于是进入航天业洛克希德公司担任工程人员,仍然支持太空中心同一单位,而且他在洛克希德工作的七年期间,做的依然是"数学模型"和"计算机计算"。不过此时的模型对象是航天员在执行太空"舱外任务"(英文简称EVA)时所穿的衣服,这件宇宙飞行服有绝热、保温、保压、供氧气及水冷却等功能,洛克希德公司研发的此一计算机程序至今仍然被用来支持每一次太空舱外任务的计划工作,40多年来依然是一个重要的工具。到了1980年,林庆辉和他的妻子一同成为美国公民,他也从民营的航天公司转职到政府机构。

严格执行安检

1980年4月20日,林庆辉第一天去太空中心上班,就遇到一件安全事故,如今可能已经被大家淡忘,当时有一位工作人员的手臂被烧伤,原因是为宇宙飞行服背包里氧气瓶充氧气时,着火爆炸。这背包并非飞行时的组件,而是地面训练使用的,但是太空总署的事故调查非常认真,最后的调查结论指向两个原因:一是制造氧气管时控制不严,致使管内留下残屑;二是充氧气的速度过快,以致氧气在拐角时过热,铝屑加上热气就制造了麻烦。由于这次事故,便需要更严格地控制氧气管的制造过程,并减低充氧的速度。

1981年4月12日,美国太空总署第一次发射航天飞机,这是自1972年阿波罗登月计划结束后的又一创举。就像许多休斯敦太空中心的工作人员一样,林庆辉从电视转播观看第一架航天飞机"哥伦比亚号"承载两位航天员,眼见喷着火焰的火箭推进器和航天飞机主要引擎奔向太空,不论工作人员扮演的角色是如何微不足道,但是当"哥伦比亚号"完成两日任务,安全返航之后,每位同事都热烈鼓掌,大大地松了一口气。他也记得航天飞机第一次进行舱外的漫步活动,那是1983年4月7日,航天飞机正进行第六次任务,身上穿的正是三年前发生意外灼伤事件后经林庆辉工作部门改良制作、配有热传导装备的宇宙飞行服,一切顺利进行。看完电视直播的"舱外任务"结束后,他和办公室同僚也如释重负。

晋升行政主管

林庆辉进入太空总署工作时,是以航天科技人员岗位受聘的,在编制上的等级是G13。根据他的了解,在航天总署的编制上有三分之一的人属G13,三分之一的在G13之上,其余的三分之一在G13之下,从这个统计数字看,林庆辉是以中等阶位的科技人员进入航天总署的。六年之后,他晋升主管,在访问中他表示,"身为亚裔,我从来没有感受到任何歧视,也许太空总署是一个特殊的机构,本来就网罗许多外来的科技人才,在我之前,有唐鑫源博士给同事留下博学多才、性情仁厚的印象"。林庆辉认为由于这层缘故,使得自己"走的路容易得多"。

林庆辉做主管的领导方式,尽可能帮助属下把他(或

131

她)的任务做好,希望大家都快乐,"只要不把自己当外人,对自己有信心,就不会觉得被歧视"。林庆辉说他后来没有更上一层楼,"也因为自己的体力不能担负更重的管理责任,并没有一般所谓看不见的玻璃天花板。"

参与修复"哈伯"

林庆辉担任休斯敦太空中心行政主管二十余载,这期间有好几件值得记述的事,它们和休斯敦太空中心的若干业务有关:

1986年初,航天飞机"挑战号"失事,全美国震惊。经过32个月的停飞期,在1990年,利用航天飞机的大有效载重舱把哈伯太空望远镜放进太空轨道,不久之后发现制造望远镜的时候主要镜片的弧度没有磨得精准,所摄影像不能正确聚焦,因而模糊,太空总署因而受到各方批评,于是当局借用"人戴眼镜"的原理,主张再加一副镜片来修复哈伯望远镜,这个添加镜片的工作就落在航天员的身上,因为只有人的巧手,才能把镜片放进恰当的位置。

哈伯望远镜所在的轨道要比航天飞机飞行的轨道来得高,于是高轨道和较长的"舱外任务"时间都需要小心计划和分析,休斯敦太空中心当局也了解:载人飞行的"能力和声誉"会在这次镜片飞行任务当中受到考验。林庆辉工作部门事前一再核算"舱外任务"热传导的分析。当舱外任务进行之时,工作同僚都紧盯着电视转播的银幕,任务完毕,大家都松了一口气,数日后太空总署宣布这次的修护工作纠正了哈伯望远镜的问题,每个人都欢欣鼓舞,这件事也足以证明"载人"在太空飞行之中有其必要性,此后接连安排了四次的修复设施任务,借以增加哈伯望远镜的功能和寿命。众所周知,哈伯望远镜是研究天文学的一个重要工具,经由它所传回太阳星系、银河星系及更遥远的无数星系和星云的照片不但美得惊人,同时也提供了有关宇宙的重要知识,林庆辉因参与幕后的支持工作,深觉"与有荣焉"。

培植女航天员

1992年,林庆辉的工作部门来了一位建教合作计划的女大学生,她名叫凯伦·内伯格(Karen Nyberg),当林庆辉和她讨论一年的工作计划和未来专业目标时,她表示想做航天员,林庆辉听过许多人说过类似的话,并不感到意外,但是林庆辉也注意到凯伦在说这些话的时候,言语之间充满智慧和能量。有一天在太空中心的运动场上还看见她和航天员一块慢跑,后来再次谈到"做航天员"的话题,林庆辉建议她应该争取做"非飞行员的科学家航天员",既然是"科学家航天员",就应该计划去读一个博士学位。

凯伦·内伯格大学毕业后,获得任职(先前)实习部门的机会,于是林庆辉进一步指导她申请德大奥斯汀机械工程系,并且定下研究题目:宇宙飞行服水冷却的自动控制,缘因太空总署对于发展航天员衣服予以高度的关注。过去航天员到舱外执行任务,必须用手去控制压低太空装内的水温,如果水温可自动降低,那么航天员就可专注自己的任务,而且德大奥斯汀有一个设备优良的实验室,可进行研究工作。凯伦·内伯格在德大做了研究,完成论文研究报告,林庆辉还开车到奥斯汀参加她口试的答辩会。一切功德圆满,凯伦拿到博士学位后,又回到休斯敦太空中心工作。果然2001年,她被甄选为航天员,2008年5月,林庆辉夫妇接受凯伦的邀请,前往佛罗里达州肯尼迪太空中心,参加她担任STS-124航天飞机任务的发射观礼活动。

若以凯伦从建教合作的实习学生,一飞冲天变作航天员的成功故事来看,林庆辉不仅帮助青年才俊,同时也了解了太空中心本身的求才需要,于是居间撮合,真乃功莫大焉。2013年5月,凯伦再度被任命出航国际太空站的任务,在太空轨道上停留六个月之久,愈发使得林庆辉分享后进开创事业的快乐,他说凯伦是自己所帮助有志开拓事业的年轻人之中,飞得最高和最远的一位。

充气性航天舱

20世纪90年代中叶,林庆辉参加了休斯敦太空中心的一个团队,目的在观念上发展设计人类到外层空间轨道上旅行和居住的航天舱。这个团队网罗了太空载人飞行的各方专家,林庆辉所代表的是环境控制(Environmental Control)和维生系统(Life Support System),团队成员商定一个合适的聚会时间，并由资深的太空结构专家许乃德博士(Dr. William Schneider)领导。在他的统领之下，完成了一个"充气性航天舱"的观念设计，太空总署并没有进一步发展"执行这个观念设计"的计划，但是许乃德博士领导团队做了一个专利的申请，全名是："高等结构可充气性软硬混用航天舱"（Advanced Structural and Inflatable Hybrid Spacecraft Modul)，不意在 2001 年获得标准局的批准。林庆辉原以为一定要等到几十年后才会有人去落实这个观念，没想到在 2004 年，就被告知一家航天公司有意把这个"充气性航天舱"发展成为"太空旅馆"，的确令人喜出望外！此一观念性的设计竟然比林庆辉的想象还跑得快，更不用说那家航天公司还给这项专利付了权利金！

两位华裔朋友

林庆辉说，在他立业过程之中，受到许多良师益友的扶持。1977 年的一天中午，他到太空中心员工餐厅用餐，碰到一位名叫谢高仑(Bill Derbing)的华人，他在公关部门工作，两人坐下来用餐后相互自我介绍，"他告诉我两周之后有一个中国来的科学家访问团要到中心来，并且问我是否愿意做口译人员？"，因为林庆辉从来没遇见过来自中国大陆地区的科学家，心想"他们的想法以及对科技的做法和外边的人有没有什么不同？"，他答应了谢高仑的提议，两星期后陪这些科学人员参观太空中心，结果发现两边的"科学"

并无太多的分别,访问团里有些人的英文和林庆辉说的没有什么差距,但是彼此绝口不谈政治。

此后林庆辉又和谢高仑的妻子谢金凤(Eleanor Derbing)相识,她在太空中心的采购部门工作。两夫妇都是在美出生的第二代华人,他们说英语没有外国口音,同时是休斯敦健言社的会员,为了帮助改善明湖地区的华人公开演讲的技巧,他们夫妇在明湖组织了一个健言社(Toastmaster Club),林庆辉和他的妻子参加以后,不仅在演说的仪态和信心方面有了长进,同时也纠正了英文发音和文法,使得他夫妇受益无穷。

筹组太空专协

林庆辉说他从这两位华人朋友身上也学习到现代社会的"公民道德",以及替社区服务的精神和热忱。1991年,林庆辉和一群在明湖城航天业任职及政府机构工作的华裔朋友成立了太空城专业人士协会(Space City Professionals Association),简称 SCiPA,并推举林庆辉担任首届会长。目的在促进华人同胞的团结与合作,发扬中华文化的优良传统。历年来曾举办健康、个人财务、文艺等有关的演讲,八月中秋和农历新年联谊会、郊游及赈灾等活动。同时值得一提的是,20 世纪 90 年代中叶在主流社会的明湖学区推动将华语列入一般高中的正式课程,对整个社区的影响较为深远。林庆辉卸下会长的职责后,便替 SCiPA 义务担任秘书，为该组织保存文字记录。

告别太空中心前后

　　林庆辉在退休前的数年间，安排副手处理行政事务，自己投注心力监督三项科技计划：第一项，为太空站设计、做实验用的冰箱，最初由伯明翰市的阿拉巴马大学所研发，希望能将温度从一般的摄氏零下九十度降低到摄氏零下一百六十度，为从事生物科学实验所需，结果阿拉巴马大学的科学家达到所定的目标。第二项是用太阳能来研发一种冻箱和冰箱，这将应用于数十年后的月球和火星的探险计划，该项由林庆辉工作部门研发的科技已取得美国标准局的专利，相信会在地球上率先制造使用。第三项是替磁谱仪（Alpha Magnetic Spectrometer－02，简称 AMS－02）做一个绝热的外套，AMS－02 是一项粒子物理的实验，磁谱仪可用所采集的宇宙线中搜索暗物质的证据。磁谱仪在2011 年 5 月由航天飞机携往国际太空站，至今仍继续在外层空间收集资料，磁谱仪是由诺贝尔物理奖得主丁肇中教授所主导，共有十六个国家和地区参与的物理实验。

　　退休之前林庆辉得到两件喜讯都和他的长子 Alex 有关，一是家中再添一位孙女，Alex 毕业于德州大学电机系，在 1993 年应征到休斯敦太空中心工作，从政府编制的GS－7 级，逐年升迁，到了 2007 年春天，晋升到 GS－14 等级，尤其阿历克斯（Alex）年方 36 岁，在编制上太空中心员工有三分之二没达到 GS-14 级,这件喜讯的意义,非比寻常。加上林庆辉的妻子也一直供职航天业,家庭生活和谐,一家三人皆投身航天业,各有所成,十分难得。林庆辉另有一子安迪(Andy),获心理学博士学位,目前任职加大洛杉矶分校,是该校统计分析团队实验室的经理。

退休后的林庆辉夫妇开始游山玩水,参加国画、桥牌等休闲活动,林庆辉感念他求学的时候得到良师教诲,更感谢莱斯大学赐予一份全额奖学金和一副开启事业的钥匙,成就了他在 NASA 休斯敦太空中心的事业,让他享有自由,同时能够全力追求人生的目标,使他成为一个顶天立地的人。

张元樵:航天飞机热控制系统专家

　　张元樵1942年出生于广西桂林,父亲是中华民国陆军军官,母亲是南京人,1949年随着战乱的滔天巨浪迁徙台湾,定居台北大龙峒孔庙附近眷村。

　　迁台之后,虽然结束颠沛流离的岁月,但因"外省人"和"军公教"人员子女的身份,且家无恒产,所以在20世纪50到60年代由父母所灌输的忧患意识,使得张元樵知道唯有努力读书才能出人头地。他小学毕业后考上台北市知名的建国中学,大专联考之前获知李政道、杨振宁得到诺贝尔物理奖,影响了那一代台湾年轻人立志的方向。张元樵在校数理成绩突出,小学时曾被同学冠以"数学大王"的绰号,因此填写物理系为联考志愿表上的首选。这项选择也决定了他移民美国后一辈子的职业生涯。

在师大物理系求学期间,张元樵也像其他同学一样,除了念书,还打工做家教,当时他认为"半工半读能赚钱又能认识朋友,学习待人处世的道理,一举数得。"他的最高记录是在学校放暑假期间,兼职三个家教,但是待他步入退休岁月,却回头告诉年轻人:求学时代应该专心课业,做家教固然无碍学业,毕竟占去年少宝贵的学习时光。

师大毕业后,张元樵依规定在台北近郊的一所中学教一年书,随后回到师大物理系当了一年助教,而后申请到美国休斯敦大学的奖学金,待负笈美国便一心一意冲刺学业。张元樵所做的论文题目和宇宙射线有关,由校方向太空中心商借飞行任务所搜集的数据,并且使用休斯敦大学刚刚设置的新型计算机系统来分析论文的内容,没想到后来在洛克威尔航天公司任职后,他分析论文数据的方法和使用计算机的技术都一一派上用场。套句中国的成语就是"学以致用"。

上天和入地之门

在攻读博士学位之时,基于来日就业的考虑,除了主修天文物理,张元樵也兼修数门和《地球物理》有关的课程。他曾和友人戏言:前者是"上天",后者是"入地"。由于休斯

敦大学所在地乃美国能源首都,它的石油探勘业在美国首
屈一指,选修《地球物理》一则没有脱离物理的本宗,同时也
具有谋职的策略意义。张元樵在美求学和奋斗的道路并无
巨大波折,但也并非一帆风顺,不过他始终告诉在美出生的
一双子女:美国是一个开放而又公平的社会,只要努力以
赴,便会有到达目的地的一天。

　　进入美国航天业领域,并非出于张元樵的事先规划,那
时他刚通过博士学位的论文口试,经教授推荐,开始在休斯
敦一家规模较小的大学教授《大一物理》,准备积极找工作。
一天早上,同时也在谋职的一位同学相告:洛克威尔
(Rockwell)航天公司亟需一名航天飞机热控制系统的工程
师,因为和张元樵所学的门类相近,连履历表都没备妥,他
匆忙前去应征,没想到和未来上司柯劳森(Clausen)先生面
谈一回,两日后便接获录用的通知。

　　这位柯劳森先生日后对张元樵器重有加,甚至鼓励他
不妨以"科学家"的身份申请做"航天员"(宇航员),张自忖
起步已迟,而且体能状况恐不能胜任,后来柯劳森被加州喷
气推进实验室(Jet Propulsion Laboratory)所延揽,行前告
诉张元樵如果想去 JPL 工作,他乐意写信推荐,这位柯劳
森先生的儿子后来成为南加州知名的电视新闻主播。

　　在洛克威尔公司服务的十年当中,张元樵表现优异,从
热控制系统工程师、主任工程师,晋升项目经理,到负责建
造太空站热控制系统的企划,最后一项的企划工作还把他
派调到洛克威尔航天公司的加州总部一年。1986 年一月

141

航天飞机"挑战号"升空七十秒钟后爆炸解体,整个航天飞机计划停飞 32 个月,在事后的检讨过程中,主事单位确认张元樵所负责的热控制系统作业正常,太空中心揽延他担任休斯敦太空中心航天飞机热控制经理的职位,他的工作单位也从民间企业而转入政府机构。

深获上司赏识

直到 2008 年 4 月,张元樵自太空中心退休为止,他在政府机构工作 21 年,一共获得 NASA 所颁赠的奖牌和奖章 45 件及 22 个有关方面赠送的感谢状,其中包括:太空总署杰出服务奖(NASA Exceptional Service Medal)(2000)、史努匹银奖(The Silver Snoopy Award)(1992)、两度获得约翰逊太空中心最高荣誉奖(Johnson Center Director's Commendation)(1995,2004),2008 年退休时获约翰逊太空中心传承奖(Heritage Award)。自 1981 年至 2008 年为止,张元樵共参与 121 次的太空飞航任务,并主导了 81 次航天飞机热控制系统,曾任太空总署航天飞机计划主持人约翰·山农(John Shannon)在一次颁奖典礼中称赞张元樵的贡献"无以计量"(Immeasurable)。

对于科学的门外汉而言,张元樵所执掌的航天飞机热控制系统究竟做些什么? 他曾应朋友和媒体记者之请,作了一番解释:

"当航天飞机在轨道飞行时,有时面向太阳,有时背对太阳，想当然向阳热，阴暗面冷，舱内的温度也受到影响，我的工作就是根据太空任务的需求和天体运行来调整飞行角度，外层空间梭的舱内还有五千多张保温毯，一百多套电热器和五百多个温度计，可供调配。"

同时在每次的航天飞机任务之前，张元樵必须对飞行方向、纬度加以分析、计算，航天飞机飞行任务当中，24 小时都有人排班守候，如果舱内温度发生失调（过冷或过热）的状况，必须立即拿出对策，改变航天飞机的飞行姿态和方向，调整温度，解决难题，待任务完成之后，必须取得相关飞行数据，供作日后飞行的参考。

工作带来的压力

《世界日报》旧金山版"金山人语"的专栏作家张至璋曾造访休斯敦，与张元樵结识为友，因而问起："两次航天飞机爆炸，你们工作人员必定很难过？"张元樵回答："精神压力很大，发生意外事件之后，地面控制室有人难过得胃翻作呕，有人好几星期睡不着觉，甚至听闻有位部门主管得了抑郁症，弄得妻离子散。"

说到太空任务后援工作者的工作压力，在 2015 年坊间出版了一本《飞行任务的无名英雄 1965—1992》。到了 2017 年，一位英国制片人依照该书拍了一部记录影片，命名《任务控制》，其中有一位名叫鲍勃·卡尔顿的任务控制主管吐露真言，他因全心全力工作，而造成对家人的疏忽与亏欠,"如果重头来一遍,我大概不会干这一行。"

张元樵生性谨慎,每每在飞行任务当班期间,吃了晚饭就到办公室查核收到的飞行资料,然后才开车回家补充睡眠,太空中心占地广阔,树林间常有野鹿和其他较小的野生动物出没,当班的夜晚驾车总是特别小心,以免造成车祸。大致而言,张元樵的工作压力主要来自飞行任务时,如何平衡舱内的温度。2001年,他在太空中心的医护室做例行的健康检查,医生建议他去看心脏科的医生,结果发现有三根接近心脏的血管阻塞,有一根堵塞程度达百分之九十五,次年张元樵在全美以治疗心脏疾病著名的休斯敦圣路克医院进行了心导管手术。

安排退休生活

2008年,张元樵决定遵从心脏医师对他健康状况的评估,办理退休,这时他年届66岁,因为太空中心并无"退休年龄"的规定,他的上司表示,如果嫌目前工作的压力大,可以换个轻松一点的职位,另有航天业的对口单位,也邀请他任职。在以往曾有做政府工的人员退休后,转职民间航天业,除了退休金还可以多一份全薪,但是他喜爱自己的工作,并不想为安排退休生活而作某种形式的妥协。

张元樵在2008年退休之前,曾替接班的人事作了规划,说也凑巧,早在16年前,他在洛克威尔公司工作时,曾替一位年轻上进的同事,写了一封推荐信去申请休斯敦大学机械工程研究所的入学许可，15年后他逐步安排同一人来接替自己的工作。数月后他退休在家，工作单位遇到棘手的问题，打电话来征询他的意见，张元樵便小心翼翼地告诉对方，请他去找新主任商量对策，为的是避免替新主事的人造成困扰。这件事也表现了张元樵遇事深思熟虑的一面。

导览太空中心

由于因缘际会，张元樵曾受友人之托，替多位外地来访的华人导览休斯敦太空中心，其中包括三位知名的作家写过观后感。依照时序的先后分别是：耶鲁大学东方语文系的前系主任和讲座教授孙康宜，美国《世界日报》"金山人语"的专栏作家张至璋，以及耶鲁大学中文讲师及散文作家苏炜。

孙教授的文章在台北《青年日报》发表得最早，后来收进尔雅出版社的孙康宜《游学集》，孙教授于2015年获美国人文科学院院士，次年当选台北"中央研究院"院士，此前曾替英国剑桥书局主编一部《中国文学史》。孙教授的文章主要叙述张元樵的工作概况。她指出，NASA除了在休斯敦的主要基地之外，还有散布于美国其他各地的太空中心，包括著名的佛罗里达州的肯尼迪太空中心，每次航天飞机和火箭从佛罗里达发射出去之后，仅仅在几秒钟之后，所有的太空操作就移交给休斯敦太空中心监督管理，因此像张元樵这样的地面支持队伍,必须夜以继日地排班工作,尽力在太空和地球之间取得准确完美的联络,因为太空大环境和地面有所不同,所以温度控制为航天飞机生命的主线之一,必须随时随地进行必要的调整。通常当航天飞机发射出去之后,张元樵于每日清晨三四点到太空中心,首先解读其他工作人员所收集有关航天飞机温度的数据,如果略有失调,就要快速设计补救办法,然后出席各部门的联机会议,取得连续不断的数据控制和监督。

省思前尘往事

苏玮的文章书成于张元樵退休 6 年之后,因此包含了他退休之后的省思与回顾。到了 2015 年 11 月 7 日张元樵因心脏病遽然逝世后,张至璋藉"金山人语"的专栏表达他对这位科学工作者的追思。

苏玮这篇刊载于 2014 年 4 月 18 日《世界日报》副刊的散文,题名为"天地之门",记述他游览休斯敦太空中心的经过和感想。笔者庆幸在替张元樵做这篇报道的时候发现了苏玮的文章,苏玮以感性的人文视角穿透科学家的心路之旅,其观察和结论,也呈现出自然科学与人文科学的离与合。

该文所描述的科学工作者共有两位,前半部说的是一位勘探石油的专家,后半段说到张元樵的时候开始叙述:"那天风和日丽,退休的 Z 君自己开着车带着我们(还有另一位作家康正果)参观休斯敦太空中心,在贴着大小标志符号的门楼间穿梭来去……"，苏玮说参观 NASA 的大半天，成为近年来人生中的一段真实的"童话之旅"。

苏文形容："头顶上那片永远伴随着神秘和梦想的璀璨星空，那些往日那么遥远的、仿若神话一般的故事，无重力、太空漫步、地球和太空之间的往返轨道、关于航空器穿越大气层时生死攸关、需要严格把握的热数据等等，在他的娓娓道来之中，一霎时，简直成了活现在眼前的传奇，一个有温度、有气味、有细节、有质感的实体存在。"

"金阳若酒，鸟鸣似笛，Z 君领着我们参观 NASA 航天员训练中心和研发中心的一路上像叙说细琐家常一样，跟我们讲述当年震惊全球的两次航天飞机意外事件。如今这位白发萧萧、富有幽默感的 Z 先生，不单是两次大事件的亲历者，而且是参与调查造成事故具体技术责任的人，令人惊悚、感慨的是，两次热处理都与'热控制'有关，而最后调查确认的结果，他竟能全身而退。"

苏玮感叹"只是一念之差，或者一二数据之差，茫茫星空的壮伟和探索之旅就成了灵肉瞬息间毁灭的惨烈之旅，这些摄人魂魄的故事，在 Z 君道来，显得云淡风轻又举重若轻，却听得我大眼瞪小眼地惊诧连连。"

敬畏自然与无限

当天午餐结束时，在 NASA 附近的一家中餐馆张元樵拿到一个幸运签饼，苏玮观察敏锐，善于归纳，他把科学家的工作经历和心中感受，经由这个签饼导向深一层的哲学思维：

Z君笑指着上面的英文签语说："你看这上面写着走过高山悬崖以后，只要你稍加留心，就会遇见瀑布流水，哈，真被他说准了，这真是我的命。"他望着绿影苍葱的窗外，轻轻叹了一口气说："命运好像总是这样安排我，专业生涯中遇到很多悬崖、深渊，但只要在每一个小关节上不粗心、不放弃，有问题就追问到底，就是悬崖、深渊在前，也能化险为夷。"苏玮说他听了这话心头微微一震。

接着Z先生列举了那两次惊天大事故中他始终没放过的"小关节为例"，好像冥冥中有个声音提醒我，这些常态下显得不重要的小关节，正是非常态下的关键所在，所以在最后的事故调查中，恰恰就是这样不起眼的小关节，成了调查结果里的关键性症结，同时也帮我廓清了责任，一切都像是命中注定！

苏玮惊奇于：张元樵竟如此信"命"，喜欢谈论宿命的"命定"，不过仔细想想，他言及的正是天道中的人道……人为所左右，所对话的天命，原来，在浩瀚的、可敬畏的星空之间，渺小的人力却不能自甘渺小，在宇宙巨大的空无之中，小关节竟然出现了奇伟的分量。人最需要敬畏的就是那种由敬畏自然、敬畏无限所产生的有限动能和努力，不论是常态或非常态的人生际遇，微末就是力量！

最后，苏玮和读者分享了心中领悟的一段真理：

"我心头一时变得豁亮，原来打开这道天地之门的无垠奥秘,掌控这奥秘之门的神奇钥匙,恰恰不是'大',却是小,……从微末处着眼,于碎细里求全,在龟步里登高行远,以卑微虔重而面对天宇浩渺,在宇宙的空无面前,在未知和认知的浩瀚无边之中,人的能耐,人的尊严也包括了人的局限,事物的极限,不正是这样呈现的么?"

张元樵始自 1986 年投入 NASA 工作,到 2008 年退休为止,整整 22 年的光阴,次年返台接受师大的杰出校友奖,这也是他 20 余年来首次返台。在典礼上他告诉校友:"参与航天飞机的发射和飞行任务,是一件压力很大的工作,但每次完成任务,会有一种成就感,也因此支持我更认真地去做好下一次的飞行。"他说:"我很羡慕有些人同一段时间内可以做很多事,我则是一次只能做一件事,"也许就是这种专注的精神,让他没有抽出时间到国外旅游,20 年也从未离开过工作岗位。1997 年,NASA 为了推动其他新的工作计划,于是将航天飞机系统交与民间合同商,唯有热控制系统仍由 NASA 的张元樵负责,直到退休,他负责的部分每次都达成预期目标。

2009 年返回台湾,张元樵感觉和以前不同,他认为,尤其年轻人都很有思想、创意,使他感到长江后浪推前浪的世代交替,在典礼上他鼓励"学弟妹要先对自己有信心,脚踏实地地做事,沉着冷静地思考,尽力做好每一件工作,让自己的信用建立自己的品牌。"

在张元樵生前的最后三年,连续三个暑假回台和师大志工团(学生课外活动组织)聚会,交换意见,他在美南地区努力替师大校友筹设清寒奖学金,也希望对后来的学弟妹有所帮助。

关心两岸情势的张元樵在 2015 年 11 月 6 日那天,从电视上看了一整天的"习马会",当晚心脏衰竭遽去,享年 73 岁。一周后的 13 号星期五,NASA 的休斯敦太空中心为他下了半旗,两天后把这面美国国旗赠予家属,以志追思。

美南地区航天业华裔点将录

　　人类进入新世纪之后所面临的最大挑战之一,即向太空进发。由于太空探险所需的科学知识、技术、人力及庞大的财力开支,美国太空总署的征空计划从过去国力鼎盛时期的"水星号"、"双子星号"、"阿波罗号"等的独力单挑,以至日后航天飞机及国际太空站与欧、日、俄及其他国家的合作。此一衍变反映了现今国际社会政治结构的变迁,同时也缘于客观环境的演化,于是出现了列国携手征服星球的"团队精神"。

　　至于美国本身太空作业之"团队精神",也决定了每次太空飞航任务的成败。由于航天飞机飞行的速度极快,所经气层的温差存在剧烈差异,举凡航天飞机的设计以及进入轨道时的仪器操作,太空科学实验之进行,以及地面与太空的通讯联系,皆出于成千上万工作人员通力合作的结果,这批无名英雄的努力亦美国航天飞行任务成败之所系。

　　位于德州休斯敦郊外的约翰逊太空中心,是美国太空总署之下十个太空中心之一,本文点将录亦以休斯敦地区为限,约翰逊太空中心早先称作"太空飞行载人训练中心"(Manned Space Center),后为纪念约翰逊总统而更名,为

151

载人太空飞行的枢纽。该中心的另一重要任务即载着航天员的太空舱升空之后，便由约翰逊太空中心担任联系及控制工作，因此每当电视新闻转播航天员的征空实况时，皆出自它的"飞行任务控制室"。

自1970年代以来，在休斯敦太空中心方圆数十里之内，开始有华裔科研人员陆续投入航天业的工作，到了1990年代已近两百人，其中四分之三是来自台湾地区的留学生。这些华裔科技人员或供职于太空总署（联邦政府机构）或投身于民间的航天企业，皆属航天业"团队"的一员。移至2000年前后，中国大陆的科技人员，以新姿态受雇于航天业者与日俱增。兹将列述十余位早先具代表性的幕后工作人员，他们表现优异，纷纷获得美国政府或民间企业的奖章、奖励，本文为篇幅所限，未加一一列举奖项。但读者可以从他们所负责的工作当中一窥航天飞机和太空站的设计、飞行前的准备、飞行期间难题的解决以及事后飞行数据的分析，以及自月球取回岩石的研验。这12位无名英雄（此乃相对声名显赫的宇航员而言），他们对美国航天业所贡献的心力及其生平与事迹，也是在美华裔的风采之一。

李前鹏

李前鹏，出生于1940年代，毕业于台湾大学，在美取得加州斯坦佛大学航天系的博士学位，于1970年代即参加航天飞机设计工作，是一位流体力学和空气动力学的专家，后来从事"空气热动力计算的模拟工作"。他在休斯敦大学明湖校区教授一门研究所的课程:"高速空气动力学"。由于航天飞机从太空轨道降回地球时,速度极快,舱外所受热度高达华氏 2 800 度,李博士的工作即在维持并改善飞行安全的动力,目前他已退休,移居美国西海岸。

蔡惟琛:航天飞行器结构专家

蔡惟琛,1948 年出生于南京市,两岁抵台,获有台北辅仁大学物理系学士,1974 年赴美深造,三年后获田纳西州理工大学工程力学系硕士。其专长在于航天结构之设计及优化,机械静力及动力之分析。因他自幼喜好戏剧和音乐,工作之余曾参加侨社话剧社演出,并应试主演电影,生活可谓多彩多姿。

蔡惟琛的太空专业生涯,始于 1978 年加入航天企业麦克唐纳·道格拉斯公司(McDonnell Douglas),他从基本的工程师职位做起,离职前为技术专家。1987 年转任洛克希德航天公司,职位为首席工程师(Principal Engineer),工作内容大多是支持航天署有关之各种结构分析及解决结构强度课题。在此期间,他参与并解决了航天飞机隔热系统(Thermal Protection System)强度不足及分析困难的挑战。

1986 年"挑战者"航天飞机失事后,他参与了事故调查研析小组,并成为第一位以有限元素(Finite Element

Method)之计算机数学仿真方法,计算出"挑战者"之固燃推进火箭(Solid Rocket Booster)钢壳受内部气压之变型细节数据,因而了解漏气事故的原因,使团队成功更改了"分段式推进器"钢壳之接头设计,使航天飞机终于可以重新起飞。由于这次优异的表现,蔡惟琛于 1988 年正式被航天署延聘至结构工程部门担任资深工程师。

历年来,蔡惟琛参与了多项航天计划的工作,包括航天飞机、太空站、各种登月小艇(Lunar Lander)、X38 回航船及太空探险船等等。他的工作内容基本包括:(1) 航天结构之设计、分析及优化;(2) 参加临时老虎队(Tiger Team)处理航天飞机及太空站突发之破损或液燃漏气等警急严重事件、执行分析、参与委员会之论辩,并提出个人之判断及意见;(3) 代表结构部门,参加太空总署之科研项目(project)研发阶段之审查;(4) 审查及签发分析报告及设计蓝图;(5) 担任资深经理及项目经理之咨询顾问;(6) 研发新的分析方法并教导团队之年青成员。

蔡惟琛的个人著作,包括论文及研析报告三十余篇,所获航天署之奖状超过五十件。其中比较重要的有:约翰逊太空中心感谢状(Johnson Space Center Certificate of Appreciation);航天署宇航飞行共识奖(NASA Manned Flight Awareness Award);航天署特别成就奖(NASA Special Achievement Award);约翰逊太空中心褒扬状(Johnson Space Center Certificate of Commendation)等。另有他个人获专利权的一件发明,名为:轻强机械钳。

　　蔡惟琛自 1978 年在休斯敦东郊的太空城（明湖城）定居之后，便依自己的兴趣和特长，开始参加休斯敦的侨社活动，经常受朋友之托，替晚会或舞会安排音响，做 DJ，而且成为狂飙话剧社的会员，一度担任副社长，参加了《马家寨》《两代间》《雷雨》《碾玉观音》《原野》等七部话剧的演出。在中国的剧作家中，蔡惟琛最喜欢曹禺，巧的是他的父亲蔡孝敏先生在清华求学的时候和曹禺是同学，友谊甚笃，待出了校门，各自成家，蔡惟琛呱呱落地时，曹禺的太太还抱过他。

　　2004 年，蔡惟琛业余之暇，应试并获录取主演电影剧情片"Backward"，是一部实验电影，该片导演瑞克·麦斯（Rick Mace）曾获 2001 年好莱坞电影剧本奖。电影的主要场景发生在麻将桌上，王先生发现他的儿子是一个同性恋者，女儿也秘密订婚，对方的教育程度和各种条件都无法匹配爱女，而且是一个白人。蔡惟琛认为导演表现的是华人在美国社会的刻板印象，他曾建议淡化种族文化的偏见和冲突，但未被接纳，他说现实生活中的华人要比剧中人物开明许多。

　　蔡惟琛于 2015 年退休，他兴趣多元，除了戏剧，还喜欢国标舞和摄影，由于他在休斯敦的人脉广，曾被推举为休斯顿中华公所主席、侨教中心志工团团长、台湾同乡联谊会长等职，现为休斯敦地区辅仁大学校友会会长。

施继瑜：钻研月岩四十五载

施继瑜，浙江定海人，1944年出生于抗战陪都重庆市，两岁随父母迁台，在台北市定居、成长和求学。1966年毕业于台大地质系，次年进入纽约哥伦比亚大学专攻地球化学，1972年获得博士学位。专研海底火成岩中稀土元素的地球化学。

1969年美国登陆月球成功，"阿波罗11号"航天员带回22公斤月球岩石和土壤，供给地质学家分析和研究，这是一个千载难逢的机会，月岩不像许多陨石，它来自不知出处的外层空间星球，恰巧施继瑜的博士论文指导教授Paul W. Gast正是这个月岩研究小组的主要成员，他受邀任职休斯敦太空中心，并且在第31号馆建立一所崭新的无尘化学实验室，专研月岩的年龄测定和稀土元素分析。

此时施继瑜恰完成研究生的课程，于是跟随Paul W. Gast教授赴休斯敦做实验、写论文，参与月球岩石的研究工作，直到2015年春天退休。施继瑜参与月岩的工作长达45年，主要的发现是：月球无水无生物，甚至连细菌也没有，这也是最后几批登月回来的航天员无须长达三个礼拜的隔离观察；此外还发现月岩十分古老，约在30到45亿年前形成，月球表面有大量的大小不一的圆形陨石坑，尤其在目视的浅色高地，它是由含大量斜长石的火山角砾岩组成，约40到45亿年之久，然而在深色较平坦的洼地（海），则是

覆盖着薄层的火山玄武岩,它们比较年轻,约 30 到 40
亿年。

　　通过天文科学界多年的研讨论证,一般被广泛接受的
月球成因的说法是"大撞击论"。简言之,在地球早期刚从
宇宙尘凝合成星球体时,与一个火星大小的小星球高速碰
撞,这些被撞击出来的碎块,有一部分在环绕着地球的轨道
上混合凝聚形成月球前身,再经过早期月球内部演化,加上
后期小行星的撞击,形成今日的月球。

　　月球表面的陨石坑也十分古老,大致都形成在 38 到
41 亿年前,由于月球无风无雨无大气,因此古老的地形地
貌都得以保存,如果要知道 39 亿年前的地球,只要观察今
日千疮百孔的月球即得到答案,通过与月岩成分的对比,月
岩研究室发现有 121 块陨石来自月球。同样的,通过与
1976 年美国火星探测器大气成分的对比,月岩研究中心也
发现一百块陨石极可能来自火星,但进一步的确认有待数
十年后的火星取样成功。

　　研究月球岩石达 45 年的施继瑜,说起"月球"和"火星"
的故事有一大箩筐。他说最初发现"火星陨石"是 1979 年,
一共有两块最引人注意,一块是 1865 年掉在印度,一块是
1962 年落在非洲的尼日利亚。

　　经过放射元素定年法测知,它们都是大约两亿年前由
火山岩浆凝固而成,而大部分的陨石都是在 46—44 亿年前
形成,这种年岁与时间上的巨大差异和陨石的星球来源的
体积大小有直接关系。

因为火山活动的热源，来自星球内部放射元素不断蜕变所产生的热能，星球个体愈大，产生的热能愈多，却散热愈慢。火山活动可以维持很长久，像地球大小的星球，直到现在还有火山岩浆在夏威夷岛上不断地流出，凝固成非常年轻的火成岩。同样的，假如陨石来自月球般体积较小的星球，散热较快，它的火山活动，大约在25亿年前就停止了。再如陨石来自体积更小的小行星，散热更快，火山活动早在46—44亿年前就熄止了，这些结论都能从月岩和陨石大量的定年数据中得到证明。

因此上述各"年轻"的陨石，极可能是来自邻近地球的行星——火星，支持这个来自火星说法的直接证据，是对这类陨石进行气体成分和其同位素的分析，它所得到的数据和在1976年降落在火星表面的维京登陆艇（Viking Lander）及2012年好奇流浪者（Curiosity Rover）所获得火星大气成分的数据大致吻合。当然最终的定论还需要取得火星岩石后，在实验室里做精细的分析，照目前的时间表，必须等到2020—2030年，目前有一些火星陨石和月球陨石被私人所收藏，时价大约每克可用一千到两千美元买到，与钻石的价格相当。

由于战乱和全球化的脚步错综复杂，原出生于中国沿海的施继瑜，台大毕业后跑到美国东岸读博士，最后落脚美国南方的休斯敦太空中心附近，研究月球岩石达45年之久。他的心得是：从科学的视角看，宇宙很大，人很渺小，但人可以用有涯之生，去追求无涯之知。

谈论研究月球和陨石的心得之余,施继瑜以过来人的经验鼓励青年学子"学好数理化,走遍天下都不怕",他说自己在高中时代,就打下了较好的数理基础,对日后的学习和科研都有很大帮助,做实验必须仔细认真,是他对科研接班人的一点建议,唯有如此,实验得到的数据才可靠,推演出的结论也更有说服力。他表示,陨石的科研工作一点也不枯燥,因为每块陨石都有不同的成长过程,每块陨石实验分析的工作都是"独一无二"!这就更增添科研的新鲜度和趣味性。施继瑜45年如一日地研究月岩,他的人生伴侣是一位画家,并且教授太极拳,施的岳父是岭南画派的名家郑曼青先生,在台湾曾经担任过蒋宋美龄的国画老师。

高华鹏:太空材料专家

高华鹏,1950年出生于台湾的离岛——澎湖,成长于朴实的渔乡,一直到高中毕业才离开生长之地。高华鹏从小喜欢自然科学,高中毕业后考入中正理工学院物理系,从此踏进国防科技的领域。大学主修材料科学,副修机械工程;毕业后分发空军,担任飞机修护官。当时恰逢越战,成天忙着为美国维修越战中受损的FR4战机,没想到就此与航空飞行器结下不解之缘。

两年后,回母校就读研究所,高华鹏以第一名的毕业成绩,选择进入中山科学研究院导弹所服务。四年后以绩效卓著,获遴选公费留美,在美国田纳西大学材料科学及工程系拿到博士学位。博士论文则是在邻近的橡树岭国家研究室完成，主要内容在于探讨高温高强度介金属材料的性能。

学成回来后，分发到中山科学研究院材料研发中心，担任导弹及战机材料的研发、测试与生产的任务，先后参与多项飞行器研发计划，并担任材料分系统负责人。1989年经院方提名，以创建多项特殊材料加工技术的贡献，荣获台湾中国工程师学会颁发的"全国十大优秀青年工程师"奖章。在中山科学研究院服务前后长达19年，不但在材料科技上奠定了良好的基础，也培养了执行大型计划的胆识。

不料后来政府为了推行全民健保，需钱孔急，不得不大幅裁减国防研究经费。为了响应该项人事精简计划，高华鹏在1995年夏天，自愿从上校组长研究员的位置退役，离开多年挚爱的职场，内心不无感伤。那年底，高华鹏随他的妻子出国依亲，移民来到美国德州。

未料机缘巧合，时值休斯敦太空中心正要展开筹建国际太空站的大型太空计划，只经过一次面试，高华鹏就被航天业的合同商洛克希德马丁公司(Lockheed Martin)延揽，进入了太空材料工程部门工作，距离他来到美国才不过两个月的时间。当时怀抱一切从头来的豪情壮志，勤奋努力，每周平均工作五六十个小时，同时承接二三十个工程项目，均能及时圆满达成任务，深获主管好评。2003年获太空中心颁发象征最高荣誉的史努比银奖（Silver Snoopy Award）。

高华鹏在工作上的核心技能包括：太空金属及非金属

材料的选择与设计,在太空环境中材料的适用性及其安全认证,太空材料制程改进,材料特殊性能测试,以至材料飞行失效分析及其解决方案的厘定等等。所支持过的太空计划包括现已退休的航天飞机,正在使用中的国际太空站,未来的高轨道宇宙飞船 Orion,以及各式各样的太空计划所需的相关附属装备与零组件之酬载。

他心中感念洛克希德马丁公司的倚重和厚爱,短短 12 年中,从三职等的资深工程师(Senior Engineer)一路调升到最高的六职等的首席工程师(Principal Engineer)。2008 年被授予 Lockheed Martin Fellow 头衔,有机会实际参与公司太空部门之外,所有部门的有关材料工程专题的探讨,协助解决问题,贡献所学,让他真实体会到美国国防工业的宏伟实力,并深深引以为傲。

2016 年 2 月,高华鹏在公司服务正好届满 20 周年,公司特别为他举办了一场庆祝茶会,事先全然不知,令他十分感动。虚怀若谷的他,事后感慨:"这一生以一个二等的人才却有了一等的际遇,真是何其有幸,必须感恩再感恩。也希望在有生之年,凭着自己的一点小作为,也能成为别人的祝福。"

高华鹏工余之暇,喜好阅读、合唱、书法、钓鱼,是一位虔诚教徒。周末"多半在教会事奉,服务主内弟兄姊妹",偶尔也参加一些社团活动,虽然出国较同龄辈为迟,但因人缘好、能力强、热心公益,曾被推举为太空专协、休斯敦荣光会及德州台湾人钓鱼协会等会长职务。

高华鹏家庭生活美满,他的妻子在台湾时曾任医院护士长,精于厨艺,时而受邀在教会或社团活动示范烹调技巧,三个子女均已成家立业,学有专长,服务社会。长女在IBM公司任研究员,长子为哈佛大学统计数学博士,在MIT林肯国家试验室从事人工智能研究,次女在德勤担任商务战略咨询员,目前已有孙辈一人,而且正在寻思适当的机会退休。喜好舞文弄墨的高华鹏曾做过一首诗,自抒生平,谦称是"聊以自嘲":

高风敦厚崇三古,华邦兴盛诚我愿,

鹏程万里酬远志,童心未泯一钓翁。

杨祖爱:脚跨太空中心和联合国

杨祖爱,祖籍江苏省镇江,1949 年举家迁台,定居屏东,她在南台湾的亮丽阳光熏陶下长大成人。杨祖爱于1975 年负笈美国,先后就读于印地安那州的普渡大学(Purdue University)、德州休斯敦莱斯大学(Rice University)和麻省理工学院(MIT),双修计算机工程及心理辅导。

曾任普渡大学计算机学系心理辅导教师两年的杨祖爱,1987 年受聘于美国太空总署(NASA)的德州休斯敦约翰逊太空中心。最初担任计算机软件可靠性的监测工程师,因发明计算机软件风险评估程序而多次获奖,同一期间内亦涉猎了宇宙飞船内机件微化之研发,因机件微化有利于外层空间深度长期飞行,是载人火星任务之前的准备工作,于2001年荣升安全首席工程师。

2004年,杨祖爱受聘于联合国的太空科技应用计划(Space Application Programme)主任,兼联合国太空科技首席专家,她当时对于是否前往欧陆奥地利的维也纳就任,心存疑虑,因不知自己是否适应联合国的复杂政治环境,也不愿放弃NASA的有趣工作,适时听到一位老者说了一句话:"事到万难须放胆,一遇两可莫轻心。"

那时正值杨祖爱在NASA工作了17年,她联想到有一种蝉,在枝头高歌一夏,入秋则沿枝下至树根,在泥里产卵,孕育一年后,春末夏初,幼蝉破卵而出,再沿树干往上爬,到了树顶,于是高歌一夏,向世人宣诵生命之美。

杨祖爱心想像她这样的工程师在NASA比比皆是,不缺她一人,而今机缘成熟,爬上联合国高枝,在枝头向世人推广太空科技以改善人类生活,便是她的新使命。随后取得美国国务院的批准,外聘五年,欣然前往维也纳,任职五年后依约返美,回到太空中心,续任职至今。现任休斯敦太空中心"国际太空站"机器人组合"忍者计划"经理。

众所周知,联合国是二战结束后,同盟国所发起的组织,目的在于维护世界和平,改善人类的日常生活,联合国组织的工作项目涵盖甚广,杨祖爱说她有幸参与太空科技应用一项,是殊荣,也是挑战。

说到太空科技,它包括许多层面,杨祖爱指出,当宇宙飞船飞上月球,属于科学探索,同时也是对地球以外星球的开发,那是高科技专家的工作,一般民众则可望而不可及。但太空科技也有它深入日常生活的一面,举例来说:人们每日看气象报告,决定出门时是否要带把伞?或加件外套?这类气象讯息由何而来?是由在太空轨道运转的人造"气象卫星"所传来的信息,加以分析。人们每天下班后,打开电视所看的新闻或娱乐节目,表演者都在千里之外,这些影像是由在太空轨道上运转的人造"通讯卫星"所传送而来。

杨祖爱解释人造卫星是一种成熟的太空科技,由科学专家所研发,现已广泛应用于日常生活,联合国的太空科技应用计划即着重于推广已成熟的太空科技,使其有效应用于人类生活,借以改善生活质量。

联合国的太空科技应用计划的范围包括下列四大项:自然灾害监控、地球环境保护信息、制定太空法律及传播基本太空知识。杨祖爱在任职之初,鉴于边远及贫困地区的医疗缺乏,于是积极启动远程医疗和远程教育,她认为在职期间,已将远程医疗的推广奠定基础,也是她五年工作所交出的一张成绩单。

杨祖爱任职的世界两大著名机构,美太空总署 NASA 和联合国 UN,前者的工作是理性的,对脑力的深度挑战,研发前所未有的崭新的太空科技,它垂直性的往深处无限延伸,是智商的考验;后者的工作,是感性的,以爱心来广泛推展已成熟的太空科技,横向的普及以改善人类生活,是情商的实践。她深感有幸得此难得机会的焠炼,愿以有生之年,继续贡献,以回馈社会。

　　杨祖爱出生书香世家,有四位兄长:长兄杨祖慰是台湾知名作家;次兄杨祖佑,现任加州大学圣塔巴巴拉分校校长,是美国知名航空工程专家,美国工程院院士;三兄杨祖保是世界知名化学工程专家,曾任密歇根大学化工系主任,也是美国工程学院院士;四兄杨祖怡,是台湾知名钢铁工业专家,曾任台湾最大钢铁企业中钢公司厂长。

　　杨祖爱工作之余,爱好写作,曾获星云文学奖报告文学类,得奖作品为《亚马孙河的药师佛》,描述她在联合国工作期间到亚马孙河的源头,替当地土著设立远程医疗的经历,相熟的朋友都称道:杨家兄妹可谓一门五杰!

张启明:专长宇宙飞行服维生系统

　　张启明,1957 年出生,祖籍河南遂平县,中学就读于台中一中,台湾交通大学毕业,1982 年前往美国北卡州立大学攻读航天机械硕士学位。毕业后有心投入航天科研的领域,直到 1989 年 8 月,他任职休斯敦洛克威尔航天公司担任测试工程师,时任约翰逊太空中心

的一位经理，邀请张启明加入该中心，担任政府公职，这正符合他长久规划的职场目标，于是欣然前往面试，得以顺利录用。

1989 年，美国展开太空站的计划，张启明得以参加新一代太空漫步及研发宇宙飞行服的工作团队。他在太空中心的工作主要负责宇宙飞行服内维生系统的整合研发。整个计划的范围包括：厂商的选择、设计、分析、无人测试到最后和宇宙飞行服的有人整合运作试验。由于太空站是无重力环境，宇宙飞行服内外的压力差距大，所以设计的安全系数要求很高。前后共十年，完成了新一代宇宙飞行服的研发任务，并且依照计划，把研发范围扩大到月球与火星的环境。

担任公职的好处是工作稳定，压力不似私人企业大，而且工作范围并无限定，可以按照自己的兴趣定下目标，循序渐进。随后又负责领导太空工具的研发团队，提供给将来在太空站上使用。这些都是未来的岁月当中，太空站的组装工作不可或缺的重要工具，至今仍然储存在太空站上，变成航天员太空漫步执行维修工作的基本配备。

2000 年，张启明有幸转换到国际太空站执行计划室，担任任务经理，支持太空站的组装工作。前后工作了七年，直到太空站组装完成，太空实验室正式开始运作，执行太空研究。因为张启明熟悉国际太空站各种科学酬载（Payload）的业务，所以在太空站组装完成之后，就应邀担任太空站执行计划室的科学酬载的任务经理，负责大型酬载的研发整合,开始了第一代的太空实验室的工作。前后执行完成的科学酬载任务无数,也包括了日本、俄罗斯、巴西、意大利、欧盟及哥斯达黎加等国际太空站合作伙伴的科学酬载任务。

2013 年因为航天飞机退役后,国际太空站的补给任务转交由商用火箭负责。张启明于是申请加入太空站执行计划室的商用火箭管理室,担任计划经理,加入火龙(Space X Dragon)、追梦者(Dream Chaser)补给火箭的研发。在研发、试飞完成后,继续担任管理国际太空站的无人补给宇宙飞船任务。其中火龙无人补给宇宙飞船及日本的"鹳无人宇宙飞船"已经执行了无数次任务,成功地承继了航天飞机退役所留下来的空隙,让国际太空站可以延续太空实验室的任务。同时追梦者宇宙飞船的研发也很顺利进行,在可以预见的未来,将加入国际太空站补给的行列。

张启明在休斯敦明湖太空中心地区安居乐业近一甲子,工作之余并热心公益,参加了明湖及休斯敦侨社的社团活动,如明湖合唱团,及 1991 年成立的太空城专业人士协会。张启明在 2006 年被推举为太空专协会长,在会员之中被视为年富力强的中坚人物,2015 年再度出任会长,任期两年,继续为明湖侨社服务。张启明家庭生活美满,相熟的朋友带着羡慕的口气戏言:张启明和他的妻子张泽玉是一对虎爸和虎妈,因为两个儿子都念了医学院,长子在休斯敦"德州医学中心"担任整形外科医生,次子则在密州担任妇产科实习医生。

王匀鹏:从事航天飞机安全评估

王匀鹏,祖籍安徽宿县,1944年出生于贵州省都匀市。他的父亲王鼎佑原是北师大教育系的学生,为了响应"十万青年十万军"的号召,投笔从戎,加入抗战的行列。1942年,他的双亲加入缅甸远征军的筹备工作,父亲创办都匀小学,在抗日战争结束之前,一直留守都匀,负责远征军子女的教育事务。

1949年,王匀鹏随家人迁台,全家定居南台湾高雄港附近的凤山镇,他所居住的黄埔新村,恰恰座落陆军官校的对面,因此士兵的操练声和枪声时有所闻。或许由于在眷村成长的环境和背景,使他对于军人和国家防卫的议题一直抱持积极性的看法,同时也影响他的休闲方式,譬如日后喜欢看战争影片,或收看电视新闻时事的栏目。

王匀鹏毕业于台湾中原理工学院(现中原大学),主修物理,1969年负笈美国,1977年在俄亥俄州立大学取得固态物理博士学位,研究三元过渡金属合金,借以寻找高温超导体。

获得物理博士学位的王匀鹏,发现在科研的领域谋职不易,因此跑到德州休斯敦碰运气。果然时来运转,在当地结识的一位朋友介绍他到明湖城的航天企业洛克威尔公司。当时航天飞机计划还在启动的阶段,充满朝气,工作三载之后,王匀鹏转入福特航天传播公司(Ford Aerospace and Communications Corporation)，他的工作仍是支持休斯敦太空中心的航天飞机飞行任务，转职出于两家企业合约的重新安排。1989 年王匀鹏进入太空中心，成为政府机构人员。

最初，他的工作重点在于：航天飞机的安全评估。1994年，他参与国际太空站（International Space Station）的业务，支持测试、验证及构造管理等作业。由于国际太空站的参与国家包括欧洲数国，日本及巴西等共十余个国家，各国国情殊异，因为代表美国太空总署，所以在国际磋商场合，为保护美国的利益，必须小心应对。

自 1999 年起，王匀鹏派驻俄罗斯达 18 个月之久，担任与俄太空总署及航天业合同商的联络工作，促进与休斯敦的双向沟通。驻俄工作期间，除了他所属的太空总署联络处的人员，约翰逊太空中心另有一个团队在莫斯科负责"控制飞行任务"的工作，这两队人马都住在一处租来的公寓，每天一同坐巴士上下班。记得是迈入千禧年的时候，莫斯科大雪，"红场"附近人朝汹涌，万头攒动，而住在公寓里的异乡人，正享用自己准备的美国食物，都十分想家！

王匀鹏驻俄期间，曾搭乘火车自莫斯科、经西伯利亚至蒙古首都，并且跑到乡下住进蒙古包，骑蒙古马，十分意外地，在当地寺庙的檐壁之上看见玄奘到西域取经的故事，虽然是十月天，气候非常寒冷。

王匀鹏在休斯敦的航天业已投入近半甲子的职场岁月，从"航天飞机"到"国际太空站"，他历任不同的工作，同时也目睹美国和太空探险活动的兴荣与沧桑。回顾既往，他庆幸自己能躬逢其盛，并且对整个太空事业的推进有所贡献，个性谦逊的王匀鹏表示："即使我的那份努力可能是微乎其微！"他说最近看到川普总统签署两个探索太空的法案，相信这对未来世界的科学和机械科技方面会有所提升，鼓励青年人参加太空事业，共创荣景！

季鹏起

季鹏起，德州大学工程硕士，毕业于台湾中原理工学院，专业是计算机自动控制，曾任约翰逊太空中心的空电分析副主任。

季鹏起于1986年"挑战号"航天飞机失事后转入太空中心工作，在此之前任职于洛克威尔公司的航天飞机空电组整合实验室，他的专长是导航及飞行控制的安全分析，曾提出改善飞行安全的建议。

郭镛生

郭镛生，毕业于台湾大学电机系，科罗拉多大学硕士。他曾任职洛克希德工程及科学公司通讯及追踪行动计划的经理，其麾下所领导的工程师技术人员达190余人。

郭镛生主管的工作分成通讯和追踪两大部门，在通讯方面以无线电波联系休斯敦的任务控制中心及航天员之间的双向交通,以及从太空收回数据的解读和整理。至于追踪系统则包括检测、追踪航天飞机活动及路线,并收回先前放置到太空轨道的人造卫星,或与之会合的活动。

冯志建

冯志建,台湾大学机械系毕业,获明尼苏达大学机械博士,1968 年开始在休斯敦洛克希德公司工作,1987 年升任为系统发展部的经理,属下的科技人员有 90 余位。他的专长是航天飞机的热传递及断裂控制。

他说航天飞机的原料架构是以铝为主干,预计使用寿命是 20 年,然而就像飞机一样,虽然年龄已到,仍能继续执行任务,冯博士的工作即在如何防止机身断裂等的安全维护。他其余的工作重点包括:航天飞机软件、硬件的系统发展,精巧机械的筹划以及各种飞行试验的研议。

杜奎

杜奎,台湾大学电机系学士,休斯敦大学电机博士,1970 年开始任职航天企业洛克希德公司,30 年后出任该公司通讯系统顾问。他的专长是航天飞机通讯系统之研发、规划、测试、维护等,杜奎亦参与国际太空站通讯系统研发工作,对于通讯讯号订定、交换讯息的规则、干扰分析及通讯安全机制素有心得。

总计杜奎博士在专业期刊发表有关通讯系统的论文20余篇,并负责1996年《通讯百科全书》太空通讯部门之撰写。杜博士热心侨社活动,曾出任美南国建会第三届会长,担任美南地区侨务委员,于2017年夏病逝休斯敦。

丁震东

丁震东,1994年2月获得美国标准局所核发清理太空垃圾的一项专利,由于人类征服太空的活动也连带替苍穹之间制造了不少垃圾,其中包括:推动人造卫星进入太空而使用的火箭及其碎片,以及失灵失控的人造卫星,皆对飞行任务的安全构成威胁。丁震东所发明的方法是用清除机收取太空垃圾,使其脱离轨道,在重返大气层时利用动能加以摧毁,或把垃圾从低轨道推向高轨道,再以动能摧毁。他所设计的机器因造价皆在数百万元之上,在太空预算日见紧缩的情况下,难以找到厂家制造。丁震东病殁于20世纪末叶。

许汉光:国际防痨先驱

　　许汉光,出生于民国三年,虽然 1911 年初创的中华民国,率先成为亚洲第一个民主共和国,孙中山先生所领导的国民革命,推翻了清王朝,中国从数千年帝制走向民主共和,然而兵荒马乱的情况虽稍告段落,神州四方仍是军阀割据的局面,加之社会经济凋敝,风气未开,许汉光可以说是从逆境中成长的一位奇女子。

1935 年,许汉光毕业时与家人合影

　　许汉光自小就立志做医生,后来一双弟妹相继因肺结核病菌夺去生命,种下她日后专攻肺结核病的一生志业。

中学时代许汉光就读北京教会学校贝满中学（Bridgman Academy），因家中二男四女，手足众多，经济条件原无法让她念医科，没想到许汉光一路成绩优秀，获得了燕京大学医学预科奖学金。从当年和同学往来的信札中，我们可一窥许汉光在校出类拔萃的事实，一封署名徐敬仪的书信写道：

"汉光：你有聪颖的头脑，坚强的意志，沉静的性情及有系统的行为，这些都足以使你成为一位超人的医生，我认识你，相信你，现在只有静候你的成名。徐静仪 1935 年/4月/10 日"

燕大同窗的这番敏锐观察，果然对许汉光多年后在美国所成就的事业，作了准确的预言。

冲破多重障碍

相较于清末民初社会的大环境，许汉光比二十世纪初叶的同龄中国女子稍微来得幸运。她生长在一个比较开明的基督教家庭，受到完整的中学教育，因为勤奋好学，获得燕京大学医学预科的奖学金，1935 年再获北京协和医学院的奖学金，四年后获得纽约州立大学颁发的医学博士学位。这一路她所凭借的是自己努力挣来的教育机会，及个人信念所争取的专业成就。

1948 年许汉光获得一个儿科的留美奖学金，她漂洋过海，除了努力进修医学新知，还得克服生活上的诸多困难，适应异国文化。1953 年她接受贝勒医学院（Baylor College of Medicine)的邀请来到德州休斯敦市,被任命为该市第一家儿童结核病院主任,倾力施展所学,就儿童结核病隐性感染者提出使用新药"异烟肼"(INH)作为预防性的治疗方案,继而取得巨大成功,因此名扬异域,在国际医学界赢得声誉。

穿越敌人封锁线

1939 年许汉光获得纽约州立大学颁发的医学博士学位后,在北京协和医院接受两年内科住院实习训练,然后赴上海儿童医院担任儿科医生。1941 年 12 月,日军占领上海,生活日益艰难,形势也愈来愈紧张。那时她的丈夫许天禄在非占领区担任江西省永新市中正医学院的解剖学系主任,许汉光于是急切筹划逃亡之旅,希望和夫婿团聚,经过风餐露宿,千辛万苦,穿越了敌人的封锁线,终于抵达了许天禄执教的中正医学院,结束她流离失所的难民生活,恢复医生的工作。

抗战胜利后,许汉光和夫婿许天禄获派到江西庐山牯岭山顶的度假区,负责将医院内日军的医疗设备,移交中国政府。恰巧当时美国的马歇尔将军到江西南昌和蒋委员长会面,有幸一个星期天在牯岭教堂做礼拜的时候,许汉光和她的丈夫能够远远一睹两位中美领袖的风采。

战后家人团聚

待完成医院的接收工作,许汉光回到北京探望因战乱而久违的八十岁老母及三妹、四妹。而她居住新加坡的哥哥也回家探望母亲,家人团聚一个月后,又各奔东西。

许汉光的丈夫许天禄当时任广东岭南大学医学院解剖系系主任,她回到广东后,进入该医学院担任儿科教授。就在此时,许天禄从《中国医学杂志》上获悉美国儿科研究会设立了一个奖学金,专为中国和其他九个国家的儿科而设。当时中国的医学界都认为中国的儿科要比西方落后许多。因为抗日战争的缘故,中国和外界的联系整整断绝了八年,这份奖学金竞争十分激烈,许汉光受到丈夫的鼓励,决定申请。

立志研究肺结核

没想到数个月后,她接获通知,成为中国地区唯一的奖学金得主,这个难得的机会让她百感交集,身为信徒的她首先感谢主赐予这个难得的研习良机,同时她也记得在上海儿童医院工作的时候,有半数的儿童患的是感染性的结核病,小她七岁的弟弟世崇在念大学时,死于痨病,她的幼妹汉信,亦殁于肺结核,死前和病魔奋斗十余年,她衷心期望能替结核病患者找出更有效的治疗方法。1948 年 9 月 19

日,许汉光搭海轮取道东京,抵达美国西岸,坐火车前往辛辛那提儿童医院做研究生,学习最新的儿科和治疗法,但不久发现那个医院少有结核病人,于是要求转移到费城的一家专门研究肺结核的亨利菲普病院,许汉光在这期间对于肺结核的免疫学、细菌学、病理学及流行病学有了更深入的了解。1950年韩战爆发,许汉光的指导教授帮助她在一个专治儿童结核病的宾州爱图山(Mt. Alto)医院找到工作。韩战爆发,切断了她的归乡之路。而她日后的肺结核的研究及医疗成就,率先受惠的却是美国病童,为她始料所未及。而她对祖国医疗事业的回馈,直到二十一世纪之初,透过她贝勒医学院的学生马欣,得以赞助山东医学院兴建防痨病和艾滋病的研究机构,创立"许汉光基金会",意在推动中美之间公共卫生人员的交流和技术合作。

1979年,中美恢复邦交,许汉光和许天禄夫妇才得重聚,三十年来天各一方,夫妻二人通过书信相互鼓励、支持,在美的许汉光坚持每个月将有关的医学杂志寄给在广州中山大学教书的丈夫,从未间断,为的是让他跟得上医学科技的步伐,令后来从山东到贝勒医学院进修的马欣医生感叹这份坚贞的至真至爱"旷古难求"。

结核病的新药

1952年美国政府认可了一种医治人类结核病的新药物,中文译名叫异烟肼,美医界称INH。研究人员在老鼠身上试用这种药,发现它能有效地治疗结核病,以前的药物只能"抑制",而不能杀死结核菌,而异烟肼是第一种能杀灭结核菌的药物,成为治疗结核病的里程碑!美国各大传播媒体都争相报道。许多人对这件事感到兴奋异常,称赞新药是"神奇子弹",美国《生活杂志》(Life Magazine)还刊登了结核病人闻讯后在医院喜极而起舞的照片。

预防重于治疗

异烟肼得到认可之后,许汉光在宾州的儿童医院开始采用这种新药物,立即得到很好的效果,小孩服用之后,比以前康复得快。许汉光私下琢磨;终于有药物能够杀死结核病菌,但是为什么不在病人患病之前来预防感染呢?这是一个全新的想法,从来没有人试验过,但是她不能够在爱图山医院做这个试验,因为那里的小孩都已经患了病。几个月后,许汉光医生意外接获休斯敦贝勒医学院儿科主任布莱特纳医生(Dr. Russell Blattner)的邀请信,希望她前去主持一个结核病的控制计划。笃信上帝的许医生,把这种巧合归诸于神的意思,她说:"这都是上帝的旨意,使我能在适当的时候,适当的地方,在儿童身上试用这种新药。"

当许汉光医生最初收到布莱特纳医生来信的时,并不清楚这位贝勒教授怎会知道自己所做的工作。原来布莱特纳医生在一个儿科会议上巧遇许汉光来美所获奖学金的指导教授史考特医生(Dr. McNair Scott),当布莱特纳医生提到自己正在寻找一位专治结核病的医生时，史考特医生便推荐了许汉光，由于这个机缘，许汉光来到休斯敦开展她一生的事业。

1953 年，当许汉光抵达休斯敦的时候，该市正爆发儿童结核病，当地的医生对此束手无策。如果把一个受感染的小孩带到候诊室，室内其他的小孩和母亲都会退避三舍，因为结核病是透过空气传染，休斯敦的医生十分忧虑这项传染病的蔓延，于是向市长提出要求，连市长的亲戚也感染了同样的病，最后市政府同意设立第一个休斯敦儿童结核病诊所，许汉光除了担任贝勒医学院的儿科教授，还兼理诊所的行政主管。

休斯敦儿童结核病诊所初创时，硬体条件非常简陋，又有人手不足的问题，年龄较大的病人，帮助护士喂小病人，门诊的病患很多，医护人员缺乏，工作量大。从当年留下的照片看，小孩的奶瓶要在浴盆里清洗，病床也摇摇欲坠。不久幸遇休斯敦实业家和慈善家史密斯(Bob Smith)先生，允诺亲自前往视察，看看医院和诊所有什么实际的需要，事后史密斯先生慷慨解囊，答应支付所有的开支。一张刊载于1954 年 10 月 24 日的《休斯敦邮报》(Houston Post)的照片显示，史密斯先生在参观医院时，手里拿着诊所替他准备的一副口罩，亲切地和病人交谈。许汉光庆幸认识了这位善心人士，于是一所简陋的旧屋，缮修成为一座适用的医院。

卅年临床观察

随着结核菌杀菌药异烟肼在 1953 年问世,许汉光首先提出新药可以杀灭儿童隐性感染者体内细菌的想法,从而预防儿童成年以后结核病的发生。为了验证这项假设,许汉光开始了三十年的临床观察工作,通过了三千名结核菌感染儿童的连续观察,证明异烟肼可以有效地预防感染者发病,因此为休斯敦市结核病的控制发挥了决定性的作用。她的研究成果发表在美国医学会的会刊(JAMA),且被翻译成五国文字,该预防方案成为世界卫生组织推荐的主要预防措施。许多专家认为,这项成就的意义甚至超过了心脏移植,因为它拯救的生命数目远超过心脏移植的人数。中国有句俗语形容医生的职业是悬壶济世,所谓济世,指的是公众的健康(Public Health),许汉光医生的辉煌成就,正和受益人数众多有极大的关系。尤其当下进入全球化时代,由于交通便利,使得传染性疾病更易传播,"公众健康"的倡议愈发引人关注。

发起"家庭访问"

许汉光的肺结核预防方法,其最大关键是希望在潜伏期,就把细菌杀死。她在 1953 年抵达休斯敦后,就开始做结核菌"接触途径"的调查,她发起"家访"患有结核病的儿

童，替病人的兄弟姐妹做皮肤测试，又替家中的成年人做 X
光检查，找出传播结核病的病源。许汉光特别写了一本手
册《儿童结核病及透过研究接触途径找出结核病源》，1958
年 10 月由德州结核病协会出版，1959 年 5 月获得美国结
核病协会认可，并且建议全国派发，1960 年及 1962 年再加
以修订。经过三十年的时间，这项医学研究发现两点：一、
结核病是可以预防的；二、预防效力是可以持久的，可从童
年延续到青少年。进入 20 世纪 60 年代中叶，休士顿除了
成为美国能源首都，又因联邦太空总署在休士顿东南郊设
立分支机构载人太空中心，即后知名的"休士顿太空中心"，
地位益形重要。

在治疗病患的方法上，许汉光还要求家长的合作，每个
月都把儿童带回来复诊，经过一段日子后才转为隔月复诊，
意在确保儿童一直服药。许汉光抵达休斯敦十年后，防治
结核病有成。

1964 年 4 月 2 日的《休斯敦邮报》刊出该市卫生局任
命许汉光医生担任首届结核病控制主任的新闻。她获得这
项任命之后，"非常高兴，让我可以继续研究并且照顾染上
结核病的儿童，"同时也有一份受宠若惊的感受。她说："我
是女医生，生于中国，说英文带有乡音，不过同事和病人都
非常尊重我，其实像我这样的人，在少数族裔里不少，为什
么偏偏选中我？"显而易见，许汉光获选是因为她的能力所
致，她所以受宠若惊，也源于虚怀若谷的个性。

治疗哮喘病

从 1964 年到 1968 年,她推行了全市结核病控制计划,成立了结核病登记处,聘用 32 名专职人员,并加训练,更在发病率高的地方开设了六所分区结核病诊所,于是"接触途径调查"和预防疗法就在休斯敦这个人口超过一百万的大都市推展开来。许汉光决心运用她的医学知识和技术来完成用异烟肼治疗结核病的全面研究。

在推动研究计划时,1959 年 5 月获得美国结核病协会认可,她发现自己所遇的难题有三:一、异烟肼治疗法是否可以保护受感染的儿童不发病? 二、异烟肼治疗法是否可以防止肺结核病人在身体其他部分发病? 三、接受异烟肼治疗法的儿童长大成人后,会不会再发病? 要找出以上三个问题的答案,许汉光医生就必须观察儿童成长的过程,所以她的研究整整做了三十年。在这半甲子的岁月里,她除了策划施行方针,还要培训人才,但是从来没有想到另要兼管职员之间的人事纠纷。在她的英文自传里,她记述:处理人事纠纷这件事,让自己感到沮丧,渐渐觉得承受不了这些困扰,于是她祈求上帝,开始学习在圣灵中祈祷,转而从信仰中得到力量,恢复干劲。

到了 1975 年,结核病在休斯敦已不构成"问题",许汉光转而把注意力放在治疗儿童哮喘病上。综合她一生的事业,不论是研究、教学或诊治或倡导工作,都涉及三大范畴:

儿童的结核病、哮喘病及肺功能。自 1969 年开始，许医生便担任杰佛弗逊戴维丝医院(Jefferson Davis Hospital)的儿童胸科(结核病和哮喘病)部门主管，她大抵从诊断病患及研究工作两个方向入手。在诊断方面，许医生见过数以百计的贫苦儿童，花了很多时间研究他们的病历，又做了各种测试，试图找出儿童哮喘病的病源。根据许医生的归纳，儿童哮喘病的起因很多，包括：空气污染、气温突变、花粉散播，以至于对食物和动物的敏感。此外，遗传也是一大因素。

　　许医生及七位同事所拟订的研究计划，替患哮喘病的儿童及家长提供四项服务：测试、药物治疗、物理治疗和教育倡导，她研究计划的目标是及早发现病情，并且加以治疗。

肺功能测试

　　许汉光研发了一个方案能够验出学童有没有患上哮喘病或其他慢性肺部疾病，因此她的研究工作很快从诊所扩展到小区。许医生从研究中发现，儿童缺课的最主要原因是患上哮喘病或者其他呼吸系统的病，于是着手做问卷调查、肺功能试测、身体检查来搜集正常儿童的肺功能数据，她也发现许多家长都不知道还有医治的方法。

　　许医生认为，肺部功能不正常，可能是患上隐性的哮喘病，所以必需搜集健康正常的儿童的肺功能数据。如要搜集健康正常的儿童的肺功能数据,还必须设计和制造特别的器材,整个社区的方案花了一年多去筹备,医疗人员也需要经过训练才能做肺功能测试,同时也需家长的同意,方案才可以展开。

该项研究计划开始推动的时候,一共挑选了六个公立学校参与,参加者包括三种族裔:白人、黑人和美洲裔的墨西哥人,全部的人数共两千五百名,参加的年龄从小学一年级到高三的学生。研究的时间是从9月开学到11月底之前完成。

这项定名为:"评定美国儿童肺功能测试参考数值"的研究,具有两个特色:第一、首次提供了墨西哥的美洲裔儿童和黑人儿童肺功能测试标准数值。第二,白人、黑人和美洲裔墨西哥人做测试时都使用同一标准,接受划一的安排,并由同一组医疗人员使用相同的器材,因此解决了该研究可能引起的种族争议。

许医生在做了一轮查证核实的数据之后,在1979年发表研究报告,其标准数值,至今仍然是评估美国儿童肺功能的标准,有数本关于临床肺功能测验、呼吸管道失调和儿科的专书都引用了许医生这份研究的数值。

许医生为方便和诊断治疗呼吸道疾病,构想出一个系统,名为"简化肺功能系统",她将搜集到的数据加以整理,制成一个肺功能的增长图表,于1986年发表。这份图表既可以让儿科医生很快评估到儿童的肺功能,同时也有助于呼吸道疾病控制工作的人员,做出评估,制定对策。

获"卓越成就奖"

　　许医生经年累月为儿童治病、造福的努力和成果,引起国外同行的注意。1981 年 9 月 17 日,她接获瑞典国家心脏及胸科疾病来信,邀她参加次年庆祝高知(Koch)医生发现结核杆菌一百周年纪念的研讨会,并请她担任会上的发言嘉宾。邀请函说,许医生对诊断和控制儿童分枝杆菌淋巴病这个课题所发表的见解,深获瑞典的肺科、传染病科和儿科医生的重视和尊敬。次年 3 月 12 日在瑞典所举行的庆祝大会上,除了许汉光,还有其他三位来自英国、加拿大和香港的嘉宾获邀发表演讲。在那趟旅行的尾声,许医生还由瑞典儿科名医克特凯泽(Dr. Kurt Kaijser.)陪同游览首都斯德哥尔摩及诺贝尔奖颁奖大厅。

　　1994 年 5 月,许汉光医生又荣获全美医学界瞩目的另一项极高的荣誉,她在美国东岸波士顿举行的全美胸腔协会成立一百周年的大会上获得"卓越成就奖",成为第一次获此殊荣的华人,也是第一位获此殊荣的亚裔。

　　推荐许医生角逐此奖的信函列举她的医学成就:"三十年来致力研究异烟肼的治疗法,并证明疗效长久,这样的卓越成就可说是前无古人,后无来者,要说许医生的研究对美国结核菌之皮肤测试和结核病的控制工作的策略有巨大影响,绝非言过其实。"

　　推荐信还指出:"许医生的履历会告诉你,她历年来多

185

彩多姿的事业,获得了不少奖项和赞誉。但她履历没有显示的是,许医生是全美国最友善、最仁慈、最有同情心的儿科医生,她在课堂上教的是科学技术,但她所传授的却是一种医学的艺术。"草拟这封信的是时任贝勒医学院儿科系主任的史达克(Jeffrey R. Starke)教授。

1994年5月24日那天,共有11 000多位来自世界各地的肺科医生和科学家前来出席这次年会,许汉光在波士顿市的海斯会议中心从史达克教授手中接获"卓越成就奖"奖杯。在介绍得奖人时说了以下的这段话:

"许医生在教学技巧和能力方面享有盛名,她在贝勒医学院任教四十年,是一位非常重要的老师,美国大约有百分之十的儿科医生由贝勒医学院培养。现在许医生每星期回校教授三年级医科生,教学生看肺部x光片,并且教授结核病和肺功能测试两门学科,许医生是系内学生最喜爱的老师,我非常荣幸能够认识许医生,也很高兴亲手给她颁发'卓越成就奖'。"

史达克医生在致词中另外提到的一点:许医生就儿童结核病做了30年的治疗和研究,很多病人在长大以后都常来探访她,这充分说明许医生的临床工作做得非常好。史达克医生加重语气说,许医生的事业更加是她自我牺牲的故事,虽然她从来没向人提起过自己牺牲了什么,但这也表示她的成就更应受到重视和褒扬!

心怀母邦

细读史达克教授赞扬许医生的推荐信,除了钦佩得奖人的医学成就和敬业精神,字里行间也非常技巧地披露了她因战乱、离乡背井,数十年(几乎是半世纪)与夫婿分离的人生悲剧。纵然月有阴晴圆缺,但是深受华夏文化浸润的许汉光,在退休后,仍旧继续在侨居的休斯敦市从事敬祖爱乡的活动和工作。

1994年2月12日许汉光80岁生日那天,她决定撰写一部有关母亲的家族历史,并邀请居住在洛杉矶的表兄王光涛教授一同参与。他二人在海外的"寻根的过程",在精神上和国内修族谱"慎终追远"无异,但两人为了搜集资料,所联系的网络,不仅遍布中国,而且远至东南亚以至世界各地的血亲。她的表兄王光涛亲自飞来休斯敦,王的年龄比许汉光大三个月,许离开老家时只有四岁,所以对故乡福州的印象非常模糊,她问了许多问题,又详谈了福州老家的旧事,他们把两人的对话用录音机记录下来,然后复制多份,寄给各地亲属,希望得到回音,进而同襄共举。到了1994年年底,数据收齐,由中国文学底子较厚的王光涛撰写,许汉光则收集所有的照片,并把书复印完成。

许汉光的母亲家族信奉基督教,源于她外曾祖父梁发(又名梁亚发),跟随英国传教士马礼逊而相信耶稣。梁发在1789年是一名印刷技工,而马礼逊在中国创办第一份中文期刊。1816年梁发领洗，再过五年他成为一名牧师，此后梁氏家族出了8位牧师，9位平信徒的传道人。1821年，梁发成为中国第一位牧师，他的女儿梁吕底亚就是许汉光的外祖母，梁发在1855年逝世。许汉光的外祖父黄求德在福州出生，是位艺术家和画家，后来在圣公会领洗，更被任命为副主教，他与梁吕底亚结为夫妻后，他们所生的么女儿就是许汉光的母亲。

许汉光夫婿的曾祖父许邦华（1801—1860），因为循道会来华传教士而成为家族中信仰基督教的第一人，他育有六子两女，最大的三个儿子成为牧师，后人中有不少是牧师、传道人、医生和专业人士。许汉光的夫婿许天禄也是燕京医科毕业，专研解剖学，自幼对绘画有天分，讲课兼能绘图，是位出色的教授，许汉光称他拉斐尔（Raphael，意大利知名画家）。当中国大陆和外界断绝关系的30年间，两人只靠书信维系感情，许汉光持续不断地把书本、学报寄给丈夫，使得许天禄在信息封闭的时代获得更快更新的医学知识。

夫妻重逢

1979年中国实行改革开放，当年5月许汉光便申请回国探亲，与丈夫在广州火车站重逢，距离上次分手整整31年的光阴。同年7月许天禄跟随妻子赴美，在休斯敦逗留15个月期间，他大多是在医学中心的图书馆享受精神食粮。许天禄返回中国后，许汉光仍旧把读到的好文章和家中一包包的书寄回广州。

许天禄自年轻便是基督徒，晚年时有一封信里告诉他的妻子"自己重生"的奇妙经验，内心不但充满喜悦，而且感到十分宁静，"新的生命"让他更能同情那些贫穷、孤独和有需要的人，"重生"又让他原谅那些在"文化大革命"中迫害他的人，"不单是真心原谅，而且向他们伸出援手。"

1990 年 4 月许天禄在广州去世，许汉光在休斯敦的追思礼拜上追悼："我认识天禄已有 60 年，他是学者、科学家、画家，兼通音律，能弹琴唱歌，更重要的是天禄非常爱我，时刻鼓励我更上层楼，知道我成功地使用异烟肼预防肺结核，来信说：你所做的可以救活千千万万儿童，比起心脏移植手术的贡献还要大得多。1984 年，贝勒医学院的学生票选我为最受欢迎的教授，天禄来信说，你是当之无愧的，因为我知道你是多么爱你的学生。多年来，他为了帮助我成功而牺牲很大，我欠他实在太多了。如今，天禄在天国等候我，我真的很期待与他再相会的一天。"

许汉光和许天禄天长地久的爱情故事和他俩钻研医术、悬壶济世的努力，相互辉映，可与日月同光。

许汉光教授的医学教育始于燕京大学，后自北京协和医院的医学院毕业，三十四岁那年获奖学金赴美深造，在美进一步钻研肺结核病的预防和治疗。此后的五十九年间，除了与病魔作战，她还担任医疗诊所主管的行政业务，并且在全美知名的贝勒医学院培育后进达 40 年之久，早在

1969—1970年她当选德州胸腔协会主席，1975—1976年庆祝美国两百年建国纪念时，许汉光被列入"社会领袖与美国名人录"，1996—1997年入选剑桥国际名人录，表扬她为年度知名女杰，2004年资助她的学生马欣在山东成立"许汉光防治痨病与艾滋病研究中心"，随后成立"许汉光基金会"，旨在推动中美之间公共卫生人员的交流和技术合作。

许汉光生前另一件回馈家族和乡里的美谈是2004年她推动重建外曾祖父梁发传教士的故居，她先寄出预算所需的一万八千余美元，其设计是遵循广东省古建筑的模式。许汉光记述复建过程当中汇聚了一批来自五湖四海的义工，出钱出力，至今已列为珠江三角洲古建筑样板，许多国内外人士纷纷来此瞻仰学习。许汉光教授于2007年9月17日在休斯敦辞世，享寿93岁。

为台湾生医科技贡献心力

美国南方盛暑的阳光,火辣辣地照着全美知名的"德州医学中心"。2006年的8月15日下午4时,位于医学中心西南角的德大公共卫生科学中心大楼的第17层厅堂,正由校长詹姆斯·威勒森(Dr. James T. Willerson)亲自主持一场送别"荣誉终身教授"伍焜玉的酒会。

在德大退休前获得"荣誉终身教授"头衔的伍焜玉博士,自1983年应聘德大休斯敦医学院以来,历任血液肿瘤科主任、血管生物学研究中心主任、分子医学研究所副主任、德大健康科学中心讲座教授及安德森癌症中心骨髓移植系教授。2006年,伍焜玉教授的职业生涯掀起一波巨

浪,他断然放弃德大公共卫生院应允留职停薪的礼遇,自德大办理退休,结束在美国长达 34 年的事业,返台接掌卫生研究院的第三任院长。

在送别酒会上,校长詹姆斯·威勒森回忆了 1989 年与伍焜玉初次见面,日后更进一步发现他杰出的专长,譬如使用基因疗法,这些年他不仅研究成绩亮丽,同时也成为年轻医生的最佳楷模。殷殷话别之余,校长代表学校赠送伍焜玉一具"长牛角"的雕塑(乃代表德州大学系统的徽志),并向伍夫人献上一束黄色的玫瑰(坊间流行"德州黄玫瑰"的歌曲,用来颂扬本土佳丽),这两件充满象征意味的礼物表达了美国社会的温情和礼节。

回溯伍教授在 20 世纪 70 年代,以青年学子的身份,赴发达国家留学取经,并且在异国他乡建立学术地位,如今隽才回流,造福乡里,构成今日大学全球化潮流中一页动人的篇章。

两次不同的退休

事隔六年(2012 年八月),台北媒体刊出伍焜玉将从卫生研究院院长职位退休的消息,因笔者采访过他当选"中研院"院士及他自德州大学退休回台任职的两件重要的人生里程碑,因此拨通越洋电话,请伍院长比较两次退休以及在台工作六年的心得。

伍教授表示在接受我采访的前一天,得知新竹清华大学赠予"讲座教授"的荣誉,说到六年前德大的退休,并非真正退休,而是将美国的工作做一个结束,计划回台湾全心全意把卫生研究院的事情做好。说到 2012 年的退休也不是一般人所指的退休,而是除去肩上的行政工作、开会琐事,而专心基因的研究,他脑海里还有另一件推动台湾医学科研的计划。

新竹清华大学的科学研究基础扎实(但并没有医学院),如果能和中国大陆医学大学结盟合作,两者都能互补互利。伍院长并且表示他退休后,将尽力在二者之间做一番协调与撮合的工作,如果两方能够结盟,他将邀请一位美国新陈代谢的专家来共同研究一些抗癌和抗发炎的基因体。

发现抗癌因子

抗癌基因体和伍焜玉领导的卫生学院团队在 2012 年 8 月所发现人体抗癌因子 5-MTP 息息相关。早在 21 世纪之初,伍教授的实验室就发现人体内的纤维细胞会释放出来一种神秘因子会抑制发炎物质 Cox - 2 的过度表现,但一直无法分解出此一"细胞护卫因子"的化学成分和结构。直到近年来"分析代谢体仪器"灵敏度大增,研究团队历经二载,从一百多个可能候选基因逐一比对、筛选,终于找到"色胺酸"的衍生物,简称 5 - MTP,它能抗发炎,缩小肿瘤并有效抑制癌细胞的转移。这是科学史上,第一次在人体内找到抗拒癌症和抗发炎的化学物质,如果未来成功研发药物,可望广泛应用在多种癌症及肠胃炎、关节炎等发炎的疾病上,该项研究并获刊登在《美国国家科学院期刊》2012年8月号。最难能可贵的是,研究团队清一色由中国台湾本土博士组成,他们是:郭成钦、郑慧萱、陈华苓及颜建龙等研究人员。

记得2006年,伍焜玉教授在休斯敦启程返台担任卫生研究院院长之前,曾向笔者表示,他对新职务有三个构想:第一是做医学研究;其次是推广社会民众的健康;第三是发展生物科技,显而易见5-MTP的发现正符合他第一和第三项构想。这也是伍院长回台六年后的一项令人瞩目的成果,他在越洋电话的采访中说明,香港和大陆方面的友人及学界朋友纷纷打电话来表示:平日看不到什么台湾的新闻,但这件事却没漏掉。

阿司匹林的创见

在伍焜玉教授耀眼的学术研究成就当中,最早替他扬名立万的论文是20世纪70年代中叶,发表于内科医学学刊(Annals of Internal Medicine)的一篇《阐明使用阿司匹林的治疗降低了血小板的凝结》。他早期的一项临床研究曾提出阿司匹林可治疗人的动脉血栓疾病,并且在血小板过多症的病人身上证实阿司匹林可化解血中的血小板凝聚,进而解除血小板凝聚引起的缺血症状及小型中风,对于日后临床实验以阿司匹林预防心肌梗塞及中风有很大的影响。随着阿司匹林抗血小板凝聚机制的深入研究,伍焜玉教授的研究团队更首次发现阿司匹林对发炎物质的抑制作用,进而阐明了阿司匹林的消炎与抗癌机制。

"伍氏方法"的由来

伍焜玉教授在阿司匹林方面的创见肇始于他投入血液和血栓的研究。20世纪70年代中叶,伍焜玉在爱荷华大学开始了三年的内科住院医师的训练,在进入第二年的时候,他选择血液科为辅修专科,专攻血液肿瘤,由于表现优异,他获留任做"研修医师",这种身份可以找一个学校的实验室,跟教授学习,因而开启他看诊和医学研究的双轨职涯。伍焜玉当时选择自牛津大学回来的爱荷华大学医学院的血液肿瘤科系主任约翰·霍克(John Hoak)做指导教授。

该项实验是以心肌梗塞病人为研究对象,来测量血小板的凝聚指数。那段时期他几乎二十四小时待命,半夜若有病患发作,他就前往抽血测量,终于做出病人与对照组的比对,发现心肌梗塞病人血小板的凝聚指数显著增高。这项"循环血小板凝集测试法"的研究报告,得以在英国知名的学术季刊《柳叶刀》发表,同时,德国的心血管大师施洛教授(Professor Karstan Schror)称赞这套方法"是一个划时代的发现",备受国际重视。

此外,他还做了一系列有关这方面的临床研究,在学界影响深远。在爱荷华大学校园里,他被称作"血小板先生"。他发表的阿司匹林能降低血小板凝结程度的论文,助他建立扎实的学术地位,两年之内升任内科助教授。回顾自己的科研历程,伍教授带着一派愉悦的口气说:"我的学术生涯是从美国玉米田畔的爱荷华州开始的。"

储藏 DNA 的银行

伍焜玉教授对基因和基因体的研究做了十分有价值的储藏,可以说是一种生物银行式的储存,这些存留的样本到今天还受用不尽。1993 年伍教授的研究小组就此发表论文,震撼学界,在此后的 10 年间该论文被引次数超出 700 余次,2003 年德大健康科学中心把它放置在该校网页中的"荣誉榜",并将伍教授列为德大研究人员中的顶尖人物。

伍焜玉教授一生获奖无数,1997 年 6 月,在意大利佛罗伦萨所举行的第 16 届国际血栓暨止血会员大会中获颁法国萨诺费奖,他在基因治疗方面的研究成绩获肯定,随后荣任欧洲科学院院士。早在 1982 年,他便当选美国血液肿瘤临床学会会员,1985 年获第四十届台大杰出校友奖,1994 年当选"中研院"院士,同年 12 月 9 日美国休斯敦市长颁布该日为"伍焜玉医师日",当天伍院士的十余位亲友家人及德大医学院院长群集市长办公室,参加了简短温馨的典礼。2000 年伍教授获德大休斯敦健康科学中心院长学者奖,2010获台北医科大学第一届名誉医学博士。截至目前,他的著作包括:四本书、三百余篇文章,其中有评论文章、学术专书中的章节,另外有百余篇的学术论文摘要。

撰述科普文章

伍焜玉自2006年回台担任卫生研究院院长,执掌台湾的卫生和医学政策,从2009年开始,他在公务之暇提笔撰述科普文章,两本已发行问世的主题是"血液"和"阿司匹林"。伍焜玉头一本写《血液的奥秘》,血液是伍教授的本行,自是理所当然。伍焜玉说"我很早便被血液中血球的精致设计和智能所吸引"。2008年他受中研院之邀,作"蔡元培院长讲座"的年度科普演讲,最后择定"血液和生命"的题目,那天虽然雨下得很大,听众却满座,有高中学生和老师,"中研院"院士和大学教授,反应热烈,许多听众觉得这个题目很有趣,让人不仅了解血液这门学科,同时可以知道人类对血液的看法及历史演进。伍焜玉希望借着这本书进一步引起读者对其他有关生物医学题目的更大兴趣,此一理念也可用来说明他日后写"阿司匹林"就是循着这条思维前行的。

2016年夏天,笔者和伍教授伉俪在休斯敦有约,再次请教他近年来著述立言的心路之旅;伍教授表示,他生来就有爱读爱写的基因,当年中学放暑假,最喜欢到书店阅读免费的书,一站就是好几个小时,后来念高中、大学时翻译科普文章,投到当时流行的《皇冠》杂志,赚取零用钱,日后还用所得稿费邀请未来的伍太太进馆子,享用美食。

"谈到血液的奥妙,若用浅白的话说,人体是一个宇宙,血液是环绕宇宙的一条通道,将体内大小器官加以联系贯通,其运作涉及生理学、生化学、遗传学和药物等机理"。他说人类的历史演进当中对于血液产生许多有关的"说法和迷信",譬如说"放血"等等,其中有些日后"科学化",成为生物医学之中可以学习研究的课程。

自中学时代开始信奉基督教的伍焜玉表示,他感谢上帝的恩赐,除了科学和专题研究,还能让他做其他的事,其中最有意思的是阅读和写书。早年在台大医学院医科毕业之后,就到美国留学,因此整个思考和语言都被转化成美国式,接下去的几十年就用英文写科学报告或论文,现在回头用中文写科普文章,因此又经过一段转换回来的过程,撰写第一本《血液的奥妙》,每日清晨三点起床,头脑清晰,效果奇佳。他建议有志于此的也不妨一试。

伍焜玉教授呼吁更多的学者专家参与科普文章的写作,也更鼓励年轻人,投入科普文章方面的阅读,如果持之以恒,定可开阔视野,引领目光朝向大宇宙,增加逻辑思考与分析的能力,希望进而改变目前台湾一般用金钱和权力来衡量一个人的价值标准,让台湾社会变得更有人性,更为关注整个社会的福祉,不再拘泥眼前的"小确幸",只顾个人的喜乐。

　　伍焜玉离台四十年,根据他在中西社会各有数十年研究及实地生活的观察和体验,他发现在中国人的一般观念里,凡年届退休之时,便要享清福,采取少问世事的态度,但在西方社会,退而不休,仍要参与建设美好明天的比例较高。

　　根据笔者二十余年来数度采访他的观察,或许因为伍教授受到西方宗教精神的启发,虽年逾七十五,已自公职退休,但仍旧带领自己实验室的团队十余人继续从事细胞"护卫因子"的研究,希望对"自体治疗"找出新的方向,此外并计划动手写第三本科普书籍。如此学不厌,做科研不倦,并且奋笔疾书,以传播科研种子为念,难怪他成为国际血栓及血管生物医学的权威,替台湾生命科学的研究注入新的血液。

　　伍教授还表示,他自小对许多事抱有好奇心,凡有疑惑就尽力寻求解答,他认为这种个性再加上喜欢读书,就很适合做研究工作。不过回忆儿时,物质条件差,生活困苦,父母亲并非读书人,但伍教授相信祖先的某一代必有读书的遗传基因。他看百家姓,伍姓排名很前面,是个大姓,但后来人数变得越来越少,大概是五胡乱华的时候被杀去不少,广东有一些姓伍的人,他所来自的澎湖离岛的那个村庄也有不少的人姓伍。

出生弱势家庭

1941年,伍焜玉出生于南台湾的高雄市,原籍是台湾澎湖县望安乡水安村,二次大战的战火使他一家被疏散到望安村以南的一个没人居住的蛮荒小岛西屿坪,生活艰苦,一切靠微薄的配给。台湾光复后,伍焜玉回到高雄住家附近的盐埕小学就读,开学没多久,父母亲便发现他很会读书,数学尤其好,其他科目也表现不错(伍焜玉解释他聪明的头脑可能得自母亲的遗传),但是学期终了,学业成绩排在前面的都是家境较好的孩子。更没道理的是小学四年级,老师把他转到女生班,当时民风保守,男女分班,又进入青春少年的羞涩期,这对伍焜玉是一个相当大的打击,去问老师缘故何在,老师不回答,父母亲也急得像热锅上的蚂蚁。伍焜玉当时非常不愿意上学,幸好三天后校长知道了,又把他转回男生班。伍焜玉回头看,且把这种待遇归之为族群歧视。

伍教授的归类绝不偏颇,笔者毕业于省立高雄女中,虽然我是居住在眷村来自大陆的外省人,但同窗好友不乏高雄本地人或农村子弟,当时对于高雄本地人歧视外岛澎湖人的例子时有所闻,事实上近百年来中国战乱频仍,人口迁徙率高,这种欺凌外乡人的例子,随处可见,凡是地球之上众人聚落的地方,"欺生"的恶习屡见不鲜。

五年级以后,他被划分到另一个新成立的忠孝小学,碰到一位宅心仁厚,对同学一视同仁的蔡清泰老师,他全力作育英才。不意转学之后,换了一个新的学习环境,伍焜玉的生活变得平顺愉快,毕业时获得市长奖,接着考上远近闻名的高雄中学,洗去弱势家庭的自卑,益发对自己增加信心。

这时候伍焜玉没有一技之长的父亲,决定不再去做码头搬运工人,而跑到比较繁荣的盐埕区租屋经营杂货店,恰巧两旁邻居来自台南市,他们财力雄厚,开设银楼买卖首饰,其中一位洪太太心怀慈悲,每当伍焜玉母亲短缺资金的时候,这位洪太太就慷慨解囊予以周转,加上他父亲从早到晚拼命苦干,杂货店的生意也日渐稳定。

伍教授曾说到他父亲默默努力的澎湖精神:"我的父亲是一位沉默寡言,非常刻苦耐劳的人,从来没听过他抱怨一句,他是我这一生中,所见过最辛勤工作的人。"从这段话可以知道,伍焜玉一生从事科研,在工作环境当中面对许多困难和挑战,他都跟父亲一样,不停地努力奋斗,拼命苦干。

六年高雄中学的求学生活,使他感受到自由自在的学习风气,初中部的老师大多是随国军从重庆来到台湾,他们自中央大学毕业,素质高,教学认真,但带有浓重的四川口音,沟通上有些困难(伍焜玉说即使是本省籍的老师,没有口音问题,但因为那时缺乏师资训练,授课依然听不懂)。老师们都专心教学,雄中学生都很敬重他们。

高雄中学校长王家骥,来自福建的书香世家,是一位"爱的教育"的实践者,关心学生的需求,他自己的儿子违反校规,抄小路翻学校围墙,王校长毫无私心地含泪开除,于是没人把他说的话当作耳边风,在校服务 24 年,退休后立刻搬离公家宿舍,成为伍焜玉一生景仰和学习的楷模。

在雄中的高中三年,伍焜玉的英文、数学和化学的成绩突出,别人认为十分困难的有机化学,他甘之若饴,或许出于这种天生的特长,引导了日后他在医学和生物化学的研究方向。由于学习成绩优异,高中毕业名列前茅,获得保送台大化工系的荣誉,但是父亲希望他读医,又由于年少时读过史怀哲在非洲行医的故事,深受感动,于是放弃直升保送,参加大专联考,果然高中第一志愿台大医学院。

五六十年前,台湾的大学少,高中毕业生多,僧多粥少,大专联考竞争激烈,日据时代日本人不鼓励台湾本人念法政,优秀人才都去念医学。坊间流传的说法是,考上台大医学院医科的男生,不消多久,便会有人登门说媒,附上嫁妆以供来日开业之用,所谓"书中自有黄金屋,书中自有颜如玉",绝非寒窗苦读之下画饼充饥。

和人生伴侣相遇

伍焜玉在台大求学期间便和未来的人生伴侣相遇,他们结识的经过如同是琼瑶小说的情节。当年伍焜玉到未来的妻子姑妈家应征做小表弟的家教工作,一百人中取了伍焜玉,石隆津那时在东海大学念生物系,兴趣多元,高中曾随郑秀玲学声乐,高三时参加台北市独唱比赛,荣获第一名。又因为阿姨陈进是台湾知名画家,她自幼便跟随着长辈看画展，对于绘画存有一份特殊的爱好。

伍焜玉和石隆津在出国前订婚，待获取耶鲁大学硕士学位便在学校附近的教堂完成人生大典，婚后石隆津夫唱妇随，她本科念的是生物，不论在爱荷华州、芝加哥或德州休斯敦，都出外工作，拥有自己的生物实验室，起初她的薪水比伍焜玉的住院医生还要高，直到 21 世纪初，她才结束实验室的工作，潜心学画，加入休斯敦美术协会。在休斯敦参加多次展览，并举办过个人画展。伍氏伉俪家庭生活美满，育有两子，两人都继承父亲衣钵入行做医生，更让伍焜玉高兴的是小儿子的内科鉴定考试证书上，也印有伍教授担任美国内科鉴定董事的认证章。

2016 年夏季末梢第四度在休斯敦访问伍焜玉教授伉俪，事前不免在网络上查看他的有关动态，备作冷场时的话题，不意发现两年前他有一本传记问世，是由慈济的经典出版社发行。全书共分七篇，前五篇叙述不平凡的成就和经历，第六和第七篇分别是"生命科学家的领悟"，和"勇敢地让梦想起飞"，望文生意便知是他借以鼓励和启发读者的篇章，这在自传的书写中别树一格。

早在 20 世纪 90 年代我第一次访问伍教授，言谈中说到他高中时代喜欢读尼采和叔本华的哲学，他对人生产生许多疑惑，于是暗自开始提问，启发自己一连串的逻辑思考。这种在书卷中苦思、发掘哲理的往事，或许就是他喜欢做科研，鼓励年轻人爱读书的根源，伍焜玉能在众多科学家中率先拥有一本自传，绝非偶然！

从遗传基因寻找癌症疗效

2016 年 9 月中旬，美国副总统拜登伉俪造访休斯敦，在德州医学中心附近的莱斯大学斐克公共政策中心发表演讲，当时距离总统大选不到八个星期，演讲主题非干国际局势，或近在眉睫的四年一度的大选，而是人人谈虎色变的健康克星:癌症!

洪明奇在实验室(右)

座落在莱斯大学对街的德州医学中心拥有全美声望卓著的安德森治癌中心，它也是这场演讲的共同主办单位。早在三年前奥巴马总统揭橥"癌症登月计划"（White House's Cancer Moon Shots Initiative)，计划每年斥资十亿美元，由拜登统领推动，更由于 2015 年 5 月副总统长子在特拉华厅州司法厅长任上,以 46 岁英年脑癌病殁,当拜登到全国各地演讲之时,更增加不少他个人亲历癌症之痛的说服力。

拜登在 16 日的演说中不仅呼吁各界筹集更多的经费对抗绝症,并促请科学家积极交换研究的讯息,他指出,也应该让病人参与或接受更多的临床实验机会。

参与"癌症登月计划"的安德森治癌中心提出六个攻略癌症的计划,每项聘请学有专精的领军人物,其中负责乳腺癌和卵巢癌组的三位领队研究员之一即华裔洪明奇教授。

洪明奇 1977 年自台大生化研究所获得硕士学位,1984 年获布兰代斯大学分子生物博士学位,毕业后,在麻省理工学院从事两年的博士后研究,1986 年开始执教德大安德森癌症中心,1996 年擢升为乳癌基础研究中心主任,千禧年接任分子细胞肿瘤系主任。十年之间,他从助理教授擢升为乳癌基础研究中心主任,以至现职美国德州大学安德森癌症中心基础研究副校长兼分子细胞肿瘤学系主任,这都和他 30 年所累积的亮丽研究成绩有着密切的关系。

科研成绩亮丽

进入癌症研究领域逾半甲子的洪明奇,正朝着把"癌症变成一般慢性病"的目标,努力寻找治疗的方法,趁着这次拜登访问休斯敦主打"癌症登月计划"所掀起的热门话题,笔者请洪明奇教授阐释近年来癌症遗传基因疗法的种类和进展：

癌症免疫疗法不止一端，它们基于不同的概念，其中：单株克隆抗体疗法，解除肿瘤细胞对免疫细胞的抑制，激活体内本身免疫细胞来杀伤肿瘤细胞。CAR-T：是经过基因工程修改病人的免疫细胞，之能特异识别，并直接杀死肿瘤细胞。

干细胞疗法：乃针对癌症干细胞，它是具有自我复制能力，和多细胞分化能力的癌细胞，研究者称它是癌症干细胞，一般疗法是消灭掉一般的癌细胞，而癌症干细胞并没有完全被消灭掉，这些未消灭的癌症干细胞会在一定的时候增殖，导致了癌症的复发，现在有关干细胞的药物已有十几种，但针对癌症干细胞的药物至今还未出现。

洪教授所领导的实验室近年来在单株克隆抗体类药物研究领域有新进展，它用免疫关卡抑制剂来治疗癌症，一个机体免疫系统的重要功能是它在人体内识别正常细胞和异常细胞的能力，它能让免疫系统攻击异常细胞，而不去惊动那些正常的细胞。过去癌症病患在数量上有30%被诊断后，可接受治疗。而大致对70%的病患束手无策，但近年来科研界和医疗界使用上述免疫细胞关卡抑制剂、基因疗法和干细胞疗法的理论因病制宜，衍生出多种癌症治疗法的联合使用（称为鸡尾酒疗法），他相信在未来十年里，癌症治疗会出现许多突破，使得目前依统计数字而列为全美第二名健康杀手的癌症，来日可能变成一种慢性疾病。

洪明奇教授基因治疗癌症的科研之旅，始于小学的作文题目:《我的志愿是成为一位科学家》,多年来他认识到自己研究科学,最初乃发自一股热诚,在过程当中探索那个未知数,希望到终了能把不可能化为可能,他常庆幸自己能以研究科学为职业,周围的人看他很辛苦,但他认定做自己喜欢做的事,就不以为苦,而习以为常。

除了立志做科学研究,洪明奇也曾做过当音乐家的梦,念小学的时候总是等待一周一次的音乐课,由于可以唱一小时的歌而心情会特别好,到如今学术刊物有人来访,请他形容做科研像什么? 难怪会说"科学研究像唱卡拉 OK",这句话凝结了他一生最喜欢投入的两件事。

一般人认为从事科学工作必须冷静、理智,然而听洪教授做科学研究和唱歌一样,完全出于一份喜好,多少带着几分感性。两年前他回台北接受一份学术刊物的访问,洪教授忧心台湾的研究环境导致学生念博士和硕士的意愿大幅下降,他鼓励年轻人做科研一定要寻找自己最感兴趣的主题,不赶时髦,不要随波逐流,"一个人想要成功,没有想象地那么困难"! 凡是正在念博士或有志念博士的一定要对自己的未来有信心,机会靠自己创造,不要说大环境驱使自己怎么做,而是自己是否可以创造大环境,年轻人没钱没关系,但要念书,要有知识,念书不是念死书,而是做广泛的学习,发挥所学,创造价值,才能使得社会进步,不论是唱歌或做研究都很好!

当年立志做科学家的洪明奇,在大学读的是化学,大三时,由于化学的机缘而选修了生物化学课程,发现小分子的氨基酸,可以组合成蛋白质和酵素,对奥妙的生命关系非凡,使他发现生物科学令人着迷之处,因而走向生命科学的领域,到了大三那年特别喜欢生物化学的课程,毕业后就进入台湾大学生化科学研究所攻读硕士,本来考虑继续留在台湾攻读博士,后来在指导教授陈义雄老师的鼓励之下,选择出国求学。

1983 年,洪明奇在美国布兰代斯大学取得博士学位,正是分子生物和基因转殖技术启步的年代。洪教授记得1982 年罗布特·温伯格(Robert Weinberg)教授首次发现人类的致癌基因,一个基因的单一突变,会导致正常细胞变成癌细胞,于是癌症研究的走势和理路变得十分清晰,他经由两位布兰代斯大学教授(其中一位是他博士论文的指导教授),及麻省理工学院温伯格教授的学生施嘉和博士的推荐而进入全美最顶尖的实验室工作,当即接下一个计划,起先是一位德国科学家发现怀孕的母鼠,如果给予致癌物质,则所产下的小鼠有百分之八十会有癌症的发生,特别是神经母细胞瘤,同时也发现有一基因会发生突变,也就是现在医界(分子生物界)所熟知的 HER2/neu 基因,当时有许多科目想把 neu 的基因转植出来,但屡试未果,由于洪明奇熟悉分子生物学的技术,知道 neu 基因的尺寸比较大,在六个月的努力之下,他率先转植出 neu 基因。

两年后,洪明奇受聘德州大学安德森癌症中心担任教职,原计划做 HER2/neu 基因和脑瘤相关的研究,他发现HER2/neu 基因的单一突变会导致老鼠产生神经母细胞瘤,但在人的身上却无法观察到相同的情形,却意外发现 HER2/neu 基因的过度表现会导致乳癌的发生,于是促使他日后走向乳癌的研究。

1986 年,首先克隆出 HER - 2/neu 的致癌基因,此一基因和许多癌症有着密切关系。三年后他证实 HER - 2/neu 致癌基因的活化能促进癌细胞转移,癌症病患通常因癌细胞转移而病故。于此期间他思索并希望能从癌变基因之中找到克服癌症的方法。

1990 年,他发现人体内的一种腺性病毒的 E1A 基因,可以抑制 HER - 2/neu 的过度表达,从而抑制肿瘤细胞的生长,并陆续以此取得多项专利。

除了基础研究之外,洪明奇在临床实验方面也续有斩获;他是推动 E1A 的基因治疗法到临床实验的创始人,此项治疗已获得美国国家食品药物管理局和国家卫生署重组 DNA 特别咨询委员会的认可。日前完成临床第二阶段的试验,结果有 45％头颈癌病患的肿瘤得到抑制(但抑制和治愈并不能划上等号),部分癌症病患因参与这项临床试验而使得他们的生命得以延长,目前正进行多项以 E1A 治疗卵巢癌、头颈癌的临床实验,也正准备在台湾进行这样的临床实验。

洪教授是首位发现 B-Catenin 为乳癌的预后诊断标记,这项在 2000 年发表的研究成果,不仅开发了新的乳癌预后诊断标记,并且用于指导开发新的治疗方法。

2001 年,洪明奇教授在上皮细胞生长因子受体的信息传递途径的研究上有了重大发现,他的实验室首度证明除受体接受生长因子刺激细胞生长之外,此受体 Receptor 具有转录因子之特性,能转入细胞核内直接活化某些基因从而刺激细胞生长,此一重要发现,更新了经典"受体生物学"的理论,对研究受体生物学开辟全新途径。

在研究过度表达 HER - 2/neu 乳癌细胞之传导途径上,洪明奇首度分析出致癌因子 Akt(属于丝氨酸/苏氨酸激酶)在上述过程中被活化,此激酶的活化导致细胞生长周期抑制因子 p21 的磷酸化,进而改变其在细胞内的分布,以至于失去抑制细胞生长的功能。

于是首度发现致癌基因 HER - 2/neu,能活化致癌因子 Akt 促进蛋白质分解因子 MDM2 的活性,进而压抑了肿瘤抑制因子 p53 的表达。洪教授此后又参与 HER - 2 基因标靶药物的研发工作。

癌症登月计划

回头再看当前的"癌症登月计划",洪明奇教授曾于2015 年初参加了拜登办公室召集的一项讨论会,前副总统曾提到目前对于"癌症登月计划"来自各方承诺的基金已有五十到一百亿美元,并且还持续增加。奥巴马总统为了贯彻此一计划的实施,拟将其纳入国家政策,但可惜川普总统一上台,便予删减,萧规曹未随。

回溯 1961—1972 年的美国"阿波罗登月计划",肯尼迪总统当时为了在美苏太空竞赛之中取得领先地位,共耗资225亿美元,参与科研工作的机构达80多个、大学有200余所,加入工程的企业2万余家,动员的总人数超出30万人,到了1969年首开了人类登月的记录,而阿波罗登月计划所带来科学成果实难以计量。奥巴马总统将大规模治疗癌症的计划也定名为"登月计划",其用意可想而知。现任安德森治癌中心基础研究副院长的洪明奇表示,安德森中心将把治癌的科研人员及医生联系起来,一同向癌症宣战。洪明奇认为随着研究发展和新的生命医学科技问世,未来的癌症可望变成一种慢性病,同时从逐年提高的癌症存活率看来,的确有其可能与可行性。该计划基金来源分别得自慈善捐款、申请的补助经费、科研新发现的商业化利润和安德森中心的平日运营所得。

自洪明奇任教德大安德森癌症中心后,1996年擢升乳癌基础研究中心主任,4年后转任分子细胞肿瘤学系主任,因周日教学、会议繁忙紧凑,所以定在每周六上午十时举行实验室的工作汇报。而这个时段正是全美各地儿童看电视卡通,成人松弛发条的时刻。工作汇报的参与者虽然牺牲周末的休憩时间,但都能体会洪教授想为科研进度加把劲的苦心。

数十位参与者,大约过半数来自海峡两岸(包括研究生和博士后进修),他们在洪教授的指导下,投入遗传基因的尖端研究,致力发掘新的治癌途径。屡次获德大研究奖及杰出教师奖的洪明奇说,过去二十余年来,培训了逾百位优秀研究员(大约研究生和博士后各半),他们来时一派青涩天真,出去的时候学有专精,成为生物医学界的新细胞,这可以说是洪明奇教授研究和教学工作之中最大的收获之一。

另一个代表洪明奇科研成就的里程碑是 2002 年夏天当选南港"中研院"生物组的院士。他十分感谢前辈与同行龚行健、伍焜玉和李文华院士的推荐,以及实验室研究人员的团队协助,并非凭一人之力获得这个荣誉。据当时的媒体报道他获生物组入选院士的最高票。他重要的成就在于钻研基因治疗技术。

洪明奇表示,早在 80 年代初期他攻读博士学位的时候,生化界首度提炼了癌症基因(目前在中研院生物医学所做研究员的施嘉和教授,曾参与该项突破),当时对洪明奇产生极大的冲击,后来他到麻省理工学院投入癌症基因的研究,希望从癌变基因中去找克服致癌的药物。经他继续不断地努力,终于找到 E1A 基因,他相信他所找到的 E1A 基因便是一个答案,此为研究成果走向实际用途的第一步。

随后他以自己研发的基因治疗技术,透过校方(德州大学)的介绍,把它转移给美国的两家公司;1994 年,洪明奇和匹兹堡大学教授黄立夫两人所研发的 E1A 专利技术,取得资金为 300 万元,两年后药物进入临床试验,而被另一家公司并购,到了 2001 年,这家公司的市价达 3 亿美元,它一半的价值来自 E1A 的生医科技。

科研成果回馈乡里

当洪明奇最初计划把自己的研究成果积极变成基因抗癌药物之际,恰逢台湾的大经济环境之下,半导体工业的优势逐渐流失。为防止产业空洞化,台湾需要建立具有创新科技的产业,洪明奇有意集资创办生科公司,也正符合台湾的需要。不过生物科技如果和半导体相比,前者的研发和投资所需时间较长,通常至少要经过十年、二十年才能看到成果,因此常使投资者望而却步。

学界与产业界合作,似乎是现代国家提升经济实力的一个必然途径。1984 年,美参院通过法案,允许高等学府就其研究成果谋利(如专利权或替人验发专业许可证),全美已有两百余所大学成立专门机构,负责相关业务。但这种做法是否会影响学术界的独立性与公正性? 坊间时有专书讨论此一议题,其中包括前哈佛大学校长所写的《公司文化中的大学》。对于这个疑问,洪教授列举了德大安德森癌症中心的对策,学校设立了一个"利益冲突委员会",并规定教授只能使用 20% 的时间,与产业界合作、从事与自身专业相关的研究,此委员会对教授与产业界合作的申请给予审核评估,学校也可坐收实益。洪明奇认为,台湾也需要有一个类似的规章和统筹办法,并且运用有限的资源加以有效发展。他获悉岛内教育部门已授权公布相关的办法,譬如可借鉴德大的经验成立癌症中心,借以促进校际整合,也

213

是发展生医科技事业的大好途径。另一方面,洪明奇建议,海内外生物科技创投业及产业界也应多多提供学术研发的资金,如此水帮鱼,鱼帮水,才能携手共创未来。

人缘佳,有口碑

1998年11月,当洪明奇获得安德森癌症中心的基础科学研究奖时(奖金35 000元),来自台乡会、台湾人传统基金会、台湾人教授协会及妇女协会四个社团达百余人为他举行了一个庆祝餐会,并依美国人的习惯,餐会中邀集他的同窗好友一块幽默主客,这是一个洋味十足的西式聚会形式。主办单位大量搜集有关主客的幽默笑话,让被幽默的主角"出尽洋相",20世纪90年代美国电视台曾出现此类幽默某某名人的节目,但在华人聚会场合确是笔者所看到的一个特例,哄笑声中反映洪明奇除了科研成绩卓著,而且人缘极佳。休斯敦另一社团"美南国建会"于1997年5月颁赠洪明奇"杰出成就奖"。

洪明奇目前担任多种学术期刊的编辑委员:

* 自2002年迄今,任《癌细胞》期刊的编辑和创始编辑委员

* 自2003年迄今,任《分子癌症研究学报》编委

* 自2003年迄今任《分子》编辑委员

* 自2015年迄今任《美国癌症研究杂志》主编

此外他还替美国和台湾科研机构审核学术报告(中国

大陆方面也有,但数量较少),他引用同行的一句话:"我的截稿日期永远是昨天!"他说除了学校的工作,还对科技界、学界的服务占去不少的时间,所以很难再抽空参加社团活动,所幸他的妻子郑金兰弥补了这项缺憾。郑金兰曾任休斯敦台声合唱团团长,及休斯敦台湾人活动中心主席。

洪明奇教授擅唱西洋歌曲,有一回在"美南国建会"的聚会场合对着生物医学界女强人唐南珊博士高歌一曲,赞扬她打拼事业的精神,台下频频叫好。近年来洪教授工作日益忙碌,不弹此调久矣,但是从事生物医学的研究,深知运动和健康的重要,时下每天花上五十分钟左右的时间在家中的跑步机上,并且利用这段时间看中国古装连续剧,如秦始皇、汉武帝和武则天等,一则重温中国历史,更重要的是改善中文能力,可谓一举数得,对于身心两方面都有益。

"登月"挑战恶疾

洪明奇教授对于未来的生活规划,仍以他热爱的研究工作为轴心,德州大学安德森治癌中心在美国医疗机构的排名自新世纪以来十之八九位列第一。治癌中心前总裁唐纳得·狄平侯表示,医学界多年来研究成果丰硕,人们已经发现许多癌症的生存机制和突变规律,然而研究和治疗两件工作似乎脱了节,预计未来十年内全世界将有一亿人因癌症而死,癌症对人类的毁灭性相当于心脏病、肺结核、加上艾滋病和疟疾的总和。目前第一步做法是将医院的体检、血样、基因表达的分析自各个部门汇集到同一平台进行合作。这样的做法具有前瞻性和积极性,院方任命洪明奇做乳腺癌和卵巢癌小组的三位主导人之一,他将全力以赴。

综合洪明奇目前的重要研究,他在探索肿瘤细胞酪氨酸激酶的信号,传导了新机制,其独特的发现开创了一个全新的受体生物学的领域,作为从事基础与转化医学研究的学者,他的研究成果对深入了解肿瘤生物学和新的癌症靶向治疗的研究做出了重要的贡献。

2014年底,恰逢台湾大学创校86年校庆,洪明奇教授当选科研项的台大杰出校友,一同获得此项荣誉的包括在文学界享有盛名的白先勇。在谈到自己的奋斗经验时表示,无论你从事任何一种行业,一定会遇上挫折,"我建议在起步时,不要勉强自己的志趣,要选择你喜欢的事情去做,一旦踏进了那一行,就要坚持到底,喜欢你所做的事!"

"坚持到底"就是洪明奇教授成功的座右铭。

美国生科制药界女强人

　　不知始自何年何月何日——"女强人"逐渐成为平日语汇之中的常见词,它之出现自然和近数十年社会进步,个人竞争机会日趋平等有关,若单就"女强人"的字面看,它凸显对比和冲突性。依照中国传统的观念,"女子"应该温婉和顺,与"强"字抵触,更因女性创业的路途上,必须冲破许多传统积淀的窠臼,克服一些额外的阻难,所以女强人往往功成名就之后,自言是"灰姑娘"。

　　近年来在美国生物科技界打出名号的华裔生化学家唐南珊,不仅于千禧年被戈尔副总统在一次演讲中称为"生物科技界的灰姑娘",就连她接受媒体访问的时候也自我冠带

"灰姑娘"的标签。唐南珊说:"从记事起,总是念好学校,考第一名",1972年自新竹清华大学毕业,负笈来美,先后在两所常春藤大学(布朗和哈佛)攻读分子和细胞生物学,后来在哈佛取得生化博士学位,出了校门替生科公司做研究终而自创Tanox公司。尤其是在2003年5月中旬,美国药品食物管理局审查通过的Tanox公司所研发的新药Xolair可以上市,助推唐南珊达到生化制药领域的顶峰。该新药以生物技术治疗过敏性的气喘,其市场潜力冲破上亿美元,而早先一年,澳大利亚政府也核准它在境内上市。

丽质天生

唐南珊的成功之路可谓一帆风顺,青云直上。她所言"灰姑娘"的艰难何在? 唐南珊说,"当初来美国英文不太通,加上生物科技这条路很难走,因为一个新药的研制过程往往需耗时十年以上,又有筹集资金的难题,还要依靠天时、地利的因素(运气),如此一步步走来,的确就像一个灰姑娘。"不过这位灰姑娘天生丽质(先天条件好,手上握有性能优异的新药),再加上勤奋努力,高瞻远瞩,若不成功也难。

当初与张子文合创Tanox, Inc.公司的唐南珊,1950出生于台北市,家中有六个手足弟妹,她排行老大,根据美国化学传统基金会在2010年所发布的系列访问录像之一,她自述全家来台,是因为父母亲当年结婚之后,到台湾来度蜜月,战事使得双亲归乡无路,于是便在台北安家落户,录像的旁白说,"唐南珊的父亲和叔父都是大学教授,母亲是外科医生,可见她的遗传基因很好。"

一本书带来的影响

谈及踏入生物科技这一行的原因,唐南珊认为略带一丝偶然。她回述在新竹清华大学读的是化学,22 岁那年,她搭机赴美留学,就在飞机场等待乘机的时间,她读了一本书,名叫《双螺旋》,这是一个发现 DNA(遗传因子)结构的故事,20 世纪 50 年代,DNA 是科学研究的最热门话题,这本书是作者詹姆斯·沃森的青春告白,写作幽默浅白,粉碎了科研工作者的清高形象。1962 年,詹姆斯·沃森获得诺贝尔科学奖。这本书激起了唐南珊无限的遐思和学习生物的兴趣,因此到美国哈佛大学后,她选择了生物化学的专业,一本书从此改变了她的一生。

这部长达十五分钟的录像制作时间是在唐南珊功成名就之后,但影片中提到的人生转折和故事都从细微处着眼,而未聚焦她从学生变成制药厂老板的丰功伟业。她自小学京剧,喜好阅读,文化素养高,因为潜心表演艺术,而且在大学里数度粉墨登场,自然懂得经营自己的公众形象。录像里她身着一件式样简单的中国红洋装,没见珠光宝气,不经意处流露传统中国文化的特色,譬如:她说中国人重男轻女,母亲非常宠爱弟弟,而女孩子则理所当然地做家务。唐南珊最初到美国留学的日子里,生活清苦忙碌,经常是煮一大锅意大利通心粉,吃上好几天。周末假日的最大享受是走到农民市场买一片皮萨打牙祭。

慈父严母

唐南珊说,母亲受过中医训练,但忙于照顾子女,一生从未执业。她家里是慈父严母,母亲对长女所定的标准特别高,"从来没对我有满意的时候",唐南珊带着一丝伤感的语气说,"大概只有得了诺贝尔奖才能让她高兴吧,母亲已去世多年,她也是影响我一生最重要的人。"以上这段对母亲的追忆得自笔者 2004 年前往 Tanox 办公大楼的采访。数年后化学传统基金会所做的录像之中,她对慈父有一段生动的描绘,她说父亲做事别出心裁,令人难以置信,譬如他用一条绳子,量我们姐弟的尺码腰身,到了晚上夜深人静,他用白纸依鞋子画大小,没想到他用这种方法买回家的衣服和鞋子,不但漂亮,而且合穿,唐南珊强调:全合适!

唐南珊从北一女毕业后,进入新竹清华大学主修化学,大学时代她有两位名师,一位是获得诺贝尔化学奖的李远哲,另一位后来当了台湾行政部门负责人(指的是刘兆玄),她说有幸在具有感召力老师的指导下,使她有勇气出国深造。1987 年她创办 Tanox 时,一篇《华尔街日报》的文章引用哈佛教授的话:"Nancy 是我所教过最聪明的学生之一",在哈佛毕业后,她前往新泽西州的罗氏生物研究所,从事博士后研究,参与声震医界的干扰素计划,用它来治疗多种疾病,包括 B 型和 C 型肝炎,以及多重癌症,全球销售额超过二十亿美元。

艾滋新药

1982 年她进入 Centocor 公司工作,参与了美国国家卫生研究院罗伯特·盖洛博士领导的艾滋病研究工作,自此展开了单株抗体和艾滋病的药物研究,分离及制作了艾滋病毒,并且发展出第一套病毒检定测试法。唐南珊十分自豪地表示:以生科技术治疗艾滋药物的第一个专利是我拿到的。她后来担任了 Centocor 分子生物室的研究主任,自 1983 到 1986 年,她在 Centocor 生技公司进一步了解生物科学的迅速演化及制药业的发展。她在这段时间所学到的多方面经验,对日后自组公司,铺设不少准备工作。

唐南珊在一篇自撰的"我的科学家旅程",对于自己创业的原因和动力有一番贴切的说明:"当我念大学的时候,可供科学家选择的路子非常有限,多数在高等学府教书,或到其他学术机构做研究,而当年新药的研制过程并非由生物学的知识主导。但是自从 20 世纪 70 年代中叶,发明遗传基因的融合方法,进入生物科技的年代,许多具有创业豪情壮志的科学家,就抓住新科技的潜力,离开学府,开创新事业。他们预见了使用生物科学来诊治、医疗疾病的前景。"1986 年她和前夫(也是她清华和哈佛同窗)张子文一同到德州贝勒医学院教授病毒学和分子生物学。她在录像访问中透露,他俩决定创业时,认为丈夫应认作一份比较稳定的教书工作,而由她来担任公司的总裁和董事长。

筚路蓝缕

两人共创 Tanox 公司,在 1986 年只是一个纸上公司,到了第二年才开始有自己的实验室,5 位员工,全公司的实验室和办公室不到 4 500 平方尺,座落于整栋大楼的一个角落。

公司开始经营不久,唐南珊和张子文夫妇两人刚到德州,春秋两季常为过敏症所困,夜半醒来两人有了一番讨论,结论是:能让 Tanox 公司在产业界立足的并不是艾滋病的药物研发,而是治疗过敏气喘病的药品,于是因此调整了公司发展的方向。唐南珊在一篇《企业家简介》的文章中指出,这种从过敏性入手,治疗哮喘的方法,违背了关于哮喘病病理的主流,但她不懈的努力最终取得成果,2003 年 6 月,美国食品与药物管理局批准了 Xolair,这也是第一个得到批准的治疗过敏性哮喘的药品。

2004 年张子文在台湾任财团法人"生物技术开发中心"执行长,曾经担任新竹清华大学的生物科学研究所所长,目前仍在该校任教。他以抗过敏和哮喘药物作为研究方向,一共获得 40 项美国标准局的专利。

锁定专利

在经营 Tanox 的 19 年岁月当中，唐南珊身兼执行长和董事长，她放弃了研究工作，统理公司的行政业务，一路上究竟遇到什么不同于做研究的挑战？她说最大的难题是筹集资金，她以留学生的身份，赤手空拳来美闯天下，家无恒产，所以筹资难。其次是揽延人才，平日她读到优秀的论文，便设法约谈作者，同时也委托求才公司主动寻觅。在公司里，她推动领袖计划，自任导师，鼓励那些具有潜力的员工，唐南珊在美南科工会的一次演讲中也提到华人要在企业界登上管理阶层，必须增加个人的沟通技巧和领导能力，并且要团结。而她最重要的一项挑战是如何发展未来的新药。

根据美国科技评价办公室的估计，一个新药的研究费用可能需美金 2 亿到 3.5 亿，其流程如下：一、确定生技药品开发的治疗目标，通常要花数年时间研究一个蛋白质的作用机制，可以确认是否有开发潜力。二、小量试制，以确保开发的药品不被污染。三、临床前的试验，以动物来测试它的安全性及生物活性，并评估它是否有副作用。如此再经过三种临床试验的阶段，然后把收集的数据交与联邦食品药物管理局做上市前的审查。

刷新记录

从 Tanox 成功研发 Xolair 新药的经验可知,新药的开发需要投入高额的时间与金钱的成本,由于它的技术优势,开发了新形态的单株抗体,利用基因工程(细胞融合)技术开发人体免疫疾病的医疗用药。因为新药能掌握市场的需求(估计美国有 4 000 万人患过敏症状,1 700 万人患气喘病),而且很早就建立多项专利的保护措施,使得制药大厂,如 Genetech,认识到在此一领域难与之竞争的情况下,转而与 Tanox 采取策略联盟。Tanox 与 Genetech 多年的专利诉讼,最后因 Tanox 早已取得过敏新药的专利,迫使Genetech 不得不与之和解,甚至进一步形成紧密的合作关系。2000 年 4 月,唐南珊将 Tanox 成功带进纳斯达克股市,由于市场对它的产品看好,它所募集的首次公开发行金额达 2.442 亿美元,创下当时生技公司集资的最高记录。

回馈乡里

唐南珊在访谈中表示,即使一个重要的新药研发出来,单凭 Tanox 一己之力,也很难做得出来,必须要靠大厂的人力、财力支持,才能创造双赢。前此除了 Xolair 传出获利的捷报,Tanox 还打算开发 TNX - 901 新药用来治疗花生过敏,及尚未进入临床试验用于治疗 HIV 的感染的未来产品如 Tnx - 355,和其他数项治疗皮肤病、心脏病及骨质疏松的新药。

对于这番创业成功的经验,唐南珊表示,她愿意把其中的心得提供台湾的生物科技界作为参考,也算是对出生地的一番回馈。早在 1998 年,Tanox 就曾计划在台湾南部科学园区设立生物药剂工厂,和岛内诚信创投、中华开发公司成立"唐诚生物科技公司",因筹资不顺,转而被 Tanox 的合作伙伴瑞士诺华药厂(Novartis)公司取代,改在法国设厂,使得台湾失去开发新药的一个大好机会。

嗜好阅读

2004 年 4 月,唐南珊在休斯敦接受笔者访问时表示,她仍有意愿回台创设制药厂,不过感叹当局现在把大部分时间放在"搞政治",她希望政治局面平稳后,当局能把注意力放在产业经济上头,毕竟那是台湾过去所走出来的一条路。她认为台湾无论在研究发展、临床试验或生产管理方面都累积了相当的人才,更由于美国相关的法律松绑,可争取为美国生技公司代工的模式,投入新药的开发事业。

除了忙于拓展 Tanox 的业务,这位生科制药界的女强人平日如何安排她的休闲时间? 唐南珊说,她内心最大的愿望就是成为一个作家,或许因为这个缘故,特别喜欢看书,书籍的种类包括:传记(最爱读丘吉尔、罗斯福生平事迹)、指南类(如人事管理)或修心养性的书,其他像近年来风行一时的小说也一读再读。她说一个人的兴趣有时会随着年龄和环境改变。现在因为工作忙碌就爱上可以随拿随放的书,或弹一会钢琴。以前在新竹清华大学念书的时候,她最热衷的课外活动是唱评剧,青衣和花旦戏都试过,一年一度的大专院校联演,她粉墨登场,演出大登殿和拾玉镯,所拜的老师有徐露、白玉薇和郭小庄。她说那年代她还喜欢唱歌、学国画,见她脸上的表情,往事如烟,皆已封存在另一个世界,上一个世纪里。

更展宏图

在美国,若欲衡量一家科技公司成功与否,其重要指标之一是看主持人能否把它带进纳斯达克的股市;换言之,即从科研、学术界的肯定,进入实用及市场的认可,唐南珊经营 Tanox,征服纳斯达克的这座山头之后,她所获得的荣誉和奖项,亦接踵而至。

譬如她在千禧年获得休斯敦亚洲商会的创业家奖章,在台湾获得杰出妇女创业奖,1998 年到千禧年担任德州州长小布什的科技顾问,2001 年荣登德州科技名人堂,同年又入选居世界领导地位的生技组织"生物委员会"(Board of Biology)的董事会。次年获新竹清华大学杰出校友奖,2003 年获休斯敦女青年基督会年度成就奖的"科技医药"项。但最让唐南珊有成就感的就是收到过敏患者的电子邮件:"Xolair 救了我们!"这也是她汲汲营营发展新药的最大原动力!

2006 年 Tanox 被基因技术公司 Genetech 以 9.19 亿美元收购,唐南珊目前任纽约投资银行的常务董事,负责拓展亚洲业务,2008 年福布斯杂志列举 25 位知名美籍华人,她排名第一。

返乡探路

2010 年 7 月,唐南珊访问故乡江苏省吴江经济开发区,曾发表访问观感:中国的经济成长世界瞩目,随着生活水平的提高,人们会更注意身体的健康,中药新药的研发将是中国具有增值潜力的产业之一,尤其中医药是中国的国粹,中药应是中国科学家比较擅长的领域,所以她十分看重这个市场,并将继续考察多个城市的合作事宜,希望在生物医学和医疗器材方面有所拓展。

在较早的媒体访问中,她曾提到学过中医的母亲去世早,若干有价值的中药秘方没有留下,她感到非常遗憾,她希望日后拿出自己的时间和资金为振兴中药以及中国的生物医药产业做一些有意义的工作,由此看来她对中药的研发还有深植的亲情因素。

2012 年 5 月 19 日,唐南珊在美国波士顿召开的生物科技工业组织年会上获赠"生物科技传承奖",她是第一位获此荣誉的女科学家,也是第一位获此奖的华裔。她如何在学校实验室钻研气喘、过敏及影响人类免疫系统的疾病而走向制药业的成功故事,又在会场上的同业之间颂扬流传。这位完全靠自己的勤奋和才智而获得巨大成就的女科学家和企业家表示:"只要专注、认真、锲而不舍就是成就任何事情的必备条件。"

盼开花结果

自 2013 以来,唐南珊几乎每年都造访故乡——江苏省吴江经济开发区,每次都有当地的书记给予接见,鼓励她回乡投资,事后都见诸报上的新闻。2017 年 5 月 6 号,吴江区委书记沈国芳再度表示吴江的产业需要转型,更需要生物医药新产业,他希望唐女士把吴江作为生物医药产业化转移的重要基地,表示"不遗余力地做好服务,更快促进产业化项目落地,早见效益,实现双赢。"

唐南珊非常看重中国大陆这个广阔的市场,将竭尽所能为吴江的发展尽一份绵薄之力,希望自己研制的新药能在家乡找到产业化合作伙伴,同时也希望能得到吴江区的大力支持,使项目能在家乡落地生根、开花结果,在合作中实现互利共赢。她最后表示,将继续在海外大力宣传推介吴江。企业家的最后一句话,似乎要为家乡做说客,且让我们拭目以待,很可能这就是付诸行动的先声。

致力推动中美医疗合作

2017 年 2 月 25 日
是休斯敦美南山东同乡
会改选会长的日子,第
二天的华文报纸《世界
日报》和《美南日报》先
后刊出了"逾千人参加
这个盛会"的消息。通
常侨社同乡会的活动能
有数百人参加已属不
易,难怪"千人的出席场
面"成为报纸上的大标
题。马欣作为美南山东同乡会会长在交接典礼上表示,他
两年来主持山东同乡会是本着年轻化、主流化和知识化的
路子来壮大组织。然而鲜为人知的是,十余年来他以休斯
敦为基地,促进了中美医学交流、医疗合作及医学教育培训
和推广中美远程医疗服务的工作。

马欣出生在山东济南的一个医学世家,父母亲都鼓励
他学医。他一岁的时候,父亲得了结核病住院疗养,母亲带

着他前去探视,他在父亲的病榻旁边开始学走路。马欣说他人生的第一步是在结核病医院里迈开的。30余年后,命运又安排他从事结核病预防控制的事业,回首走过的路途,似乎颇有一丝宿命感。

1993年,马欣毕业于山东大学医学院,因为北京协和医院是全中国最为知名的医院,凡是其他各地医不好的疾病都去北京协和医院求治,马欣很早就梦想进协和医院,于是在山东大学医学院毕业后,申请到协和医院做医生。1996年考取了该院医科大学研究生院,师从著名的消化科专家、协和医院大内科主任陆星华教授。两年后,他获得瑞典皇家医学院博士奖学金,跟随诺贝尔医学奖委员会成员Kari Hemminki教授研习。2000年学成找工作之时,恰好有一位协和医学院的师兄在休斯敦"德州医学中心"任职,经由他的指引,马欣投寄了一份简历,获得聘用,来到全美知名的医学和医疗综合中心德州医学中心。综观他学医的道路:从出生地山东济南前往北京,再出国到北欧的瑞典,再转向美国的休斯敦,2004年又回山东成立中美合作"汉光国际感染性疾病研究中心",可谓绕行地球一大圈,也是当下名副其实"全球化"模式。

马欣2000年来到休斯敦后的人生一大际遇是结识许汉光教授(Katherine H. K. Hsu)。她1914年出生,2007年病逝于休斯敦,生前任教贝勒医学院儿科,是国际知名的儿童结核病专家。许教授于1939年毕业于北京协和医学院,1948年获奖学金赴美进修,1953年接受休斯敦市长邀请,在休斯敦建立了第一家儿童结核病院,并任院长。经过30年的临床实践,许教授提出了儿童结核病隐性感染者异烟肼预防治疗的方案,许教授因此在1994年"美国胸腔科学会"成立一百周年的纪念会上,获得终身成就奖,成为获得此奖的第一位中国人。

一座桥的留洋故事

马欣教授回忆他初次和许教授在休斯敦相遇,一见如故,她的言谈、气质、品格都对马欣以后做人处世的方向有着极大的启发。她个人生活俭约,热心公益,做事扎实,待人的态度谦和优雅,和她相识的贝勒医学院师生若提起她的名字,都肃然起敬,至今贝勒医学院进口处,许教授和前贝勒院长麦克·狄贝基(Michael DeBakey)的照片都并列在"先行拓荒者"的栏架上。而且许教授这一生大致只做了一件事,即30年连续不断的结核病临床实验,成功地预防了结核病的发病,在人类结核病控制史上留下不朽的名声。

由于许汉光教授是协和医学院校友的关系,马欣初来休斯敦常向许教授请教,相互走动甚勤,到了许教授生命尽头的几年,马欣和他的妻子经常去照顾许教授,最后成为许汉光基金会的继承人。马欣说:"许教授在1948年来到美国,学成后,她将所学贡献给美国社会,时常以不能回国服务引为憾事,如今马欣赶上中美交流的历史际遇,他认为自己有义务把先进的理念和医疗技术带回中国。"

在过去十余年间,马欣往返中美之间五十余次,在中美医疗合作、公共卫生、临床医学建设、新技术引进及医院管理等领域做出实际的贡献,中国教育电视台做了一个专题片——《我是一座桥》,记录了马欣在促进中美医学交流的事迹。美国《休斯敦商业周刊》也以"中国医学中心在休斯敦诞生"为题,报道了马欣博士在中美医学交流领域的突出贡献。

呼吸道传病的控制

2003年,全球流行非典疾疫,马欣带领休斯敦市卫生局和贝勒医学院呼吸道传染专家访华,与山东省胸腔科医院签署合作协议。2004年,主持创建中美合作"汉光国际感染性疾病研究中心",以著名的华裔儿科及肺结核专家许汉光命名,在中国卫生部疾病预防控制中心,和山东省卫生厅的大力支持之下,该中心于同年8月10日正式成立,马欣博士任技术总监。由于当下交通发达,穿越国界,染病迅速,此类预防和控制的工作,对任何国家都非常重要。

过去十余年来,马欣通过学科带头人海外培训、技术引进、合作科研等方式,先后培养了一批掌握国际先进技术的"学科带头人",团队里产生两名全国优秀科技工作者,建立了中国首家结核病国际临床参考实验室(ISO15189),其检测报告为全球45个国家所认可。该实验室在山东全省范围内,设计建立了结核病及呼吸道传染病哨点监测网,山东省呼吸道传染病流行爆发预警系统,覆盖全省 24 个县,2 500 万人口,这是全中国首个以大规模人群为基础的结核病及呼吸道传染病监测网络,为开展区域性疾病控制工作提供了翔实和准确的第一手数据。2009 年该项目荣获山东省科技进步奖,截至 2017 年,成功救治重症禽流感患者 7 名,达到国际先进水平。

获美联邦国立卫生研究院支持

根据以上所建立的基础,马欣领导的中美联合研究小组,于 2008 年成功获得美国联邦政府国立卫生研究院的经费支持,在山东省开展国际健康研究,也是山东省历史上第一个国立卫生研究院项目。在马欣博士的引导下,汉光传染病研究中心致力于标准化建设,引进一整套美国联邦食品药物管理局和国立卫生研究院的临床研究体系和标准,在医学伦理、临床研究、生物安全、数据库方面逐步实现了与国际标准的对接,成为国立卫生研究院和盖茨基金会在华项目中的合作研究平台。

目前"汉光传染病研究中心"承接两项美国国立卫生研究院的项目和五项中国国家重大专项的课题,临床参考实验室年收入超过四千万元人民币,并且在国际权威刊物发表多篇研究论文,近年来通过与中国卫生部疾病预防控制中心的合作。马欣博士积极推动中美两国之间传染病控制领域的交流与合作,在美国先后接访、培训了来自中国十五省市(包括黑龙江、海南岛、青海及甘肃等边远省份)疾病控制和公共卫生领域的专家,培养学科带头人近百位,目前在美国许汉光基金会的支持之下,建立了中美两国传染病专家互访和讲学的机制,为中美医学和交流合作建立良好的桥梁。

医学教育之培训

马欣教授指出,为了全面搭建美国德州医学中心(全美最大的综合医疗中心)和中国卫生医疗机构的合作关系,在中国驻美休斯敦总领馆的支持下,由丰建伟心脏科医生、王兴利、马欣教授为首,再结合一批美国德州医学中心的优秀专家,于2005年6月创立了非营利组织——厚普生教育和发展系统(Hopson Medical Education and Development System),其宗旨是透过国际医学教育培训和专家技术引进,促进中美医学交流,在它成立以后的11年里,与国内医疗单位合作,就"学科带头人"从事海外培训,并邀请国际知名专家赴华讲学,示范手术,引进美国先进医疗技术十余项,培养学科带头人逾百人,参与举办国际学术会议十余次,专业涵盖心血管、肿瘤、糖尿病、感染性疾病、呼吸、放射介入、肿瘤生物、生殖医学、复健、医院管理等领域,引进"千人计划学者"、"长江学者"、"泰山学者"多名,与北京大学医院合作,开办医院管理赴美培训班,为国内合作单位取得了良好的社会效益和经济效益,并建立了北京埠外医院与德

州心脏研究所、山东大学与贝勒医学院的合作关系，以上均
得到了中国政府的认可和支持，厚普生与中国卫生部人才
交流服务中心及国家外专局建立了合作关系。同时马欣博
士积极参与中国医疗的产业化和国际化。过去五年间，曾
应北京、成都、大连、济南等市政府的邀请，兼任各地医学城
项目的海外顾问，为国内现代医疗服务的发展提供国际化
的产业规划、高新技术及人才引进和医疗管理咨询服务。

2017年3月中旬，马欣返国参加山东省立医院120周
年的庆祝活动，同时出席济南国际医学科学中心发展战略
研讨会。他在会上及会后提出建立一个医学城，集合医疗、
教学、科研和预防保健为一体，主要的精神在于专业互补、
资源共享。

马欣说："医疗是以人为本的一个行业，以慈善为基础，
具有人文关怀精神。他希望能回归到医疗的本质，从医疗
教育、到服务、到创新，必须紧握医疗发展的规律。医疗并
不是一个逐利的、暴利的行业，而是一个民生为主，带有人
文精神的行业。"

希望拥有创新的能力。医学发展的进步非常快，所以
无论是在体制机制上，还是人才政策、技术创新方面，能为
我们的医疗改革开出一条新的路来，而真正达到和国际一
流水平对话的能力。

同时，他呼吁"把我们本地的专家培养成具有国际水
平、有国际对话能力的国际化专家。"而关于未来医学中心
的"高端"定位，他说："我给高端的定义并不是服务高端人

群",而"是高端的医疗技术、高端医疗人才、高端的管理水平","我们的服务是全人口的服务,是为老百姓服务的一个综合医疗产业园,真正把技术、人才、创新性的管理模式建立起来,为中国医疗改革走出一条新的路来。"

马欣引用数据说:"经过近四十年的改革开放,中国的GDP,位居全球第二,取得举世瞩目的经济社会的成就,然而中国的公共卫生仍旧比较落后,譬如结核病(俗称痨病)的发病人数,位居全球第二,每年有140万新发病人,13万人死于结核病,位居中国传染病死亡人数之首,成为社会文明进程的阻碍。"他记得自己第一天在休斯敦上班,站在德州医学中心的大门口,面对世界最先进的医疗中心,他有一个梦想,就是希望帮助中国也建设一个这样的医学中心,很显然,山东济南国际医学中心也正是他梦想的逐步实现。

济南医学中心揭幕

2008年2月24日的《休斯敦商业周刊》登载了一篇马欣教授的专访,报道的第一段即指出:筹划历时五年的"德州模式的医学中心"的"中国医学中心"将在山东省揭开序幕。

"中国医学中心"的第一阶段是一家治疗心脏病的医院,早先马欣教授和另外两位山东大学医学院的校友来替这所中国医学中心及休斯敦的医疗综合中心的合作开路,马教授并且和山东省政府的数位官员会面,他们都表示给予支持。

在两方交流的机制之下，德州医学中心圣路克医院的德州心脏病中心的主治外科手术医师柯瑟利（Dr. Joseph Coselli）过去数度造访山东，主持讲习会并且向中国医师示范血动脉瘤的手术方法。柯瑟利医生说，中国的心脏疾病大抵属于先天性，但是随着经济和社会状况的发展，中国的冠状动脉瘤的心脏病患会愈来愈多。

圣路克医院的德州心脏病中心的原主持人库利医生（Dr. Denten Cooley），为世界驰名的心脏医生，全球各地有关心脏病的疑难杂症，常涌向德州医疗中心求治，除了库利医生，还有前边提到的卫理公会医院的心脏名医狄贝基医生。坊间对这两位知名心脏医生的"瑜亮情结"写有专书，如今两位皆乘鹤西去，只有后人在谈到美国心脏名医时，而引为谈助。

柯瑟利医生被《休斯敦商业周刊》记者问及"山东医学中心的心脏病医院"时指出，在中国办事，只要他们专心一致，就能快马加鞭，按钮找资源，先把硬设备现代化，其次就可拭目以待。当前的这一步是推动"健康医疗"，目前大多数的中国医疗，还落在西方世界之后，但是他们只要动手去做，就会像其他的事情一样，有希望推展开来。对马欣而言，山东医学中心的推展不仅是一件工作，而且充满了使命感。《休斯敦商业周刊》的这篇文章以"我对于提升中国的医疗现状充满热情！"作为结尾。

提升社区医疗

除了推动建设济南市的综合医学中心,马欣也兼顾家乡社区和养老的服务,他在休斯敦贝勒医学院任教于家庭社区医学系,在教学实践中深感中美之间在社区、家庭、养老医疗服务领域所存在的差距。2005 年马欣率先搭建了贝勒医学院家庭社区医学系(泛美卫生组织的合作伙伴)与济南市、深圳市卫生局的合作关系,启动中国家庭社区医生(全科医生)、老年医学、养老机构管理处赴美培训项目,目前已为两市医疗单位培训 50 余名社区家庭医学学科带头人和师资。与此同时,集合美国经验丰富的养老产业团队,开展与国内的医养产业的合作,目前团队成员已经开展国内养老机构的咨询管理、机构托管的工作。

2015 年,马欣参与了"美国华人医师网络医院"项目,通过远程会诊系统,建立美国华人医师服务国内的通道,在过去 18 个月的时间内,为国内数百位疑难病患,提供了国际远程服务,取得良好的效果。

给儿子的信

马欣教授十余年来汲汲于中美医疗事务的合作和推展,这种马不停蹄的工作节拍,是否影响到家庭和休闲生活? 马欣笑着回答,"以前很喜欢打高尔夫球,现在实在是抽不出时间了",他说十余年来奔波休斯敦和国内的医疗合作事务,家中大小事全仗妻子照顾,她非常辛苦。家中有一个10岁的男孩,今年3月过10岁生日,马教授恰恰要赶回中国出席山东省立医院成立一百二十周年纪念及济南国际医学科学中心战略研讨会,马欣的父亲也进医院做一个腿部的手术,没法陪儿子一起过生日,深深感喟:"人的一生经历很多的人和事,但唯一不变的就是父母之爱,毫无保留,自始至终。"他给儿子写了一封信,这封信出于医生之手,其内在含义格外发人深省,值得与读者分享:

我挚爱的儿子 Winston:

深夜了,人静了。爸爸正在济南山东省立医院的病床前照顾你的爷爷,此时此刻,爸爸想给你写几句感言,爸爸经历了48岁的人生,在你10岁生日之际,希望儿子一生做一个健康的、快乐的、有用的人。

马欣接着对儿子解释健康就是身体、心理、灵魂都完备,爱自己,也爱他人,心怀同理之心。快乐就是不管顺利、逆境都保持良好的心态,知道上帝创造你来到世间,必有他的美意,荣耀上帝,人生就快乐。马欣希望儿子做个有用的人,就是有责任心,有担当,有价值,做个值得信赖的好人,能为社会和他人做出贡献,同时做自己喜欢的事业,开心投入工作生活。

马欣同时希望儿子做个有心人,学会踏踏实实地做事做人,按上帝的旨意,成就完美的人生。

马欣强调"医疗是以人为本的行业,以慈善为基础",读完他给十岁儿子写的信,便不难了解他推动中美医疗合作的一腔热情和使命感,其出发点不仅是做自己喜欢做的事,同时也可以为社会和广大人群做出贡献!

登山下海:从科研到创业

　　这是一个海外华人家庭、两代生物科学家合力创办科技公司,并将研究室的成果,转化为生物科技产品的故事。石家兴和石全创办百瑞国际于美国北卡州三角研究园区,自千禧年以来,成功开发了角蛋白酶技术。自 2008 年起,产品进入全球市场,2010 年,《北卡三角商业杂志》将百瑞国际名列北卡州前 50 名成长快速的公司,遴选的条件是年营收在四百万美元以上的私人企业,百瑞国际荣列第十名。2011 年,全美泛亚商会评选百瑞国际为美国前 50 名成长

最快速的亚裔公司。紧接着 2012 年,Inc 杂志将其评选为全美前五百名成长迅速的私营公司。百瑞国际的成功故事好似一场田径接力赛,父亲毕生在实验室的研究成果,交由取得微生物博士学位及企管硕士的儿子做产业开发,其延续家族香火的意义不止于血脉和遗传基因的传衍,同时也包含科技的研发和传承。

2016 年,石家兴教授又成立了 Holistic Farming 公司,推动他近年发明的新型沼气设备。用他的话说:"这是我的科研人生拼图的最后一片。"

"独臂将军"之后

1939 年石家兴出生于四川成都,祖籍湖南干州,现今是湘西苗族自治州首府吉首市。3 岁时,父亲因公丧生,抗日战争胜利之后,随母亲到上海,8 岁时寄养到大伯父家,成长至 20 岁后独立生活。先大伯父石邦藩,不但是石家兴的大恩人,也是一位战功彪炳的空军英雄。早在 1932 年淞沪战役,石邦藩率先驾机飞上长空,是迎战日寇的中国空军第一人。他以寡敌众,击落了日机两架,在空战中,他本人和飞机中弹多枚,为了保卫机身,以及后舱机枪手的性命,他不顾自己的生死,强行迫降落地,当场重伤昏迷,在医院中清醒后,方才发觉左臂截肢,从此独臂一生。这位英勇顽强的空军,在中国空军史上获得"独臂将军"的美誉。对石家兴,大伯父不仅是一位民族英雄,也是养育他的大恩人,他说:"在我心中,大伯父是一位'双料英雄'。"由于战乱,石家兴跟随家人从重庆、上海辗转抵达香港,1950年举家迁居台湾,小学读了七年七所学校,尾声在台北空军子弟小学毕业,中学念的是台中一中,后来进入台湾大学。起初他的兴趣是开采石油的地质系,但大专联考分发他进了植物系,由于兴趣广泛,后来逐渐喜欢上生物学。待他负笈赴美,分子生物学方兴未艾,从此,终生醉心于生物科技,孜孜不倦,无怨无悔。

夜半叫消防车

石家兴自台大毕业后,考进台大医学院的生化研究所,1966年获得硕士学位,恰好那时台中东海大学化学系有生化讲师职缺,便选择了"先成家、再立业",住进了教师宿舍,并得长子石全。3年后他申请到康乃尔大学的奖学金,出国留学,赴美攻读生化博士学位。康乃尔大学是美国知名的常春藤大学之一,创办于1865年,位于纽约州的绮色佳市,在民国史上赫赫有名的学者胡适、赵元任等都留学于此,康乃尔替美国乃至世界其他国家,培养出不少的杰出学者和农业精英。

1974年,石家兴获得康乃尔大学的博士学位,先后在伊利诺伊州大学和康乃尔大学做了3年博士后的研究,1976年获聘为北卡州立大学农学院家禽学系教授,直到2009年退休。自2003起,他曾担任北京中国农业大学兼任讲座教授 3 年,每年 3 个月;2005—2017 年,在台湾"中研院"兼任讲座教授 12 年,每年 3 个月。前后 15 年,促进两岸学术交流,并协助"中研院"和台大组成合作团队,共同研究沼气发酵,探讨沼气发酵的过程中,其中微生物群的动态变化,希望有朝一日,破解沼气生产的生物控制。

对于石教授科研的执着和认真,亲友和家人皆知一段有趣往事。他的妻子简宛最难忘的是,石家兴在康乃尔大学做实验,原定午夜两点结束,简宛清晨四点醒来,发现他还没有回家,因此着了慌,怕他一人在实验室出了意外,打电话到实验室又无人接听,她忍无可忍,就向校警求救,恰巧值班的校警是熟人,立刻出动警车找人。半小时后,校警来电,整栋大楼都找不到人,在焦虑不安之中又挨了半小时,才看到石家兴吹着口哨出现在大楼的门口,门外有四辆警车候驾。原来,他在冷冻室里做了 24 小时的实验,冷冻室有厚墙重壁,没有电话,当年也没有手机,所以,谁也找不到他。

三类科研成就

从实验室的基础研究,发现新鲜事物,若有应用价值,便申请发明专利,透过应用研究,转化为实用技术,最终,其价值经由商业化,落实在对社会、对人类的有效服务。以上是石家兴的"研究—开发—商用方程式"。1999 年和长子一同开创百瑞国际,就是将 1987 年的发现角蛋白酶,落实在提高饲料的消化率,有效降低饲料成本;2016 年,石家兴又创办了另一家原利农公司,是综合 40 年的经验,落实在新型设计的沼气设备并获专利,推动有机农业、沼气能源、农牧永续。

石教授逾半甲子的教授生涯,专研生物科技在禽畜产业上的运用,主要成就有三方面:

首先开创高温、高效率厌氧酸酵,转化禽畜废料为沼气能源,清洁畜场,保护人畜安全,他设计的简易沼气设备,在 1996 年获得专利。2013—2016 年,又发明全新厚利沼气设备三项专利,不但生产沼气,同时生产有机肥料,有利循环经济,农牧永续经营。

其次,石教授在沼气池中,发现鸡羽毛完全化解,引发了一连串的研究和成果。首先分离出分解羽毛的细菌菌种,接着纯化了"角蛋白酵素",又分析出基因结构。在应用上,小量添加饲料,可提高粗蛋白质消化率,因此提高饲料营养价值,有效降低饲料成本。如今角蛋白酶已工业化生产,年产超过 2 000 吨,分销全球 45 个国家养鸡养猪业者。这一系列角蛋白酶的研发,为石教授获得九项专利。

其三,2001 年,石教授与欧洲学者合作,发现角蛋白酶可降解导致狂牛病的普昂蛋白。使用该酵素做消毒剂,大大节省了收拾疯牛病染病牧场,清洁屠宰场的成本。但是,随着疯牛病得到控制,这方面的研发逐渐淡出。

仔细看石家兴教授对"角蛋白酶"的发现,可以说是"无心栽柳柳成荫"的结果。他致力研究家禽废弃物的处理,希望把鸡粪料转化为沼气能源,发挥环保的作用,在钻研的过程当中,发现了降解羽毛的细菌及其酵素(酶),如今作为饲料酶,成就了百瑞国际公司。但是,角蛋白酶可能还有其他的"特异功能",犹待开发。不止如此,沼气池中还有无数的细菌,有的已知,有的未知,哪些细菌有利? 哪些酵素有用? 想象的空间无限。

吴瑞教授的品题

石家兴所发现"角蛋白酶"的重要性,可从康乃尔大学前生物化学系主任吴瑞所发表的一篇《华族在生物化学及分子生物学的贡献》文章知其梗概(见 2003 年一月号《科技华美族》期刊,纽约天外出版社)。吴教授在该文中列举了近数十年来 85 位华裔生物科学家所做研究的重要贡献,石家兴的降解羽毛菌居其一。吴教授不脱学者的严谨作风,谓这份名单仅限于他个人十分赞赏的科学家,且在取样时只包括留美的学者。

此前,石家兴发明了一种酵素扩散分析法,不需贵重的仪器,便可进行大量分析,譬如有一家养鸡场死了很多小鸡,当使用酵素检验法加以分析后,就很快察知是缺少维他命 B2 所致。它也可用来检验饲料中的大豆是否处理得当,石教授发明的方法省时、省力,已被列入重要的"酵素方法"。

在石家兴教授看来,生物科技虽是新名词,但广义地说,农业和医学向来就是生物科学的应用,可归类为传统的生物科技。如今新起的生物科技,完全衍生于分子生物学。最初的实验对象一直是微生物,如今分子生物学的理论齐备,科学家开始把理论与技术应用到医学、畜牧、农作物等经济价值较高的范畴。尤其进入 21 世纪,因为人类过去大量开发农地,造成水土流失,大量施用化学肥料、杀虫剂的结果,而严重污染环境,同时上世纪末兴起的大型养殖场,往往因处理不当,污染空气、土壤和水源,面对以上诸种问题,可使用新技术、新产品以及新的经营方式加以改善。

环境及能源危机

由于人口渐增的压力,能源危机成为人类所面对的另一个迫切的问题,于是纷纷投资开发非石化的清洁能源,包括风能、太阳能、农业生产的能源作物,以及农畜业废料所产生的沼气。40 年前,石家兴教授初到北卡州立大学任教时,便展开禽畜废弃物资源化的研究。他利用生物科技方法(厌氧消化过程)将废弃物转化为液、固、气三态,固体作为作物的肥料,液态可以养鱼,气体便是沼气,可用来发电、取热、行车。

近年来,高教科研界"分子生物学"的欣欣向荣,生物科技公司如雨后春笋般地拔尖出土,百瑞生技便是其中之一。这类公司一方面钻研学理技术,另一方面推广应用范围,对于勤奋而又杰出的华裔科研工作者而言,无异新辟一条创业途径。2017 年 3 月底,石教授在北卡州的一场"从实验室到市场"的演说中,强调创办公司闯市场的风险和考验,他说做实验失败是非常正常的,十个试验失败了九个,最后一个成功了,还有可能得诺贝尔奖,但在受到各种因素影响的市场上,十个项目如果做坏了一个,可能就失信于客户,而导致全盘皆输。就因为市场的风险大,石教授向听众的后辈建议:可以一步步将自己的科研成果推向市场,尝试向学校、政府申请启动资金,谋求与他人合作,但不要急于求成,"走一步,看是绿灯,再往前一步,遇到红灯,就退回来,再等机会。"

千禧年他和长子在北卡州三角科学园区创办生物科技公司,公司总裁及董事长是由长子石全担任,石家兴教授为兼职顾问。石全资历完整,脚跨科学和企管两界,石全大学就读康乃尔,后来到乔治亚州的艾默里大学取得微生物与分子遗传学博士学位,又获杜克大学企管硕士,在合创百瑞生物科技公司之前,也曾从事投资顾问的工作。

从实验室到市场

对于许多从事研究工作的华裔人士而言,要把实验室的发明变成科技产品的关键何在?石全认为必须多方面做准备工作:首先提高语言的能力,如此才能具备和外界打交道的沟通工具,其次就是走出实验室去融入这个世界,如何拿出开创性的思维和行动。显而易见,这都是百瑞生技公司出发上路之前，所面对的挑战和情况。

创业成功的两件要素是"资金"和"打开营销市场"，百瑞生物科技公司成立之初，除了石教授拿出储蓄之外，并且申请到美国农业部对小型企业创新资金的支持，其次是获得了美国和台湾方面私人风险投资的融入。

百瑞在创立九年之后，与动物饲料营销公司的龙头Novus签约，营销权交给Novus，自身仍掌握生产权和研发能力，提升角蛋白酶在饲料里和动物肠道中的消化能力，目前已营销至全世界45个国家。石教授说，角蛋白酶的技术领先全球，但三五年后就会有竞争对手，公司必须不断保持研发创新力，第二代菌种透过基因工程技术已成功改造，可提升至三四倍的酶产量，曾有化妆品公司前来接洽，希望将此酵素应用于去角质的美容保养。

人生"三气"

回首自己走过的来时路，石家兴认为人生需要经历三个阶段：第一阶段积攒"底气"，这是个打基础、练技术、耐得住寂寞的时段，通常需要十年，在这个阶段，你要把科研做得让老板夸奖，令别人嫉妒。他规劝年轻学者，不要着急，底气愈足，将来才能走得愈远。

第二阶段要聚集"人气"。做什么事都要像打球一样，需要团队的智慧，互相支持。华人移民在美国，没有亲戚朋友依靠，没有财力的支持，像一只"趴在玻璃窗上的苍蝇"，前途看起来很光明,就是没有出路,要想飞出去,这方面要多花些力气。

第三阶段成就"大气"。石教授认为,在底气和人气上之上的是"大气",是一种境界,开阔的眼界,富有感召力的理想、丰富的经验和周密的部署,引领事业不断推向新高。

石家兴从"做学问"到"做生意"的两种角色转换,所体会出的经验和感悟,都是人生的宝贵心得,千金难买。

热心国际学术交流

除了致力科研、创业之外,石家兴教授热心国际学术的合作交流,早在 1980—1990 年,他曾发起北卡州立大学和中国台湾、中国大陆及荷兰的学术合作,他曾组织二十人的大型教授团,同时访问中国大陆和台湾,曾被选为北卡州长代表团,先后访问以色列及中国大陆,促进技术合作与开发。他个人曾在台湾"中研院"、台湾大学、北京中国农业大学、英国韦尔斯大学担任访问讲座教授,因此多次获得国际服务奖。

石家兴教授,虽然身居海外,但对两岸科学发展的关怀,始终不曾间断,时而往返交流与合作。比较两岸生化研究的现况,他说台湾的普遍水平高,但企图心不够强,总是一窝蜂,跟在别人后面,所以走不出自己的路来。大陆方面由于整个社会的服从性高,企图心强,所以擅于点的突破,数年前已经把"稻米"的基因体全部解析出来,让美国人吓了一跳。但整体的观感是,各级学术机构的水平参差不齐,有待进一步的普实化。近年中国国力大增,生命科学也向天文、物理看齐,在研究室寂寞50年的屠呦呦,获得了诺贝尔大奖(2015),媲美在1984年获诺贝尔奖的美国女科学家麦克琳桃(Barbara McClintock)。

石家兴的另一半是知名的华文作家简宛女士,曾任海外华文女作家协会会长。他俩除了各自努力科研和写作之外,同时热心中文教育及华人社会活动,活跃于华人社团组织。譬如1991年,石教授前往德州农工大学参加学术会议,休斯敦地区的美南华文作协获悉后,特邀两位主讲“生活质量”。由于他们的见识和才华超行越界,实际经验即为“活典范”,演讲题目从写作谈到做人、处世、教子和夫妻相处之道,听众久久不散,成为那年夏天美南艺文圈的一件盛事。

简宛作品研讨会

1993年,天津市数个文艺团体和台北的洪健全基金会先后举办了“简宛作品研讨会”,石家兴亦陪伴出席。根据名家白舒荣女士的描述:“人前人后的张罗,开幕闭幕的发言,都由石家兴教授包办打理”,当时与会者看见夫妻二人的表现,令人羡慕,因此白舒荣授赠石家兴教授“家长”的称号,她说此后每次见面或写信,总以此相称,对方也愉快地认可了。

在那次"简宛作品研讨会"上,与会者发现简宛著述甚丰,在中国海峡两岸出版了《地上的云》、《与自己共舞》、《合欢》、《单纯之乐》、《走向成熟途中》及《我爱科学——女科学家的生命态度》等散文集、小说集、报告文学集等三十多部著作,曾获台湾中山文艺奖、洪建全基金会儿童文学奖,金鼎奖及海外华文著述奖,译作《爱、生活与学习》被台湾《中国时报》(开卷版)的读者票选为"四十年来影响我们最深的书",简宛另以所学的专长译介策划教育心理方面的书籍多种。

2017 年 3 月中旬,在北卡州立大学的所在地罗利市(Raleigh),由华文《侨报》所主办的"十位对当地有影响力的人物"活动,票选女作家简宛为其中之一。她当选的理由有二:1977 年创办北卡的第一所中文学校及 1991 年手创北卡书友会,带动在海外传扬中华文化的活动。千禧年简宛当选海外女作家协会的会长,并在北卡州举行该协会的双年会,邀请华文世界的女作家如齐邦媛教授(《巨流河》作者)、薇薇夫人、喻丽清、朱小燕等近百位前来赴会,盛况一时。

情理交融的人生

同年年初,中国《侨报》记者访问石家兴教授,说起石教授和太太简宛一直是北卡华人小区的"明星伉俪",经常有朋友提问:从十余年前相识到现在,从身材、仪表到精神状态,怎么看不出什么变化？现年 77 岁的石家兴教授分享他的养生之道:"运动对于人来说,越老越重要,不管什么运动,每天必不可少",石教授说他喜欢游泳,1997 年,他和妻子回台度假,接触到了瑜伽,从那时起一直练习到现在,长期坚持,效果就显示出来了。此外他指出,知识老化、观念陈旧是老年人通常难以跳脱的规律,石教授说,他已不能像以前那样广泛涉猎,但对与专业爱好相关的信息,总加以关注和更新,"每个星期读一本书,保持你的好奇心,就不会落伍。"

石家兴多才多艺,除了从事科研,还能写擅唱,寓居香港的散文家思果先生称赞这位生物学家石家兴"歌喉比我所知道最著名的歌星还要好,他不以唱歌为业,是歌迷的损失,文章也写得深入浅出,充满趣味。"石家兴所写的《实验台畔》和《牛顿来访》两本集子,是以科学理念来申诉人文思考。简宛说她自己"为文重情,而家兴为文重理"。他们远在新加坡的挚友郭振羽教授曾说:"如此情理交融,才是圆熟的人生!"

说到圆熟的人生,早在 1990 年 10 月底,石家兴教授在《世界日报》所发表的一篇《为父之言》的文章中,记述他的长子刚自康乃尔大学毕业,小儿子中学毕业时成绩优异,得了四年全额奖学金,他感叹"看着孩子的成长与成就是我与妻子的最大快乐……而有时候我们确实会因为'家'而放弃了一些'功业'的机会,但是我们得到的补偿是如此的优厚!"石教授所指的是"达成为人父母的责任",相信他绝对没有想到那份衷心的安慰和快乐,确是家族企业的一块基石。

拼图的最后一块

2016 年,石家兴教授创办第二家公司厚利农业公司(简称 HFI),推动石教授自 2013 年以来所发明新的三项专利的新型沼气设备。石家兴比较百瑞和厚利两家公司的异同,他说前者的产品包括了他较早发明的七八项专利,其中的角蛋白酵素,具有特别的功能,所推销的是一种产品,希望开拓市场,向全球销售。然而第二家公司所推动的是,近四十年经验的沉淀,以及近三年的专利,发明了便于安装操作的轻型沼气设备,不但生产沼气,同时生产有机肥料,带动农民获大利,目前正同学校、大型公司试探合作,推向市场。他说:"不要小看了这些臭玩意(沼气),它可能大有前途!"

笔者请教石家兴教授,"依常情,创业是年轻人的专属,为什么年届七十七,不去安享含饴弄孙之乐,还要这样努力创业?",或许经常被人问起这个话题,他回答说:"人生有如一个拼图,这是我拼图中的最后一块,若缺了这一块,会让我感到遗憾!"

"街头医生"追寻人生真谛

"他人生的终极目标不在打拼成为一个百万富翁,而是帮助那些无依无靠的人。"这段话听起来像牧师的证道词,确是休斯敦华人社区传统基金会理事长林秋成在介绍青年医生黄至成的实写实描。千禧年元月中旬,休斯敦华人活动中心为黄至成医生举办了一场心灵对谈会,分享他连续两年前往玻利维亚首都的贫民窟,治疗街头无依孤儿的心路旅程。

1997 年夏天,兼修内科与小儿科的黄至成,刚完成哈佛大学医学院的课业,手里握有一个金饭碗,但是他决定抛弃一般追求功名利禄的路子,选择少有人跋涉的冷僻途径。那年夏天,他毅然前往南美洲的玻利维亚去照顾一群无家可归的街头弃儿。

黄至成,从哈佛大学医学院毕业后以第一志愿进入该校附设的医院工作,就在毕业的前一年暑假,他参加波士顿学校附近教堂的医疗宣教团,前往南美玻利维亚(西半球第二贫穷的国家)的首都拉帕斯市展开夜间巡回街头的工作。

事实上,黄至成 1997 年前往玻利维亚之前,他在德州农工大学求学的时候,有过两次出国的机会,这两次出门在

255

外的生活历练,和他日后照顾流浪的孤儿,有着直接的
关系。

黄至成回忆他在德州农工大学求学的时候,算得上是
一个用功的书呆子,修了许多课,念高中的时代,就在该大
学修了 32 个学分,大学四年他申请到各式各样的奖学金,
几乎没付学费就念完一个学位。除了上课,他还参加一些
性质不同、又不轻松的课外活动,譬如:歌剧及表演艺术协
会、美防癌协会地方分会、约旦国际事务协会等,他在学校
热心参加活动的结果,使他在 1991 年获得一个参加各式活
动的成就奖(Buck Weirus Spirit Award),后来得到校长捐
赠的一份奖学金,这是德州农工大学学生最高荣誉的一个
奖项。

黄至成大三那年,他申请到前往英国伦敦的国王学院
交流一年的机会,从这个学院他又得以观察员身份前往东

欧做"和平观察者"，在克罗地亚和塞尔维亚的战场上，他亲眼看到战争的残酷景象。因为以前曾做过传教团的工作，所以此番从东欧归来，他发现自己没有能力从政治的途径为人类带来福祉。于是在医学院毕业之前，他向十五个机构发出申请信，希望以义工的方式，贡献自己医护方面的知识，替人医病，在收到波士顿哈佛大学附近教堂的医疗宣教团的回音后，就决定前往南美玻利维亚的首都拉帕斯市，展开夜间巡回街头的工作。

参加医疗服务

宣教团的主要任务是传道和医疗服务，每星期二、四晚上，都对拉帕斯街上的流浪儿童提供医疗服务并照顾他们的切身需要，而这些孤儿所遭遇的两大困难是滥用毒品和遭受警察及其他成年人对他们"身心"和"性"的残暴侵犯。

街头流浪儿的出现，并非一族一国一地的孤立现象，根据联合国在二十世纪末的估计，全世界大约有三千万到一亿七千万的小孩在街头流浪，到了2010年，地球上有差不多两亿多的流浪儿童，他们被看成小罪犯、不存在的人。黄至成在心灵对谈会中报告：20世纪80年代的初期，玻利维亚经历一次严重的财政危机，由于政府不善理财，把国家带进严重的经济衰退，自1986年以来，玻国的通货膨胀高达百分之廿，物价膨胀和贫富距差日渐拉大的结果，愈发恶化街头流浪儿童所形成的社会问题。

1997 年 8 月，当黄至成随宣教团抵达玻利维亚的首都拉帕斯以后，他带着一个当地医学院的高年级生每周两晚替街头小孩义诊。他眼见小孩为了躲警察和驱寒取暖（拉帕斯位于高原，夜间温度华氏三十度左右），而藏身地下水道系统。黄至成说，排污渠道的气味难闻，但为保暖，久了也不闻其臭。这些小孩为了活下去，或在街头替人擦皮鞋，卖地瓜片、糖果，做雏妓，于是也染上吸毒和酗酒的恶习。

黄至成主要的工作是替这些小游民治疗身体的伤痛，因为玻国不像美国有血库的制度，为了救人他必须带头示范，把自己的血输给有需要的病童，他还告诉年轻女孩如何照顾产下的婴儿，防治"性"的传染病，和他们谈话，关心他们，让他们觉得自己也是人。

抚平社会伤痕

玻利维亚流浪儿的问题普遍存在于地球村的各个角落，像南美的巴西，亚洲的泰国和非洲的莫桑比克等等，为什么黄医生要跑到玻利维亚去？他回答，因为学过西班牙文，虽然是陌生国度，仍有相当的安全感，再者当地的教会和他在麻省求学时所上的教堂是姐妹会，另一个重要的原因："对抗贫富不均，抚平社会伤痕"是他平生最大的愿望。

这位街头医生年少时便充满正义感，大学时代立志做一位政治家来抚平这个世界的伤痕。黄至成曾利用暑假参和平工作队前往东欧，协助减轻塞尔维亚和克罗地亚两国之间战事所带来的伤害和痛苦。但是当他在贝尔格莱德城看见流离失所的孤儿和开枪滥杀的士兵，让他觉得自己太急躁、太诚实、太容易愤怒，以至于不适合在政坛打滚。后来他选择到南美洲最贫穷的玻利维亚，照顾无家可归的街童，以他的医疗技术和真心诚意得到孩子们的信任，与先前在东欧目睹战乱的无力感确是一番不同的对照。

黄至成告诉休斯敦的乡亲，社会上人人追求成功，每个人的成功指标不同，"我的目标是帮助别人，感谢父母给我一个舒适的成长环境，而且我所受的教育，能让我一年工作两、三个月的收入，便可供全年所需，能把其余的时间用来帮助孤苦无依的人。"

走出安乐窝

黄至成在玻利维亚的工作难免侵犯到当地毒枭和警察的权威与利益，在生命安危受到威胁的情况下，他仍继续努力以赴，他表示：身为亚裔社区一员，他觉得亚裔和外界接触时，时常踌躇不前，总觉得在自己所熟悉的环境里，便感到安全。他说我们应该迈前一步，争取主动的地位，然后才能制造优势的契机。

当他在帕拉斯与流浪儿相处时，曾一一询问孩子们心中最大的愿望是什么？大部分的回答是希望有个家，其次是把他们的故事传扬出去。果然数年后黄至成邀请他高中同学唐蔼邦，这时已是出版了好几本书的德州华裔知名作家,一同前往玻利维亚,唐目睹黄至成照顾流浪儿的工作情况,两人共同完成《玻利维亚街童的春天》,先后有英文与中文版问世,台北的译本是由刘介修翻译,望春风出版社发行。

这本书的英文原版得到美国《出版人周刊》十分令作家们艳羡的星级书评,该书的序文由哈佛大学精神科教授克尔执笔,他赞扬照顾街童的义行可与史怀哲远至非洲行医的事迹比拟。这本书以数个街童的故事让读者知道这些命运悲惨的儿童为何吸毒、嗑药、做雏妓,书中并以黄医师的童年回忆穿插他在玻利维亚照顾街头流浪儿的细节和经过。推测作者的用意在于借着黄至成自己儿时的亲身经验,而把遥远的南美洲儿童拉近到读者的面前。

当读者看到《玻利维亚街童的春天》的 12 至 16 章,会发现黄至成有一个小他三岁的妹妹明芳自幼得了白细胞过多症,1987 年(他 16 岁)的圣诞节,明芳因心脏病猝逝,黄至成在这本书的前言和后记中一再提起,1987 年的圣诞节改变了他的生命,为什么有这样多的人因疾病战乱饥荒而丧命,为什么我却活着?为什么上帝带走我的妹妹明芳?读者看到一颗少年敏感的心,如何日后成就了一件正义的志业。

《玻利维亚街童的春天》的共同作者唐蔼邦是黄至成的高中和大学同学,两人皆是充满正义感的热血青年,乐于帮助弱者。唐蔼邦念大学的时候参加学校社团和地方社安组织合作,替贫民盖屋,同时帮助无家可归的老人争取粮票和住处。唐大学毕业后,前往亚利桑那州的西班牙语裔的外劳组织,担任一年义工,后转往德大奥斯汀,取得"亚洲研究"硕士学位。他一生最大的兴趣在于写作,并且在南加大取得"专业写作"的另一硕士学位。

唐蔼邦的第一本著作:《营火:德州农工大学的传统和悲剧》论述学校为赶建一年一度足球大赛前的营火,而发生柴堆倒塌,12 人丧生,27 人受伤的惨剧。事后校方成立调查委员会,唐蔼邦在不到 4 个月的时间打铁趁热,赶在调查委员会的报告发表之前付梓,因为立论中肯,文字流畅,得到主流媒体的注意,登上《休斯敦纪事报》的头版新闻,唐蔼邦因此打响了作家的名号。唐母应寄琴早先毕业于台大外文系,她的同班同学白先勇来休斯敦演讲时,两人说完了寒暄语,就告诉大作家白先勇:"我的儿子也从事写作!",唐蔼邦母亲另一件为相熟者所乐道的经历是:年轻时做过知名小说家琼瑶第一次婚礼上的伴娘。

古今孤雏泪

《玻利维亚街童的春天》一书,记述玻利维亚街童的苦难,其中心话题乃是普世流浪街童的现象。虽然这一社会问题由来已久,早在 19 世纪的英国狄更斯小说里,描述工业革命之后,弱肉强食的森林规则,使得无数的贫苦儿童饱受虐待,譬如《孤雏泪》一书所以赚人热泪,因为取材自狄更斯自幼悲惨境遇的血汗经验。如今人类走进 21 世纪,科技文明一日千里,黄至成以他的实际行动告诉世人应该如何帮助这些在贫困苦难中挣扎的孩子。

当黄至成在1998年到达玻利维亚的时候,虽然帕拉斯有几处收容流浪儿的地方,但孩子们不相信那里的辅导员,这些街童都不愿意入住,收容所里性侵害或被孩子王霸凌事件时有所闻,黄至成计划在未来的十年到二十年间,能说服当地的官员及警察能把流浪街头的儿童移进孤儿院。

2001年黄至成成立了玻利维亚街童计划的组织,街童在帕拉斯市有了第一个家,取名"伯纳比之家",收容十名孩童,专责照顾曾被遗弃的流浪儿,为孩子提供一个安全的生活环境,不施体罚,还请家庭教师协助孩子弥补他们失学的课程,有人或谓收容量太小,但黄至成医生说,"伯纳比之家"所复健的孩子,要超过几所容五十名孩子的孤儿院。接着在2005和2006年又成立第二和第三处街童之家,黄医生希望另外成立小型学校、图书馆、足球场、并且透过实际情境,让小孩学习商业活动的微型企业。

黄至成于2002年完成哈佛内科和小儿科住院医师的训练,接着任职波士顿大学的医学院医学中心,并且担任内科和小儿科的主治医生,他将时间分配在波士顿和玻利维亚帕拉斯两地,一边行医,一边做街童计划的推手。但玻利维亚街童计划的成功除了黄至成不懈的努力,并且得自他父母亲和妻子的全力支持,他的母亲黄梅子也曾在暑假里不辞劳苦地跑到玻利维亚的儿童之家做义工替孩子们煮饭。黄至成的妻子在哈佛大学攻读教育学博士,他俩于

2006年生育一女,前此收养两个女儿,一个来自玻利维亚,一个来自中国。

街童的未来

黄志成曾表示,认识玻利维亚街头的孩子,改变了他的一生,而他生命中的许多高峰是和街童相处时发生的,当他们的疾病治愈,能够玩乐和欢笑的时候,他感到莫大的欢喜。玻利维亚街童计划的组织在2008年正式改名为Kaya Children International,更名一事酝酿已久,目的在显示此一组织有意扩张为独立的国际非政府组织,新名称中的Kaya在玻利维亚当地的土著语里意味明日之意,对于街童而言,他们都活在当下,过一日算一日,并无将来。黄至成表示,新的组织名称不但希望恢复流浪儿的童年,而且以"爱"和"支持"来替他们筹划一个美好的明天。

2008年12月中旬,黄至成参加"龙应台文化基金会"所举办的"街童,被遗忘的天使",他在会上呼吁大家透过阅读来了解街童现况,并且鼓励在场学生将此状况传递出去,进而引起社会大众的注意。黄至成强调:如果对现状不满意,就尝试去改变,大家可以从关心周围人做起,他以自己的经验现身说法,鼓励大学生把对社会的不满和愤怒,转变为对社会的热情。

各方的鼓励

黄至成除了医生的专业,他的演讲和社区服务的邀约不断,所获得奖牌无数,其中包括:2001年台美基金会公共事务年度公仆奖,2002年美国司法部在哥伦比亚大学公共卫生学院所举办的一个消除雏妓的圆桌会议,请黄至成参与研讨并发言,2003年哈佛大学赠予教学金质奖,2004年波士顿大学医学院协会所赠予的人道奖,2009年德州农工大学科学院赠予"杰出校友奖"等。

在德州农工大学大学城成长的黄至成,父母亲来自中国台湾,其母黄梅子早岁是一位芭蕾舞者,婚后生育两女一男,父亲在休斯敦社区大学教授数学,现已退休,黄至成的姐姐是位心理医生,自德大奥斯汀校园心理系毕业,目前在德州达拉斯地区执业行医。

前不久笔者电话联系黄至成的母亲,询及近况,她说"儿子最近已把 Kaya 儿童基金会及三个儿童之家的事务交给医院管理,他实在是太忙了!",根据进一步的探询,他的友人透露:"开办儿童之家的执照遭遇某方面的阻挠",不论困难何在,何时得到解决,黄至成医生的爱心、义行,将是一个名垂青史的典范,永留人们的心田!

朱经武：寻求高温超导之路

2017 年是朱经武教授领导七人小组在液氮的沸点之上，发现了超导体的 30 周年。回溯这项物理界的科研突破，不仅给朱经武带来无数荣誉，使他成为闻名美国的科学家，同时德州州议会特别通过法令，于次年成立德州超导研究中心，并拨款 2 250 万美元兴建大楼。

为什么这项科研成果会引发如此巨大的波澜？因专家预言新的高温超导材料可以对于未来电力的分配、储存和运输，进入一个新的时代，虽然这项科技革命因成本过高，并未成为事实，但是朱经武近三十年来的努力耕耘，已经使得休斯敦大学的超导中心，成为研究高温超导的国际重镇，许多在此毕业的学生回流到全球各地的政府或民间机构，逐渐崭露头角，成为当地高温超导界的领袖。

研制超导线材

年届 75 岁的休大德州超导中心 TcSUH 创始人——朱经武教授在 2017 年春天接受笔者访问时指出,希望有生之年能把高温超导的温度提升到室温,目前所做一件相关的实验,正由国防部经费支持。另一项研究直接和民生及医药有关,它将结合高温超导和高磁场的应用,让血压下降,可望制成一套机器来治疗困扰现代人的高血压症。

此外,该中心的应用研究部门将结合工业界和联邦政府的支持,设法集合 7 000 万美元的基金,成立高温超导线材中心,从事超导线材的制造,目前已筹得半数。择定新扩充的校址,即前探勘石油 Schulumberg 公司捐赠给休大的原址,是由当年曾在超导中心任职的印度裔同事 Prof. Venkat Selvamanickam 主其事,他目前是休大机械系的讲座教授。2009 年,德州超导中心获得德州新兴科技基金的"研究优异奖"共 375 万美元,当时以这笔款项成立"应用研究部门",以期加速高温超导的商业应用,吸引美国国内外的科技公司前来设厂。

根据该中心所发布的统计数字,自德州超导中心成立以来,已申请到 60 余项高温超导的专利,并且和 140 余个美国及他国的组织建立合作关系。德州超导中心目前拥有两百左右的研究及工作人员,这些博士后、大学部研究生分别在六个科学领域:物理、化学、化工、电机、计算机工程、材料工程和机械工程从事研究,所涉及的实务有高温超导、能源材料、生化及纳米材料等。

在晚近的科研领域之中,超导常被行家列为重要的研究项目之一,此因科学先进从理论上预见来日符合经济效益的超导成材问世之后,不但能引起一场能源革命,节省时间、空间和自然资源,并可应用于医疗设备、发电、输电、探油等多方面造福人类,数年之间全世界研究超导的单位从原来的四个(瑞士、日本、中国和美国的朱经武)急速增加到四百余组。超导体最早是由荷兰科学家海克·汪尼斯(Heikek Onnes)在 1911 年发现纯水银在 4.2K 时电阻会骤减到接近零,这种在非常低的温度下才能产生超导作用的实用价值有限。

与诺奖擦身而过

1979 年,朱经武结束在贝尔实验室的一项工业研究和克里夫兰(俄亥俄)大学的教职,应聘到休斯敦大学物理系任教。七年后朱经武和吴茂昆在 1987 年发现可用液态氮达到超导温度(77 K)的钇钡铜氧化物,它大幅增加了超导体的实用价值之可能性。由于瑞士科学家诺兹和穆勒宣布高温超导的材料在先,那一年的诺贝尔物理奖颁给了瑞士的科学家。此后朱经武不止一次再获诺贝尔物理奖的提名,总是擦身而过,朱经武曾表示:"这种事可遇不可求,我想很多人该拿没拿到,……我想从事科学研究,不能把这些事看得很重,在这里我得到满足已经够多。"即使近年来没有再打破先前高温超导的记录,他依然孜孜不倦地在实验室埋头苦干,仍旧怡然自得,但凭"天意和自然"来静待后续发展。

言及接近科学先进所预见的室温超导材料一旦制成以后,应用于日常生活的远景如何?朱经武教授解释,目前电力公司用铜或铝来做导体输送电流,过程中产生电阻,因而流失能源,造成浪费。如果使用无电阻的超导材料,增加临界电流的密度,使用超导线圈制作超导磁铁,可承载比一般铜线数千倍以上的电流密度,如此一来人们可以把沙漠中蕴藏丰富的日光能输送到人烟稠密的地方,同时可以把核电厂建造在人烟稀少之处,减少人们对核能灾变的恐惧。

超导体的另一大特色是抗磁性,可以使超导体和磁铁之间相隔一段距离却又不失联,因此可用来制造磁浮列车。它避免车轮和地面的摩擦,而提高速度,乘客不觉车身移动,可减去舟车劳顿之苦,对于为节省时间又惧高的顾客来说,它提供了旅行的另一种选择,目前日本已发展出时速超过五百公里的磁浮列车。

超导体品件因对磁性灵敏,应用于医学器材件方面,对应人体的磁场,无须开刀便可诊断病情,还有若干病源于健康之时便可发现。譬如磁振造影仪(MRI),最关键的原件就是超导磁铁,目前价格昂贵,如果能降低它的造价,那么就可以让贫穷地区的人也享有较好的医疗照顾,超导体优异的性能还可应用于军事和探油方面,不胜枚举,难怪

1987年朱经武在全美物理年会上发表此一震惊学界的"突破"后,使得他立即成为科研界的一颗明星。

《今日美国》年度风云人物

综计历年来朱经武所得殊荣包括1987年被《今日美国》日报评选为年度风云人物,次年《新闻周刊》和《纽约时报》称他为"超导超人",同年获里根总统所授的科学奖章,接着在台湾当选中研院院士;1989年获选美国国家科学院院士,同年入榜美国科学及人文学院院士;1990年他被《美国新闻及世界报导》杂志圈选为美国十位最杰出的人士之一,该杂志向五百位科学人士所做的问卷调查当中,他被同行推举为研究领域最杰出的人士。

自从变成科研界的明星之后,来自四面八方、各色各类的媒体争相采访朱经武,因此花费不少时间。若有名人访问休斯敦时(不乏欧皇室贵胄),都要求参观超导研究中心,或与朱博士晤面。1990年夏天,七国集团峰会在休斯敦举行会议,老布什总统主持的正式晚宴,邀请了朱经武出席,因为那几天特别忙,竟然忘了总统的宴会。另有一件忙中出错的笑话,有一次他出外开会返家,因为疲累造成的疏忽,走错了候机楼,抵达终点站才发现竟是科罗拉多州的山城——丹佛市。

1941年出生于湖南省的朱经武,7岁随父母迁居到台湾,在台中清水镇的眷村长大。父亲服役空军从事维修飞机的工作,10岁不到的他,时常跟在后头担任助手。自小他就喜欢动手做电器小玩意,有一年得了红包压岁钱,他跑到清水镇的旧货摊,买一捆回收的旧线圈,自制了一个矿石收音机,播弄之间听到对岸"中央人民广播电台"和台湾的"中央广播电台"的播音,那种蒙着棉被偷听广播的违规行为,让他暗自兴奋、高兴了好一阵子。念中学的时候他用旧线圈、磁铁和菠萝铁罐自制马达参加科学展览。这种深植于幼年时代对科学和技术的喜爱,也就成为他日后追求高温超导的原动力。

多方面的才华

从清水中学毕业后,朱经武考取成功大学物理系,他记得成大的大小考试极多,"但因为时时都很用心,非但不以多考为苦,同时也替日后的研究工作打下基础"。大学四年除了读书之外,他喜欢打篮球,在学校曾当选模范青年、天主教同学会长,时而绘制课外活动海报,一位中学老师曾建议他去学画。他的朋友透露:朱经武临摹印象派的画作,几可乱真,足见他在绘画方面颇有天分。笔者在休斯敦朱经武家中客厅曾见游黄山的摄影照片,疑是专业人士之作,朱经武在大学参加课外活动所表现的才能,是他鲜为外界所知的一面。

1963年朱经武随着留学潮前往纽约福特汉姆大学攻读硕士,当年的指导教授巴得尼克(J. Budnick)鼓励他以

"钴合金的核共振"做硕士论文,根据 1988 年罗勃·海森(Robert Hazen)所著《超导突破》一书的描绘,朱经武的表现优异,他在设备平常的实验室中制作了繁复精密的仪器。

1965 年,朱经武转往加州大学圣地亚哥分校攻读博士,追随超导泰斗马蒂斯(B. M. Matthias)从事研究。朱经武说,"我后来做研究的方法深受马蒂斯的影响,他要求我们想东西时,要打破旧有的窠臼,才能有所突破。"日后朱经武的超导突破即打破仅仅研究金属的格局,而反复对氧化物进行实验。

一门两博士

朱经武的博士论文是由杨振宁教授指导,他攻读博士期间的另一大收获是结识他的妻子陈璞,她是国际知名的数学家、加大柏克莱教授陈省身的女儿,原攻读物理学,因为家中两人读物理,她决定转行学经济,攻得博士学位。二人结婚时的介绍人是诺贝尔奖得主杨振宁,巧的是朱经武岳父陈省身教授结婚时,是杨振宁父亲牵的红线。

陈璞婚后来到休斯敦,曾任职一家银行董事,朱经武的妹妹朱娉娉告诉笔者,能干而又贤惠的二嫂是二哥(朱经武在家排行老二)事业上的得力支柱。朱经武也称赞陈璞"我因做实验,常常回家很晚,经年累月难得她没有一句怨言,如果做不出什么结果,未曾有过冷言冷语,对于任何进展都从正面打气。"

271

陈璞出生于中国大陆，数月大时随父母迁美定居，她对于子女的中文教育倾力参与，据休斯敦长青中文学校创办人武云女士的叙述，陈璞上至拟订中文学校的英文组织章程，下至周末上课时担任交通指挥的义工，她深得学生家长的好感与敬重。相熟的朋友都记得陈璞20世纪80年代初期来休斯敦时，带着美国口音说中文，如今可以字正腔圆地使用中国成语，她另一特长是兼擅中西厨艺，让朋友们格外羡慕朱经武的口福。

执长香港科大

2001年，朱经武的学术及科研生涯步向另一领域，前此他专注于科学研究，于1987年打破高温超导的记录，创下亮丽的科研成就，新世纪的第一年他在香港科技大学董事会、前香港特首董建华等的力邀下（允诺他兼顾休斯敦超导实验室），接任科技大学校长，另在教育行政方面开辟令人刮目相看的成绩。

在一般观念里，大学是远离尘嚣的学术象牙塔，然而到了二十世纪后半叶，当全球化的脚步加速向前之际，美国研究型大学除了成为经济待开发地区向已开发地区取经之地，并且也是全球各地农业社会的知识分子想要改善生活条件的平台。二次大战以来，美国大半的经济成长都要归功于科技发明，其间一个重要因素是出于联邦政府对于教育的投资。到了二十世纪末，"科技"和"知识"已成为一国未来成长与繁荣的钥匙。

研究型大学的重要性与日俱增,已是举世不争的事实,当2001年香港方面邀请朱经武担任科技大学校长时便表示香港受到大陆人工便宜的冲击,所以要发展科技,充实科技大学的内涵,进而推动香港科技工业的发展。

朱经武接掌香港科技大学之后,前往世界各地求才,网罗三十余国人士担任教授,为了提高学生的素质,他和香港七个大学的校长一同到大陆招生,用高额奖学金吸引内地的状元。在他第二个任期内,朱经武创办了高等研究院,邀请优秀科学家长驻,使其根留香港,以期这颗昔日的东方明珠,成为当下科学创新的平台。他在担任科技大学校长期间,除了充实科大的科研实力,也努力向社会大众推广"科学",譬如参加电视剧"创新战队"的演出,扮演战队领袖科技大侠石开武博士,该剧在巴士上的频道放映精华片断,引起各阶层对科学议题的广泛讨论。

治校成绩斐然

若以有形的数据总结朱经武在香港科大八年的治校成绩,则有科大MBA企管硕士班在亚洲名列第一,整个科大名列全球大学第58位,他在任上的八年之中七度被票选为香港最佳大学校长。

朱经武在港治校的卓著成绩,自然引起海峡两岸学界的注意。2012年11月5日,媒体披露朱经武出任"台湾综合大学系统"总校长的消息,马英九高度肯定"中央研究院"院士朱经武不支薪,并以感恩家乡的心情和回馈母校成功大学的精神,来协助台湾高等教育的发展。

朱经武在电话访问中告诉笔者,政府鼓励成立综合大学的目的是为整合各校资源,在此一系统下的中山、中正、中兴和成大各有专长,例如中山在海洋研究方面居领导地位,中兴的农学、中正的法学和精密机械以及成大的工科和医科,形成优势,各校可取长补短,发挥研究和教学的加乘效果。除了跨校和跨领域的整合,还应加强与科学园区的合作。

马英九表示,台湾天灾多,自然资源少,于是人才是最重要的资源,近年来新加坡、中国香港和中国大陆都积极吸纳境外人才,台湾倍感威胁,也流失许多人才,如今政府可能松绑限制,配合教育改革,希望借由"筑巢引凤"的方式,不仅留住本土人才,同时也延揽来自全球的人才,马英九并期许"台湾综合大学系统"在朱经武的领导之下,为社会培育更多的人才,提升台湾在国际高等教育的竞争力,同时发挥提升台湾社会及经济发展的效益。

笔者记得在1989年第一次访问朱经武教授时,他谈到在高温超导上能够取得成就,主要的原因是对科学有兴趣,从小他就立志做科学家,求学的时候就深感欧美诸国都是以科学发达,而富国强兵,所以希望长大了能在科技方面做点事情。2017年笔者询及担任"台湾综合大学系统"总校长的近况,所得的答案就像民进党上台以后的其他政策和举措一样,停滞不前。

2017年4月初,朱经武教授应邀在成都华西大学、电子科技大学、中国石油大学发表了三场有关"高温超导"和"现代大学教育"的演讲,两个主题恰恰勾勒了他一生做研究和从事大学教育工作的两大重点。他的夫人陈璞特意安排了一趟三星堆遗址的旅游,前往四川稻城、亚丁和海螺沟看世界最低的冰川,风景优美,民风淳厚,途中吃到农家的甜酒酿煮鸡蛋,虽然走完行程,疲累不堪,但难得归真返璞之趣。

擅长口语传播的超导专家

华人同胞在美国从事科研工作,起头的时候,大多单打独斗,充其量依附在知名的团队之下,埋头苦干。待研究做出眉目,就要投注心力,到同行的会议上发表成果,这番笔下和嘴上的功夫十分重要,尤其对于一个外来的留学生而言,没有人脉和社会关系,如欲进入主流社会,假使没有沟通的本领便难以为继。即使是硬碰硬的科研工作亦不例外。笔者自20世纪90年代始,以自由写作人(Freelance Journalist)的身份,书写美南地区杰出华人,因而发现口语传播的重要性,于是以超导专家朱经武教授为例,搜集他十年之间的演讲记录的数据,述其"全球演说网"的形成、演说内容,以及东西方社会文化对口语传播技巧所生的影响,借以提供日后想在美国打天下的华人同胞的参考。

朱经武博士在一般人眼里,是一位杰出的科学家,少有人知道他富语言天才,擅长多种中国方言:四川话、湖南话、台山话、广州话等,而且兴趣广泛,喜好摄影、园艺、绘画(一位中学老师曾建议他学绘画),后院种的甘蔗,客厅里挂的巨幅黄山风景照片,妻子的发型,皆出于他的手艺,更让人吃惊的是家里的一张木桌,也出于这位超导专家"砍、锯、雕刻"的一番调理。

朱经武诸多才艺之中与他做实验本领相得益彰、而又是学术机构领导人不可或缺的利器,便是"公开演讲"。朱经武在美国科研界一鸣惊人,就是借着1987年全美物理年会时,发表他与研究小组的成果。

讲坛一鸣惊人

超导研究中心从七人小组扩充成为250人,平均每年需要千万美元左右的开支,除去四分之一得自州政府的资助,其余皆需自行设法去向联邦政府及私人基金筹措。从表面看,固然是水帮鱼、鱼帮水,靠着成员埋头苦干的成果去争取经费,但细察实际运作,乃有赖一位擅长口语传播的发言人,出外发表研究成果,争取来自官方或私人企业的支持。

学术演讲的主要目的在沟通所见所学,进而达到说服的目的。二十世纪中叶,美国有位知名传播学者拉萨威尔(Harold Lasswell)曾说:语言的政治性,即在于能够促使听者付诸行动，产生实际力量。朱经武学有专精，加上口才好，他那些发挥实际效用的演说，一方面替休大德州超导中心筹集各方支持，另方面也给他演讲的特长打出名号，使得演讲邀约不断，其中包括美国华侨社区所举办的活动。朱经武解释他在百忙中抽空应约的原因：一则是为朋友帮忙，再则也是给年轻人打气，告诉他们："我能做到的，你们也能。"

1998年春天，笔者曾请朱经武超导中心的秘书麦克·艾尔伯特（Mike Albert），详列了一张自1988年到1997年为止的演讲清单，它统计出：10年之间朱经武共发表265场演讲，其中在美国本土（包括夏威夷）有188场，国外占三分之一弱，共有77场，这当中，欧洲（英、法、德、意、挪威、丹麦、瑞士、瑞典、波兰、比利时）占23场，台湾地区22场（台湾有一个"朱经武奖学金"，他每年都回去颁奖），中国大陆9场，减去欧、台湾地区、中国大陆的场数，还有14场是在加拿大、巴西、巴拿马、阿根廷以及若干亚洲国家如韩国、日本、新加坡及澳大利亚。朱经武告诉笔者，他因事忙而回绝的比例大约是60％。这张演讲清单之中，有三场是前往德州州议会预算委员会或科研委员会作证词，休斯敦大学校长皮克林（Pickering）有一次曾向休斯敦媒体表示：如果带朱经武前去州议会，便容易轻骑过关，学校的预算不会被删减。

倘若以演说的内容计，绝大多数是介绍超导的最新发展，朱经武说这些研讨专业的场合，一定要拿出新的研究成果,才罩得住场面,让专家觉得不是浪费时间。

如果仔细研读这份清单,可以看出其中有 16 场的题目以科学为副,人文为主,譬如 1991 年 1 月底,他应台北驻休斯敦文化组长刘孟阳之邀,给美南八州的台湾留学生代表演说即为其一。曾经任职芝加哥的刘组长回忆那次朱博士的讲题是:"做留学生时的奋斗经验"。

刘组长说朱经武在演讲当中强调,自己当年读的学校并非一流,在台湾念的是成功大学,在美国也没读加大柏克莱或常春藤名校,但并没有影响他日后做事的全力投入和追求。谈到超导方面的研究成果,便推崇同僚的努力和贡献,充分表现谦和、不居功的儒家精神,刘孟阳认为这场演讲非常切题,也吻合留学生的需要,演讲人正也是听众的最佳楷模。

因为朱教授本业教书、研究,所以休斯敦附近学区或教师组织屡次邀请他谈教书心得。朱经武说,每次接下邀请之后,必先要知道听众对象是谁,准备演讲时一定绘制图表,也尽可能地附上漫画,增加趣味性,但不能像报章上的漫画,百无忌禁,有关种族、两性或宗教信仰等敏感话题,都要特别留心注意。

每回开讲之前,他避免与人交谈,这样可以集中思维,虽说身经百战,每次站上讲台的前几分钟,还是难免紧张,必须等说完两段话以后,才进入佳境。

笔者有一次聆听他的全程演说是 1997 年在"北美华人教育研究及策划协会"的年会,一共有 130 余位代表来自美国及海峡两岸，其中半数拥有博士学位，会中分组讨论是以不同的角度来探讨文化差异对教育子女所带来的影响。

沉默的华裔

朱经武在大会专题演说中，开门见山地提出华人教育下一代所面临的问题：我们应当培养下一代成为"有美国人特色的中国人，还是有中国特色的美国人"，朱经武认为是后者，因为下一代要生活在美国社会，他们要面对的是美国的诸般挑战。

他列数中国人的长处和缺点，朱经武认为，中国人注重教育，勤劳、自律、自力更生，被联邦政府钦定为少数族裔的模范。正因为具有以上优点，中国人也因传统文化的影响难掩其缺点，譬如受了孔子"刚毅木讷"的教诲，中国人多半沉默寡言，有时难免受限于英文程度，于是多听少开口，因而成为美国社会里的孤独者，加上许多华人不擅沟通技巧，使我们在很多地方吃亏。所以他主张在未来竞争更激烈的时代，海外华人教育应该吸取中西文化的精华，培养出适应变化的下一代。

朱经武以华裔被美国媒体扭曲、渲染的政治献金事件为例，说："中国人凭着自己的优点、成功地塑造了自己的象牙塔，但现在是走出象牙塔，融入主流社会的时候了。"

朱经武这段言近旨远的演说，等于回顾了中国近百年来的知识分子、受到西潮冲击后如何自我调适的心路旅程，华裔移民来到新大陆后,凭着克勤克俭的苦干精神而衣食无虞,但在政治表达方面,却吃了"三缄其口,不闻不问"的亏,难以产生群众力量。

美国南部第一大报德州《达拉斯晨报》1997 年 4 月 12 日刊出一篇《美国新兴华埠》的头版报道,指出华裔移民经济与政治实力不成比例的失衡现象,该报对华裔政治力薄弱的原因提出以下两点分析:其一,源于第一代移民的语言障碍。其二,华裔的境外背景不一,分别来自中国台湾、中国大陆、香港、新加坡或其他各地,因为社会和政治背景不同,使用方言各异,于是难以团结。美国媒体以表象来说明问题的成因,却忽视了中国人以谦虚为美德,"言多必失,沉默是金"和"自扫门前雪"的传统训谕,大家情愿在背后窃窃私议,也不愿公开侃侃而谈。凡此古训都和现代工商、民主社会"多开口和人打交道,多为自己争取权利的原则"背道而驰。

创造优势的刷子

如果回顾华夏史页,远在春秋战国时代,中国的口语传播历史,人才辈出,像《论语》即孔子与学生的嘉言录;后来的苏秦、张仪,凭着三寸不烂之舌,力抵卿相,不战而屈人之兵。只因后来经过长期专制统治,国人才开始"明哲保身,三缄其口",把能说善道的人视为"逞口舌之快,惹杀身之祸"的危险人物。

近世以来国与国、人与人的交往密切,尤其身处民主社会,不论公私场合,与人打交道或建立关系,皆有赖口语传播技巧。超导专家朱经武的演讲邀约频繁,一则说明他在学术界的领袖地位,同时也意味着他了解社会脉搏,深谙演讲的艺术,擅长人际关系。不论你今天从事何种行业,长于口语传播的技巧,都是创造优势的一把得力的刷子。

郭位：香港城市大学校长

　　千禧年是人类千载难逢的一个时间里程碑，对于华裔教授郭位而言，它是丰收年。开春二月，他入选美国工程学院院士，4个月后，德州农工大学聘请他担任"准副总校长兼理工程学院"，同时荣膺该校工学院的工程创新讲座教授，为期五年。此一讲座的基金200万美元，获奖教授每年可使用它的孳息12万元作为研究费用。

　　2003年，郭位应聘田纳西州立大学，担任该校工程学院院长，这是他自1980年取得堪萨斯州立大学工业工程的博士学位后，所任教的第三所学校，二十余年的教学和研究工作当中，逐渐增加了教育行政事务的比重，到了田纳西州立大学，便以掌理工程学院的行政事务为主。

田大的工程学院设有七个学系，135 位教职员，2 600
余学生，郭位荣膺新职以后，将是美国排名前百名高等学府
工程学院院长当中的唯一亚裔，也是少数实际领军工学院
的全美工程学院院士之一。郭位教授于 2002 年 7 月当选
南港中研院数理组的院士。

郭位应聘田纳西州州立大学的主要原因之一，乃该校
于千禧年开始经管橡树岭国家实验室(Oak Ridge National
Laboratory)，学校有意借重他在核子工程的专修和"工
业精准度"方面的长才，参与该实验室的管理及运作。位于田
纳西州的橡树岭国家实验室，在二次大战后期美国发展核
子武器"曼哈顿计划"的过程当中扮演要角，战争结束后，核
子方面的研究不再受到重视，橡树岭国家实验室险被联邦
能源部关闭，后来转而研发材料科学，近年以纳米和生物科
技的中子研究最为出色，年度预算在 16 亿左右。

受聘香港城大

2008 年 5 月，郭位受聘担任香港城市大学校长，虽然
他是香港八所接受政府资助的大学校长之中，唯一不会说
广东话的"非香港仔"，但是这位出生台湾的第二代外省人，
在美国取得极高的学术成就，两度出任工程学院院长，并拥
有台湾、中国大陆和美国三地院士头衔，国际色彩浓厚，在
香港这样国际化的都市担任高教学府首长，可谓两相契合。

中国人常说地方官做了三年可以见到绩效，即"三年有

成"之意。果然根据国际高等教育信息机构(QS)公布
2012年在全球100所顶尖大学中,香港城市大学排名95,
当郭位校长接任之时,城大的排名是149。QS并且公布亚
洲大学的排行榜,香港城市大学在2012年,名列12,而香
港城市大学的工程学院排名香港第一。

根据香港媒体的报道;郭位注重学生和老师之间的沟
通,他也是第一位推出个人网上日志的校长。此外,他认为
治理一个大学最重要的条件是有诚意,所谓心诚意正,就像
做菜一样,要用心,有诚心才能做出好菜,替他"治理香港城
市大学若烹小鲜"作了一番注释。

立志要做教授

1951年出生的郭位教授,毕业于台湾新竹清华大学,
主修核子工程,来美后,先后获核子工程、工业工程及统计
学三个硕士学位,1980年取得堪萨斯大学工业工程博士学
位,先服务于贝尔实验室,后执教于爱荷华大学。1993年
受聘于德州农工大学,该校成立于1876年,当初是军校,校
风保守,直到近数十年才招收女生,和德大奥斯汀同享州属
油田为财务基金的优惠,多位校友位居德州政商界要津,老
布什总统的图书馆设址于此。

为了在工业界取得实务经验,他获得博士学位后,立即
前往贝尔实验室工作,一方面在该处教授"工程可靠度"的
课,一方面担任系统专家的职务。20世纪80年代初期,他

开始搜集电子及软件系统设计可靠度的数据。1984年,郭位前往爱荷华大学工业工程系执教,他给大学部的学生设计了"质量管理"、"系统模型"、和"工程可靠度"的课程,教导学生如何设计他自工业界及艾美斯实验室所取得的一些计划。学生将这些计划完成后,荣获若干全国性的大奖。郭位在教学上的种种努力,于1988年被学生票选为最受欢迎的教师。

可靠度的实践

艾美斯(Ames)实验室隶属能源部,和能源部其他实验室相较,规模并不大,它着重"发展"而轻忽"研究"。郭位在爱荷华大学教书期间,有五年兼职艾美斯实验室,当时他一再强调"工业可靠度"的观念和优点,他说"设计系统"固然很重要,但同等重要的是,如何在市场上把它推广。郭位说,他后来到IBM等重量级的大公司工作,亦继续推广质量和可靠度的系统及检查程序的标准。

大型电子企业究竟应该在什么时候推出新的软件成品?郭位说,这是一个十分重要的问题,究竟应等到软件成品的可靠度稳定?或市场的时机成熟?当然有很多方法追求这个答案,如果你以成品的准确、可靠度为优先考虑,那么问题是,可靠度的定义为何?你要花多少的时间来查明故障?派多少人去查清它?你在什么时候要把软件与硬件的系统结合起来?

郭位指出，微电子产品在问世的第一年很不稳定，它刚结合了软、硬件系统，就像刚出生的婴儿一样，容易生病。由于现代产品的功能越来越多，设计益形复杂，用传统的方法测试，十分昂贵。郭位经过多年研究发展一套试测理论和方法，使用随机和非规律的方式，测试工业产品的可靠度。郭位教授尤其在研究微电子产品可靠度方面取得卓越成就。郭位的研究成果在许多行业得到认可和采用，如：美国陆军、海军研究室、国家科学基金会、IBM 和摩托罗拉等厂家。他之入选美国国家工程学院的院士，即因"对工程理论和运用有过显著贡献，并且在研发的技术领域取得不寻常的开拓性的成就。"

爱美食的校长

郭位在教书、做研究和学校行政工作之余，也积极从事其他活动来丰富生活的内涵。数年前，他担任德州农工大学城一所周末中文学校的校长，他说在海外教下一代学中文，多少肩负文化传薪的重任，听起来不着边际，但是做周末中文学校校长的工作却非常具体，譬如找师资、教材，为学校筹款，办同乐会，聚餐的时候要安排好吃的，小孩最喜欢吃他调理的酸辣汤。郭位教授其他的拿手菜还有宫保鸡丁和红烧猪蹄。

郭位不仅会烧菜，而且应当地中国教职员妇女的邀请，为他们讲解烹调的秘诀。数年前他还在德州任教时，他到香港科技大学客座"工业工程"学,闲余也开讲烹调课,堂上有人带着录音机。他说烹饪是艺术和科学的结合,日本人强调美艺,中法人士就比较讲究口感、好吃。以酸辣汤为例,郭教授说要做好吃的酸辣汤,必须前一天炖高汤,再准备肉丝(需先炒)、豆腐、木耳丝、番茄切丝、笋丝、猪血(后两项可有可无),待煮滚勾芡之前,加米酒、胡椒粉、酱油及醋。郭教授说,如果用辣椒代替胡椒粉,味道就不对了。郭位虽精于烹调,但平日因工作繁忙,饮食简单,常买麦当劳的汉堡充当午餐。

主编《清华双周刊》

祖籍北京的郭位教授说,他对美食的爱好,最初得自幼时父母带着全家上馆子的经验,后来出外念书,做学生的胃口特别好,经常留意杂志书报上的美食篇。说到阅读书报的习惯,他在新竹市清华大学求学的那段时光,因为学生人数少,全校只有400多人,当时还没有文学院,但有一个"清华双周刊"的学生报,平常发行四版,遇上节日增加两版,他投入两年时光,担任了主编的工作。

郭位教授说,那时新竹清华大学的学生都属理工科,双周刊的工作要采访、写作、画插图、编辑、排版必须一把抓。内容包括文学、艺术、音乐;不仅整理采访稿,有时还要写社论,做意见调查(譬如对餐厅伙食的意见)。虽然清华的课业很重,"双周刊"的工作造成额外负担,但郭教授认为这件持续两年的课外活动,扩大了他的人生视野,日后看问题也比较全面,因此认识了许多朋友,对他以后做人处事,都很有帮助。

荣衔无数　喜读《论语》

2001年,郭位教授和"中研院"信息所长李德财一同荣获财团法人潘文渊文教基金会的"杰出研究奖",各得奖金50万台币。该奖甄选标准严格,必须具备两个条件:一、在理论创新,实验技术发展、生产制程改善或仪器制造等方面,具有国际水平,二、领导大型或整合计划,卓有成效者。

综计郭教授所获的荣衔包括:美国国家工程学院院士NAE、国际品管学院院士IAQ、国际工业工程会IIE、美国品管学会ASQ及国际电子工程学会IEEE之会士Fellow;此外,他历年所获的奖有:交通大学荣誉教授,IEEE的千禧年奖,1999年由ASQ颁发的高等可靠度杰出研究成就奖,1998年由台湾中山大学品管学会所颁发的质量专家奖,1999年德州实验工程局资深Fellow荣衔及1993年IIE的技术革新奖等。

截至2005年为止,郭位教授的著作包括:5本研究教科书,编辑4本专业书籍,累积学术论文120余篇。他在1985年出版的第一本专书《系统可靠度的最优解》于1988年被中国大陆的国防工业出版社翻译成中文,一位朋友在大陆的书局中发现,寄给他,才知有了中文本。他说千禧年出版的那一本《可靠度设计之理论与实际》,由英国剑桥大学印行,因为它属非营利机构,印刷精美而且成本低,是他所出版书籍之中,印得最好的一本。在中国书籍方面,他嗜读历史类,凡是跟他做研究的华裔学生,到了毕业的时候,他都会送一本谈朱熹或纪晓岚的书,他平日最爱翻阅的是孔子和门生的对话录《论语》。

为农工大学争荣

自 1993 年,郭位受聘德州农工大学以来,除了教学并接掌系主任,还同时主持"工业工程"及"生物医学工程"两组计划,前者的研究领域包括电子生产与制造、作业研究与人机接口;后者则强调的重点是生物光学和生物力学的研究,全年经费九百万美元。

此外,郭教授也担任德州农工大学研究机构——德州实验工程局的制造系统部门负责人,主导电子制造的科研。在他的领导之下,农工大学工业工程系及研究所的排名已打破过去的记录,在《美国新闻与世界报导》杂志的排名榜中,为全美第五。

德州农工大学偏重工科,而田纳西州州立大学则是人文、理工并重,由于二十一世纪的高等学府乃争相发展商学院和工学院,田大有鉴于此一新趋势,也跟着这个潮流扩充工学院的规模,郭位在田纳西州州立大学的职务,除工程学院院长之外,并在工业工程系、计算机工程系及统计和管理系担任教授,同时也是田州州立大学的杰出讲座教授。

身怀登楼绝技

自郭位来到香港城市大学担任校长以后,城大在排名榜的位置也一路攀升,重现他以前治理工程学院的政绩辉煌。两年前,郭位把香港城市大学的条件、实力、优势和阻力与世界一流的麻省理工学院、英国的曼彻斯特大学以及乔治亚科技大学作评比,锁定城市大学为香港唯一的专科大学。他的大学治校方针是充实专业知识,力争学生到海外交流的机会,进一步促进城大的国际化。对于郭位治校的卓著绩效,有人不免溯本追源认为它和郭位所专门的"成品精准可靠度"有关,郭校长似乎身怀"更上层楼"的独门绝技。

笔者请教郭校长学术和事业一路春风得意的秘诀,他说自己的兴趣一向多元,做事非常认真,如果遇到任何难题,一定全力面对,绝不回避拖延,直到问题解决,方才心安理得。

自年轻时赴美求学,而后在美国南北三易教职的郭位教授在众人眼里十分国际化。迁居香港两年之后,他接受《文汇报》的访问,也和常人一样,说香港的文化也有需要调适的地方。他说和美国相比,香港的公文如山,譬如他出席一个饭局,要签署三份文件,而每份文件都是同事花时间准备的,一般在香港开会所发出一百页的会议程序及记录,在美国只要一页就行了。再如他有一次到快餐店吃午饭,被跑堂的认出是城大校长,四周人便投以注目的眼光,让他觉得十分尴尬,郭校长说或许这也正是香港的可爱之处。这也令他十分怀念在美国校园一边走路,一边吃汉堡的逍遥自在。

任期至 2023 年

　　根据 2016 年 10 月下旬香港《苹果日报》的消息:城市大学校董会投票通过,郭位校长再获续任,任期将于 2023 年结束,到时郭位在三届任满后,年满 72 岁。城大董事会投票后的杂音之一,是投票的方式采用的是记名、电邮和传真,有欠庄重;杂音之二,是城大一般员工的退休年龄是 65,而上任城大校长张信刚卸任时 67 岁。城大发言人称:校长续任是按照校董会法定条例,及既定程序进行,做法与以往一致,必须获得至少四分之三的支持,共有 17 人投赞成票,两人反对。郭位表示,对于获得续任感到荣幸,这件事也表现了香港民主和法治的特色,整个过程是依照法章投票行事,尽管也有人对于投票结果发表了不同的声音。校董会发表评估声明:从郭位校长过去八年的表现看,城市大学在各方面取得巨大的成就,被认为是近年来全球进步最多的大学之一。

　　校董会的声明是以历年的数字为依据,根据国际高等教育信息机构(QS)公布 2012 年在全球 100 所顶尖大学中,香港城市大学排名 95,而郭位在 2008 年就任时,城市大学的排名是 149。事隔三年,到了 2015 年,城市大学的排名是第 57 名,而郭位的本行工程学院在香港各大学的排名总是位居第一。

创办高等研究院

郭位校长近年来努力拼城大排名,改进教育质量,还有其他的措举也成为众人注目的焦点。2015 年,城大在郭位校长的推动下成立高等研究院,研究院的资深院士除了他自己及多位国际资深学者,还包括:三位诺贝尔科学奖得主 Jean-Marie Lehn(化学),Serge Haroche(物理),Stephen Smale(数学)。他表示成立的宗旨在于促进香港科研和创新的文化,主要针对健康一元化、数字化社会及智能化整个城市。

郭位来到城大以后,另一教育行政是积极推动体育,2009 年自任学校的领队,参加香港的渣打马拉松赛跑,当时有六百余位城大人士参加,这也是他第一次参加马拉松长途赛跑。此后他多次带队参加香港以及外地的马拉松活动,2014 年前往韩国"庆州樱花马拉松长途赛跑",2015 年到西安参加"中国西安城墙国际马拉松赛",2015 年城市大学成立"城大毅跑会",借以推广运动精神。

我曾和就任城大的郭位校长通过数封电邮,也因为我在美国《世界日报》周刊发表过一篇他的特写专篇,所以他离开德州大学时约我餐叙。但因休斯敦距离德州农工大学有一个小时半的车程，所以未能找出合适的时间道别。近些年我依然关心华人世界的文教新闻，所以从媒体上可以断断续续读到他就任城大校长以来的几件新闻，他多才、点子多、勇于任事，因而动见观瞻，易造成争议话题。

几项争议话题

印象中成为有关他争议性的新闻之一是，2013年郭位出版了一本核电的科普书籍，这本书名叫：《七彩能一鉴开：从日本福岛事故看能源环保》，书内宣称台湾核四厂的拼装不是问题，还有其他的核能看法也受到不少批评。郭位在新竹清华读的是核子工程，后来改走电子工程的领域，2003—2008年他在田纳西州大学担任工程院长的时候，兼领该州橡树岭国家实验室的管理团队，它的主要功能涉及核子发电及发展新能源，所以他称得这方面的专家。

书出版以后，他的一位学生，时任高雄中山大学教授林芬慧撰文指出，郭位是以科学依据来支持安全及适当使用核能，同时强调加强安全与信息透明，并非盲目推广核能，她认为媒体只是断章取义地说他"核四厂的拼装不是问题"。

另一个具有争议性的新闻，发生在2016年4月，台北南港的中研院召开评议会遴选院长，郭位是三位候选人之一。他发表公开信指出，在接到遴选委员会的通知之后，他认为"台湾重选举,轻遴选",以权术运作为职志,无专业道德,有违台湾福祉,绝非他所期冀,他并且引用唐诗《黄鹤楼》名句:"日暮乡关何处是,烟波江上使人愁",他决定从三人名单中退出。当时马英九即将卸任,港台的媒体做新闻标题时称他提名的郭位是马建中的同学,是一位"马友友"。也因郭位出生于台湾,所以他的政治立场和两岸关系时而制造新闻。譬如 2015 年 9 月,他以城大校长身份受邀北上阅兵、他曾颁赠中国国民党前主席连战荣誉博士学位,促使城市大学和台北故宫博物院合作举办联合展览,2013 年邀请郝柏村演讲:《武力统一或和平统一:中国民主的特色是什么?》,郭位与香港特首梁振英的关系也受到批评,新闻记者称他是"梁粉",但他到香港城市大学来任职并非出于梁特首的任命。郭位于 2008 年 5 月由美国到香港上任,那时梁振英仍是岭南大学校董会主席,梁振英在 2008 年 10 月,方才正式出任城大校董会主席。

时间并没有白费

根据笔者一次近距离的观察,他对台湾怀有一份生长于斯的感情。那时郭位在德州农工大学教书,陈水扁当局麾下的侨务委员长张富美到休斯敦造访兼巡视,她的幕僚在安排行程之前,请郭位教授居间替张富美引见德州农工大学的校长,并参观设址该校的老布什总统的图书馆,结果笔者也以华文记者的身份跟了一天。

让我印象深刻的是，那天郭位教授西装革履，时而面带笑容地带领台湾远客穿梭校园，拜会校长，到教授餐厅俱乐部用午餐，笔者记得十分清楚，事后从报上得知，那位校长不久卸离校长之职。心想这番访问所做的努力可要付诸流水，没想到那位校长不久发表新职，飞上高枝做了白宫的科学顾问，所以郭位教授（那时他兼任德州农工大学的工程学院院长）的时间和气力并没有白费。

郭教授的另一半李照珠女士毕业于台大农业推广系，来美研习食品科学，在堪萨斯大学求学时和郭位相识，毕业后服务于食品工业 Nabisco 及爱荷华及德州农工大学食品科学实验室，近年因郭教授学校行政业务忙碌，她全力持家。二女文蓓和文心，学业有成，家庭生活美满。

沈良玑:春风化雨卅七秋

人类走进二十世纪之后,接连发生两次世界大战,移至世纪中叶,第二次世界大战接近尾声之际,国共燃起内战烽烟。当中国大陆即将变色之时,其间有数以百万计的军民在 1949 年

从大陆沿海迁徙台湾,但本篇的主角沈良玑移居台湾却比 1949 年的分界线早了一年,缘因他的父亲先前在台湾谋得一职,及早迎接全家到台团聚。

若非如此,沈良玑说:"我的自传内容,就完全不同了,因为以我父亲的职位而言,是不可能临时挤上大撤退的轮船。"回忆儿时最喜欢做的就是和弟弟到家居附近的新公园(现在叫二二八公园)租书摊去看图文并茂的武侠小说或翻译的侦探小说,如《福尔摩斯》、《亚森罗苹》等,读个不完。沈良玑在中小学时代,先后进了两个名气响亮的学校,先是女师附小,而后师大附中。

点了联考"状元"

待进入高中以后，升学的压力加重，沈良玑念课外书的时间减少了，但一直能够保持优异的成绩。到了高三接到学校通知，获保送南部的一所大学，但和家人商量的结果，决定放弃保送而参加联考。到了发榜的日子，居然得中联考"状元"，有十几家报纸的记者前来采访，双亲虽然没有直接褒奖，但记得母亲笑逐颜开地回答记者的问题，平日不苟言笑的父亲也跑到街上买了六七份报纸，把中"状元"的消息贴在纪念册上。这和留学美国以后，发现西方人喜欢当面夸赞子女的习惯，大不相同。

性情谦虚内敛的沈良玑在一篇《徒羡年少春衫薄》的自述文章中，分析当年拿到联考第一名，"完全是侥幸"，由于这份侥幸，使他心生两件烦恼：一是以后要怎样努力，才不会被人讥笑他浪得虚名；其二，他认为这次联考得胜是受了一位小学女同学的鼓励，考前寄给他英文模拟考的题目，待进了大学后觉得自己不够条件和那位女同学交往，只有用功读书，把学业成绩弄好，就不会让人看扁了，所以他在大学的时候对各门课程都很认真学习。

沈良玑在台大念书时还有一件印象深刻的事，堂上采用英文教科书，读起来很费力，但是念懂了，就觉得很有道理，十分有逻辑味。他认为虽然过程辛苦，但对学习有好处，可以帮助学生适应了科学界通用的文字，并涉猎先进的

297

技术,对以后的事业绝对有帮助。

请校长写推荐信

20 世纪 60 年代的台湾社会风气,普遍想出国留学,大学毕业以后,沈良玑也不例外,花了 5 元申请费交了一份申请表给哈佛大学。他为了提高入学的机会,便鼓起勇气去找当时台大校长钱思亮写推荐信,记得到了校长秘书室提出这项要求时,秘书瞪大了眼,表现非常惊讶的样子。那天刚好钱校长有空,叫他进去,校长看了一看成绩单和申请表格,就问沈良玑:哈佛有电机系吗? 沈回答:没有电机系,但有规模较小的工学院,钱校长点点头,并且表示会把信直接寄到学校。

数月后,沈良玑接到哈佛大学的通知,他获得了全额奖学金,包括学费和生活费,对他家而言,简直是中了头奖,他感叹"我之所以能够获得这份奖学金,相信钱校长的信一定起了作用,而我和钱校长无亲无故,我非常感激他在百忙中,替一个素昧平生的学生写信。"但平心而论,沈良玑身为联考状元的事实,也给钱校长的推荐信增加了相当的说服力。30 余年后,沈教授的两子沈可平和沈以宁先后进入哈佛,成为休斯敦华人侨社"一门三哈佛"的佳话。

教书生涯的起点

沈良玑在哈佛求学时受业于一位金教授及他的天才学生吴大峻，金教授栽培了一百位多位博士，也活了一百岁，沈良玑在 1967 年拿到博士学位，做了几个月的"博士后"的研究，就在德州休斯敦大学找到教职。日后他所开的课，以电磁学和应用数学为主。

1983 年，他和麻省理工学院的孔金瓯教授合著一本教科书《应用电磁学》，相继在 1987 年和 1995 年发行增修版，他在休大教书时都以此为教本，全美大约有二十几所大学采用它做教科书。沈教授介绍这本书有两个特色，首先一开始就介绍电磁学的基本原理，即麦氏方程组，舍弃历史的讲法，而顺着逻辑的方向走。这本书的第二个特点是附带很多应用的例子，譬如"天空为什么是蓝的？""夕阳为什么是红的？"这些都是电磁波的应用以及与它有关的自然现象。沈教授说，学生都很喜欢这种解说方式，所以他在休大电机系教书的口碑不错。

研究和教学并列

沈良玑在休斯敦大学教书时，花去四倍于教书的时间去做研究。因为在美国的高等学府，教授的研究记录主导了升迁或辞退的因素，教授每次向相关单位提出研究计划，拿到经费之后,才能雇用研究人员,购买仪器,并且支付其他做研究的开支。校方也很看重研究费的多少,因为他们才可以抽头(开源),英文名词叫 Overhead,抽头的百分比,每个学校不同,像麻省理工学院要抽百分之一百,休斯敦大学抽百分之五十,学校收到这笔钱,校长室、工学院以及各科系都可以分沾,钱一多好办事,因此学校的各级负责人都鼓励教授做研究。

休斯敦是全美石油工业的中心,沈良矾教授的专长是电磁波,就像磁场和金属的依附性质,两者终于碰到了交集之点。沈教授最初的研究计划名称:印刷电路天线,当时"天线"还在萌芽阶段,沈教授的工作是导出一些理论公式,供给设计人员参考,后来他知道军方想把它装在炮弹上面,虽然因此能拿到研究经费,但是心里感觉很不舒服。

后来有一位麻省理工学院的教授,在一次聚会上提议:为什么不以电磁波来做测井方面的研究? 测井是探勘石油的名词,当油井钻好之后,就开始测井,接着把数种仪器放下井去,测量井周围的情况,看有没有油? 如果有的话,在哪一层? 好不好开采等。麻省教授的一席话"真是一语惊醒梦中人",于是他询问多位石油公司,他们都说正需要人能对这个题目有兴趣,于是沈良玑教授就转移阵线和军方说了再见,专门和石油公司打交道,在休大电机系成立了测井研究室,同时组织了一个联盟集团。

创设测井研究室

1979 年,测井研究室成立之时就有 15 家公司参加,于是水涨船高,立时经费充足起来,研究生的数目也增多了,因而做出多样的研究项目。其中包括:利用计算机仿真电法测井仪器,算出各种仪器在任何地层中测量出来的数据,研究油和水在疏松的岩石中分布情况和总电阻率的关系,发展及设计含油页岩测量仪器等。沈良玙教授总结以上研究心得时表示:他在"石油测井计算机化"方面贡献了一点心力,因此也给自己的研究方向找到立足点,以后就不必追逐时髦,可以安心做自己的研究了。

沈教授从 1979 年到 2004 年退休为止,全力从事测井研究,2001 年获得石油测井专业学会的最高技术成就金质奖章,为该奖章设置以来首位华裔得奖人。得奖证书上说:"休斯敦大学石油测井研究室成立 25 年来,一直获得十多家石油公司及测井公司的资助,成为此项工业技术的一个论坛,得以探求科学真知,并且成为培育专业技术人员的摇篮,为石油工业造就了许多人才。"

在高等学府从事科学研究,除了向外申请经费,更重要的是师生必须通力合作,才能端出研究成果,沈良玙教授自谦他的研究要靠学生把题目做好,他早期的学生是从台湾来,以后就是大陆学生。他说不论是哪里来,教育水平都很高,更有三两人资质极佳,替研究室立下不少汗马功劳,他强调 2001 年获奖时,曾在典礼上表示:我是代表 50 多位我的硕士和博士学生,收下这枚奖章。沈教授语带幽默地说:我一直以为一个教授好不好,要看他带出的学生好不好,所谓"青出于蓝,更胜于蓝"才是做教授的目标。

一位沈教授的学生曾提到当年求学时,老板(指沈教授)特别在实验室开辟了一个房间,里面添购了冰箱、微波炉,让大家吃中饭或歇息,沈教授经常在这里和大家午餐,聊天或讨论问题,还可以促进彼此的了解和熟稔。

自荐执掌电机系

1977 年,休斯敦大学的工程学院新上任的院长决定整顿风气,大力发展研究,宣布彻换电机系主任,吁请大家推荐人选。此时沈教授任教休大已届十载,并从最初的助理教授升到正教授,当时他考虑再三,决定毛遂自荐;所持的理由有二:一是看到许多行政上不合理的做法,意在除弊,二是估计和有魄力的强人合作,可以有机会扭转电机系的发展方向。

于是他带了一份简历去见院长,院长问:"为什么要搅这趟浑水?"沈知道院长担心他会因系务忙碌而影响刚刚萌芽的测井研究,沈说:"我不会的,只做三四年就会下台",不久院长宣布任命,时年 38 岁的沈良玑就登上休大电机系主任的位置。他在以后四年当中推动了几件应兴应革的系务,对于高等学府办教育者,仍有参考价值。

第一,邀请了五位全美知名的大学系主任来休大电机系访问两天,并作一次评估,建议将来系务发展的方向,他们分别来自麻省理工学院、伊利诺伊州大学、加州柏克莱大学、加大洛杉矶分校以及东部的卡内基·梅隆大学,他们最重要的建议是:发展有本地特色的研究,不要贸然投入全国热门的项目。由于这五位学者都来自全国的名校,他们的建议,自然没有教授敢反对,此后再也没有教授向系里要求财力支持,去做时髦而不切实际的题目。

第二,公开教授的评估办法,以前系主任的评估项目向来不为人知,很可能和他搞好社会关系的人,会占很大便宜。沈良玑做系主任以后,则把评估的项目逐条公开列出,比如在研究方面,得到了研究经费,占考绩的百分之多少,发表论文占百分之多少;在教学方面,学生的评估,新课程的出炉等,并订下每种成就的加权指数,待这些考绩表公布出来,教授们就知道哪些是系中注重的项目,哪些是次要的。

第三,精简系里的人事,汰旧换新,提高教学质量。休大电机系一共有二十多位教授,其中有一位正教授,从来不做研究,在教书方面,学生给的评分也是全系最低,但他自恃资格老,拥有永久合同(Tenure),就为所欲为,任意偷懒。学校规定虽有 Tenure,还是可以解雇他,但过程比较麻烦。沈教授上任以后,把证据搜集齐全,就和他直接谈判,请他自动辞职,否则就开始解雇程序。当时他大发脾气,以为新主任吓唬人,后来自知理亏,不到一周就递上辞呈。其他还有几位年纪大的教授,做不动研究,就给他们加三年薪,以换取三年后的辞呈,使他们的退休金多一点。如此一来,让出空缺,可以雇用年轻有为的学者,借以提高系里教学的质量。

作风稳健持平的沈良玑教授并不讳言他的新政之中,有一项失败,当时工学院长曾授权他聘请一位德高望重的资深教授,但指定必须是在计算机的领域。那时风闻印地安那州普渡大学的华裔教授傅京荪是计算机图形识别的高手,能请到他就可壮大电机系的声势和实力,于是沈主任亲自跑到普大邀请他来休斯敦大学来看看,傅教授到学校来了三四次,也认真考虑把他的实验室搬到休斯敦来,但后来因为这项计划需要太多的财力和人员,校方不愿投入这么大的资本,此一雄心勃勃的计划就付诸流水了。

担任系主任期间,沈教授一方面要努力提升休大电机系的学术地位,同时还要照顾自己的研究项目,他说"一根蜡烛两头烧,四年下来筋疲力尽,"于是辞去系主任的职务,到一家石油公司研究部门进修一年,告别一个星期做七天工作的生活,也借此增加对石油测井实际操作的了解。总的来说,他上任后初创的教授考绩表格,每年出版系里的研究报告,一直都被后来继任的系主任所采用,使同事们对研究也不敢掉以轻心,"这都是对休斯敦大学电机系做出的一点贡献"。

温馨的荣退午宴

2004年4月27日,休斯敦大学电机-计算机工程系和产业界的测井联合研究协会,在休大校园的希尔顿旅馆为沈良玑教授联合举办了一个荣退午餐会,会中除了惜别演讲、赠送礼物的例行仪式,还有同僚、师友间带着泪水回顾往事的温馨画面;而第一位哽咽不能成声的是当天担任午宴司仪、与沈教授共事30年的工学院副院长史都华龙(Dr. Stuart Long)。

史都华龙在午餐会上介绍沈良玑教授在休大春风化雨卅七载的岁月当中,曾栽培14位博士、39位硕士、撰述90余篇科技论文、一本教科书《应用电磁学》,并自1977年到1981年担任电机系主任。史都华龙说:"沈教授从哈佛大学获得应用物理的博士学位后,便把全部的教学、科研精华都奉献给了休斯敦大学,并无转换他校的记录,实为难能可贵"。介绍人所使用的幻灯片中,出现沈良玑于1957年获得台湾大专联考甲组头名"状元"的剪报,他形容:"那是台湾的一件大事"! (That's a real big deal in Taiwan!)座中有来自台湾参加过联考的人,不约而同地发出会心的微笑。

37年来沈教授所获奖项无数,其中包括休大的杰出教授奖、研究奖,电机协会IEEE资深会员等,并于2001年获石油测井专业学会最高技术成就金质奖章,为该会三十五年设置该奖以来首位华裔得奖人。

为产学联姻

　　沈良玑教授在休大电机系的一项重要建树是在 1979
年创设"测井联合研究会",洽得十余家石油及测井公司的
资助,结合学界与产界,成为勘探专业技术的一个论坛,一
方面探求科学新知,一方面成为培育专业人员的摇篮,替石
油工业界造就许多人才,使得学界、产界紧密衔接,而且每
年都把研究成果汇集成册,提供产业界作为参考。沈教授
在餐会上表示:此一联合研究会的经费充裕,从来没有叫我
事先提出研究计划报告,可是愈是如此,我心头的压力也就
愈大。

　　沈教授多年来对此一论坛的耕耘成果,可从出席午餐
会的工业界代表热烈发言窥其一斑。他们所赠送的礼物,
别出心裁,是一个两层的精致木架,每层放置五个刻印公司
名号的杯子,象征沈良玑教授夺得锦标之意,共有十家公
司,遍布全球各地,正符合沈教授诲人不倦,"桃李满天下"
的良师典型。

　　在沈教授荣休午餐会上代表学生致词的李崇智和李
江,分别从北加州和达拉斯远道而来,前者是沈良玑教授所
指导的第一位电机博士,他于 1976 年学成后,应聘加州硅
谷从事卫星通讯方面的工作,现已退休,但仍为同一行业担
任三个咨询顾问职。他说如果没有当年良师的指导,就不
会有今天的事业。来自大陆的李江曾在沈教授麾下做过四

年博士后研究，现供职惠普计算机公司。沈教授表示他的
学生遍布各个行业。

妙手著华章

沈教授的专长虽是电磁波，同时也写得一手好文章，他
的作品偶尔在《世界日报》的副刊露面。1995年曾动过脑
瘤切除术的沈良玑笑称：今后将自我检验脑力，从事文字创
作，相信《世界日报》副主编田新彬听到此一音讯必然隔海
鼓掌，因为早先她来休斯敦美南作协演讲时，曾在一次餐会
上当面向沈教授殷勤邀稿。退休后沈教授与妻子刘纬携手
为三民书局合著《电磁学的鼻祖麦克斯威尔》，向中、小学生
介绍这位被爱因斯坦称为牛顿之后最伟大的科学家。

正如休大生物系杜晓春教授在荣休餐会上所言，相熟
的朋友都知道沈教授富幽默感，说起笑话来他自己不笑别
人笑，颇有冷面笑匠的风采。沈氏伉俪喜好卡拉OK，常于
家中琴瑟和鸣，他们育有两子，分别在哈佛大学的法学院和
大学部求过学，父子三人都曾受业于哈佛学宫之内的佳话，
掷地有声。更让朋友们艳羡不已的是，两兄弟娶的媳妇都
会说中文，一位来自台湾，一位来自香港，还有名叫之扬的
孙女，未满两岁半便能背诵李白的《静夜思》。

衍续遗传基因

说到沈良玑教授的家人,他的父亲沈光怀老先生,一生担任公务员,谨言慎行,作风保守,在家人面前鲜谈往事。他曾写过一篇《六十自述》,记述年轻时在校园里十分活跃,曾当选过学生联合会主席,那时的学生大多思想"左倾"。有一次国民党主委亲自率领警员到学校抓学生,沈老先生吓得越窗而逃,后来转学到南京,不幸被人诬告是共产党,被便衣抓进监狱,囚禁三个月后,十分幸运碰上了一位明理的法官,将他释放。

但这次牢狱之灾,对他打击很大,影响他一生行为低调。沈良玑教授说:"十分讽刺的是,在台湾,我父亲怕解放军解放台湾,因为他在国民党政府担任中级职员,但是他也怕国民党,因为担心有人诬告他是共产党,所以后半辈子改了名字。"毋庸待言,沈良玑大专联考点了"状元",他父亲必然有一番扬眉吐气的欢悦,日后他的两个孙子在美国念中学时,当了辩论会的主席,也都先后进了哈佛,沈教授说他们雄辩滔滔,是遗传了祖父的基因。

一生受两位女士影响

沈教授说,这一生有两位女士影响他最深切、最久远。第一位是他母亲余锭金,她从不叫他做家事,总叫他专心读书,有空闲的时候,也不叫他帮忙,反而叫他出去玩,去看电影,他二十二年的儿童和青年期即在母亲的呵护下温暖度过。沈教授心存感谢的第二位女士,即数十年来伴随扶持他的妻子刘纬,他带着幽默的语调说,她是推手,是全家的支柱,当自己偶尔得意忘形,她总及时把自己拉回到现实世界。

刘纬出身书香世家,毕业于东海大学化学系,父亲刘道元曾任山东教育厅长和台湾中兴大学校长。他们相识时,她正在麻省理工学院化学系实验室做助手,二人婚后搬到休斯敦,她做了 15 年的理化老师,更由于对海外的中文教育胸怀使命感,和几位朋友创办了休斯敦长青中文学校(其中包括朱经武夫妇),历任教师、校长和董事长及休斯敦中华文化中心总经理等职,著有《留美青少年教育指南》、《哈佛的中国母亲》,曾替《世界日报》周刊撰写"沈老师专栏"。

主编《长路迢迢》

2007 年,沈良玑和刘纬伉俪合编了一本《长路迢迢》的文集,12 位执笔者都是 1957 年进入台大电机系求学的同窗,他们对于离校后的 50 年做了一番回顾。沈良玑在编后语中表示:这 12 位作者的共同点是,都曾经留学美国,每人都白手起家,筚路蓝缕在异乡奋斗,是不是圆了美国梦? 每个人心里有数,但是大家有一个共同点,他们一起进台大电机系,毕业后各自选择途径,同时出发,踏上迢迢长路。

这本别开生面的书,不仅向母校做番交代,也向后进提供一些信息和经验,沈良玑说50年来,他们一直有心用自己的经验来回馈社会,激励后进,如果能达到这个心愿的千分之一,那就是他们辛苦笔耕的报酬了。

1995年,沈教授不幸发现脑中长了一个良性肿瘤,后曾数度手术,他还以冷面笑匠的笔法,写下《四面楚歌》一文,记述发现和诊断肿瘤的经过。2007年,他向同窗发起合著《长路迢迢》之议,该年12月得以付梓,是由台湾大学出版中心发行,5年后沈教授于休斯敦家中辞世,得年75岁。

沈良玑教授去世后,他的夫人刘纬除了参加中华合唱团、做运动,还在社区的"福遍中国教会"开课,替后到的华裔移民解说下一代的教育、食衣住行及社会风俗等文化课题,到了黄昏,通过长途电话,定时给远在东海岸的孙辈教授中文,仍续春风化雨之乐。

海归派的高分子之歌

我们每天开门七件
事都不离"器物"和"材
料",尤其在今日的经济
结构之下,每一种新材
料的出现,就意味着科
技的进步与新产业的形
成,眼前最明显的例子
是 20 世纪 60 年代半导
体材料的发现和计算机
信息事业的兴起,令美
国西海岸的"硅谷"和
"微软"跃升为全球性的企业龙头之一。

进入 21 世纪初叶,凡经济发达国家对于科学技术的追
求方兴未艾,谁若能在高科技研究和产业发展中取得优势,
谁就能从激烈的国际竞争中掌握先机。韩志超博士出生大
陆,台大毕业后、赴美求学、并生活三十余载,2002 年应聘
到中国科学院化学研究所担任高分子科学与材料联合实验
室主任及首席科学家,并自 2004 年 12 月又担任该院高分

子物理与化学国家重点实验室主任。若依英国经济学家《国富论》作者亚当·斯密的归类,韩志超属于"新的专家阶层,勤于思索,他们利用知识而为经济生产做出贡献。"

影响人类生活的高分子材料

韩志超在北京中科院所领导的两个实验室都以高分子为研究的主要对象,高分子的研究及应用范围究竟如何?根据百科全书的综述:高分子是分子量很高的一大类化合物,按来源可分为"天然"与"人工合成"两类;前者如淀粉、蛋白质、纤维素和天然橡胶,合成者如聚乙烯、聚氯乙烯。又由于它们是由成千上万个小分子化合物通过聚合反应联结而成,故又称聚合物,往日人类的食衣住行大部分是靠天然高分子所提供,1909年西欧设立第一座酚醛树脂厂,此为制作"合成"高分子之始。1920年德国化学家斯达丁格提出"长链大分子"的概念(日后因此获诺贝尔奖),后来经过许多位科学家数十年的共同努力,在有机化学、物理化学、物理学和力学的基础上建立了高分子学科。

高分子的未来发展的前景又如何呢? 2007年9月韩志超博士在北京接受笔者的访问时表示,20世纪人们所使用的器物材料以塑料、橡胶和纤维为代表的高分子材料为大宗,今后高分子的应用要脱离对石化资源的依赖,设法使用化学、物理或生命科学的方法合成新的高分子材料,此中包含绿色材料的环保新观念。

对于高分子的实际应用,韩志超曾细说日常生活中的"高分子","在以前,聚烯烃产品中都使用单纯的聚乙烯或聚丙烯,都是比较低档的,现在科学家把高分子加以合金化,通过一种不均匀的混合程序,使它具有不同的性质,增加它的韧性、耐磨性和硬度。"最典型的高分子是聚烯烃(包括聚乙烯、聚丙烯),比如各种膜、新的管材、汽车上的保险杠、仪表板都是聚丙烯或聚乙烯制成的,目前聚烯烃在全世界所有塑料中占85%。

这种合金在哪些方面得以使用? 韩志超回答:譬如人们希望汽车越轻便越能节省能源,于是使用更多的塑料产品,但是又希望汽车很环保,将废弃的汽车加以回收,汽车的金属部分一般可以全部回收,但塑料部分就很困难,因为目前生产的汽车中含有一百多公斤的塑料,品种很多,回收时不容易把它分开。现在欧盟国家规定自2006年生产的汽车必须85%的材料能够回收,如果使用高分子合金技术所生产的塑料,回收时就无须再对它进行分类或分解,在统一收回后可以做成下一级的塑料,即比较低档的成品,比如制造仪表板的材料,回收后可以做成汽车的底盘,等把底盘回收后,可以把它做成更低档的产品(譬如代替木板材料的廉价产品)等。

高分子学科的发展直接影响到与国民经济关系密切的农业、能源、信息、环境、人口与健康等领域的进步与发展。由于高分子先进技术的知识产权主要被世界上几个大公司所垄断,一般的研究很难突破这种专利的限制,韩志超研究所的工程塑料实验室和高分子物理与化学实验室联合起来,再与中油合作,目的就是要研究出这种聚烃烯合金的制造技术。在催化剂方面,已通过一种复合技术制成"复合催化剂",世界上还未见报道,是为创举,它绕道产权的限制而有所发现,而且这种方法已经申请到中国及世界的产权专利,其合金产品在实验室已经完成,剩下来是在工厂里进行模式测试和试用。

有关医学的高分子应用方面,2008 年 8 月 15 日江苏锡山经济开发区发布一则消息:韩志超院士的研究项目"医用体内纳米纤维膜、人工皮肤和伤口包覆材料"申报了无锡市的 530 项目并获列入 A 类,其产品具有纳米材料特有的优势:高孔隙率、高比表面积、良好的生物兼容性,安全无毒可被人体自然吸收。"该项目正式成立无锡中科光远生物材料有限公司,投资 800 万人民币,相信会对生物医学产业发生一定的引领作用,并可带动产业集聚发展。"

不寻常的海归

上列诸项的工作成绩足以说明韩志超因何在美国事业有成、到了服务届满的退休之龄,又应聘到北京做起海归派的原因。笔者请他就这一点抒发感怀时,他表示在美国工作虽然担任研究团队的领袖,带头做科研,但对研究方向却无决定权,其反讽意味十足的是,在美国必须听上级领导的话,后来到了中国,他所提出重要的工作方针和方案大致都获得采纳。依他个人体验：今日中国大陆的科研工作者拥有相当的主导权。在他所领导的高分子物理与化学国家重点实验室里，现有研究员 14 人，其余攻读博士及硕士者百余人，重点实验室邀请了德、日、韩、美的知名学者及国内获得国家杰出青年基金的学者 6 人。

韩志超能够施展平生所学，并与高阶层领导沟通顺畅的例子，可能在海归派中并不寻常。根据"环球华网"数年前一篇标题为"华人海龟：存活率低于 50%"的一则消息中指出，华人回流中国的热潮虽盛，但它所引用的一项调查说：回流人才的生存率低于 50%，海归派中不乏企业高管，平均在加入六个月后选择离开。

有一失败案例的周女士说，这种"分手"不存在谁好谁坏、谁高谁低的问题，虽然大家说的都是中国话，但有时听不懂老板想说的是什么。经常在开会时听到这样的结论"让我再想想吧"，后来我才知道"再想想"就等于"不同意"。这种情况可能是许多海归派所熟悉的，成功转型大概需要一年时间，而且必须要经过三个不同的阶段，即先要进入，再被接受，最后工作成果才能替企业带来变化。或许支配私人企业营运的因素比政府科研机构来得复杂，所以两种情况殊异。

三元工资法

外界对于中国大陆实行改革开放后的学术机构的支薪

办法不免好奇。据韩志超解释,他工作单位所实行的是一种极端资本主义的三元工资制,所谓三元即三分之一为社会主义的基本工资,三分之一为岗位工资(教授及研究员的补助),剩下的三分之一为绩效奖金,每个人心里都有一把小算盘,工作的压力都不小。

韩志超总结他的工作目标时表示"是对重要科学题目开展创造性的基础研究,承担对国民经济发展具有影响力的任务,解决高分子材料产业的一些重要的关键技术问题,更由于高分子研究只要跨出去一步,就能走向应用,所以我们实验室还要求研究员一边做基础研究,一边设法将它推展到应用层面。"

韩志超工作中的另一要项是担任英文学术刊物《高分子学报》的亚洲编辑,他主持编务的重要意义是"让实验室和国际学界、产界能够接轨、交流"。韩志超过去在华府商务部标准局工作逾半甲子,加上和日、德等国学术交流的经验,因此替这份编辑工作攒足了资历,追根究底这也是当局聘请像他这样国际知名高分子学者的重大缘由。其间也反映了全球化浪潮之中,专业知识分子早先出国的移民倾向和日后回流同文同种社会的趋势。

巡礼"科技现场"

记得参观访问中科院高分子重点实验室的那天下午,正逢北京9月末梢的金秋季节,因为韩志超下周一要到外地开会,于是赶在他出门前,到中科院的重点实验室做番巡礼。抵达"科技现场"后,首先映入眼帘的是外表新颖的圆形五楼建筑,由于是休假日,只有少数做实验的研究人员出现在办公室,手持一大串钥匙的韩志超,开启数个实验室房间的门户,展示他回国后所领导制作的"剪切光散射仪"、"显微镜试测平台"、"光散射测试平台"、"三维透射电镜实验室"等先进的科研设备。

笔者对他所介绍的专业学术名词有如鸭子听雷,但却注意到墙角和窗户边绿油油的盆景,替这个科研机构平添不少蓬勃朝气,忍不住就脱口称赞生意盎然的盆栽,只听他说每过几个月我就会提醒他们换一些新的来(足见事无巨细,他都照管),韩志超边走边谈地自我期许"要在两任(十年)之间,把这个实验室带成国际一流的学术机构。"自从回归北京之后,韩志超对于国际形势看得更为清楚,他曾经和驻派北京的美国商务部科技外销控制局官员聊天,一边抱怨美国高分子成品出货的时间慢,已有老大习性,虽然对方同意他的论点,但却无法有效地以行动响应。

笔者回美国后,找到韩志超当年在威斯康辛大学读书时的一位挚友,此人在美国的华人社区大大有名,即《世界周刊》的专栏作家信怀南。笔者请他对老友韩志超的相识相知说几句话,信怀南所回复的邮件写道:"我们相识于60年代末叶,两人同一天成婚,过从甚密。但离开学校后,他往东,我往西,追随不同的鼓声,各忙各的,近年来中间隔着太平洋,并无联络,志超事业有成并非意外,怀南为故人感到高兴，也以故人为荣！"信怀南对这位海归派老友的一番赞辞，若对应当前中国经济发展的景观，势必引来无数响应与共鸣！

年逾七十的韩志超，历经十年中科院的科学领导生涯，原计划2012年秋离开中科院高分子物理及化学重点实验室主任的职位，而解甲归田，回到妻子刘西林和三个子女身旁，开始享受含饴弄孙之乐，不意峰回路转，他受到深圳大学校长（原武汉大学副校长）李清泉的游说和邀请，又决定在2013年担任新成立的深圳大学高等研究院院长之职。

接任深圳新职

新成立的高等研究院，是深圳大学内部探索全面改革创新，实行特殊管理体制的一个学院，它包含本科和研究生的培养，侧重交叉学科教学和研究的新型教育。这个学院的建立，是在中国的经济和政治逐渐转型的环境之下，教育也跟着转型的新尝试，"你可以说它是欧美式，也可以说，它是一个教育上的改革学院。"

深圳市政府有条件创办这样的大学，因为深圳是中国改革开放的第一个特区，拥有雄厚的经济基础以及可观的政治资源，所谓"北上广深"，是中国大陆现今经济实力最强的四个城市之一，深圳也是中国改革开放四十年来辉煌成就的一个缩影。由于经济条件充裕，院里的学生免费吃、住，而且都有奖学金，深圳的地方人士告诉韩志超："我们没

有历史文化,但是我们要把现代文化建立起来!"

　　说到"深圳大学高等研究院"招生的方式也不同一般,深圳大学每年招收 6 000 学生,经过两次口试淘汰,挑选 60 个最好的学生,看他们是否能在带有压力的环境之下,表达自己。学生进来之后,必修四门课:数学、化学、生物和物理,另外修英文,仍需上政治课,但在某种特殊的情况下,可用写报告的方式代替。进入三年级之后,要开始选老师,自己做研究计划,进实验室,不但要念书,还要能独立思考,这是和一般其他中国大学不同的地方。韩志超说,做院长的行政事务很繁,换句话说,非常具有挑战性。今年他特别邀请美国知名大学的教授来测试这些接受新方式洗礼的学生,结果都认为达到了国外的上乘标准,对于从海外归国工作者而言,这的确是一张令人振奋的成绩单。

20 世纪 90 年代初叶,我曾在报上读到一篇日本的研究报告,它的结论是:日本的教育制度所训练出来的学生,大多是听话的小兵,但相形之下美国的学校却能培养具有领导能力的将军,这个"将军"与"士兵"的差异,似乎与"独立思考的能力"都指出了东方教育方式应予加强的着力点。

中笔者曾请教韩教授:"这个工作还打算做多久?"他回答:"已经做了三年,还做多久? 必须看其他情况而定。"

韩志超院长自 2012 年离开中国科学院化学研究所之后,仍旧担任一项与之有关的职务,职衔是无锡中科光远生物器械公司的董事长,是一家集研发与生产为一体的医疗器械公司,已经成立 6 年,它依托中国科学院化学研究所而进行研发,主要从事医用防粘连膜的生产和销售。这种超细纤维防粘连膜,具有纳米材料特有的优点,可被人体自然吸收,产品的技术和功能都已达到国际水平,取得国家发明专利权,及中国药监局的证书。

年逾七旬的抉择

韩志超院长的妻子刘西林,毕业于美国南达柯他州立大学数学系,在休斯敦大学校园和韩志超相识,二人婚后定居华府,她在马里兰州蒙郡中学做数学老师,后被任命为初中部的副校长,是该校第一位亚裔行政主管,曾参与创办当地的周末中文学校。她退休后,因父亲病逝,接掌家族在香港所经营多年的光远炮竹公司,担任总裁。自夫婿赴北京做科学领导,刘西林不免在北京、香港和美国三地之间奔波,现已结束公司业务。刘西林个性活泼开朗,擅交际,自幼习舞,是一位成功男人背后的贤内助。

访谈之间谈到个人嗜好和休闲活动,刘西林透露:夫婿不仅热爱他的工作,而且擅厨艺,若家人团聚或宴宾客,男主人可以做出一桌十分像样的酒席茶,她发现韩志超的这项才艺是婚后不久,"他嫌我做的菜不够味,因此有时下厨打牙祭,我就洗碗清理厨房",日久天长她发现韩志超一些学高分子的朋友或同事,十之八九厨艺精湛。她的结论是:在某一个关节上,懂得高分子之学,也深谙掌控味觉之道,笔者建议应该找专人就此写一篇学术论文,一定叫好又叫座。

又因为韩院长的妻子在香港完成中学教育,还有一些亲友居住香港,或许地理上的接近性和熟悉性,使得这位年逾七旬的海归人士,在"不为稻粱谋"的情况下愿意留在深圳,继续为转型的中国高等教育尽一份心力。

韩志超回顾自幼走过的路途,他说人生充满起伏和波动,只要全力以赴,不患得患失,或把得失之心放开,则一路平均总结下来,人生必然能够有所收获。

马中佩:震动全球天文学界

不论是希腊的哲学家苏格拉底，或《三国演义》里的诸葛亮，似乎都能从夜观天象而领悟到宇宙的奥妙和社稷兴亡动乱的征

兆,事实上天文学和人类社会关系密切。日常生活当中的日夜交替、四季变化、日月星辰的排列组合,都经由天文学的规律决定,天文学兴起于人类文化的萌芽时代,是人类自然科学中的老大哥,至今仍是最能引起大众兴趣的一门科学。

2011年12月初,英国《自然》杂志和全球各大媒体纷纷报道加大柏克莱分校华裔天文物理学家马中佩所领导的科研小组发现了天文史上最大的两个黑洞。

这八人研究小组,在四年前开始利用双子星上的望远镜和夏威夷天文台的 KECK 观察仪作为观测仪器,将所搜集的数据,再使用计算机演算及数据分析,尔后所得的结果

是:距离地球三亿光年的银河系发现两个相当于一百亿倍太阳的超级大黑洞,而人类上一次发现黑洞是在 33 年前,其质量仅为现今新发现之半。

天文新发现

事隔五年,到了 2016 年 4 月,马中佩领导的八人小组续有斩获,在偏远的银河系发现另一个"几乎破记录"的超大巨兽黑洞,美国航天总署在 4 月 7 日宣布:这次发现的黑洞,和五年前大小相若,规模约是太阳的 170 亿倍(太阳是天文学上计算黑洞质量的单位)。马中佩所领导的团队是透过哈伯太空望远镜以及在夏威夷的双子望远镜所找到此黑洞。

马中佩在宇宙偏乡发现超大黑洞,可以说是五年前团队发现超大黑洞的延伸研究,当时她和团队计划系统性的调查整个宇宙的一百个大黑洞,却意外在大城市之外的偏乡发现宝物,这让团队决定要探索其他宇宙的偏乡。

找黑洞的过程困难重重,其最艰辛处是,黑洞本身不发光,看不到,不过黑洞附近的星球会发光,由于黑洞引力极强大,星球必须用超速度摆脱,才能幸存,马中佩团队就透过这些星球的超高速去测量黑洞质量。这次发现过程也动用了全球最大的夏威夷双子星望远镜和在太空中运行的哈伯望远镜。

对于来自台湾的华人同胞而言,这两件新闻的背后还包含了另一重惊奇和欣喜，领导这件科研工作的女科学家马中佩教授，1966 年出生于台湾，在一女中读完高二之后前往美国完成最后一年的高中课程，而后进入麻省理工学院攻读天文物理及宇宙学，取得物理博士学位，她在柏克莱执教之前曾任教宾州大学天文物理系。

在美国女性投入科学领域较之其他行业为少，前哈佛大学校长莱瑞·桑莫斯（Larry Summers）曾经发表女性不适宜从事科学的言论，立即受到多位社会领袖的抨击，并引起该校女教授群的反感，据说这种根深蒂固而又政治不正确的意见也促成桑莫斯提前辞去校长职务。

少年提琴赛冠军

马中佩身为科学界的女强人，她不仅研究天文物理的成绩出众，而且擅拉小提琴，4 岁就开始学琴，16 岁获得台湾青少年小提琴赛冠军，曾随少年管弦乐团到欧美演出，因此认识了许多朋友，这些美好的回忆，使她一直想继续学下去，"做音乐家"一度成为马中佩的事业优先选项。直到赴美进入麻省理工学院攻读天文物理，她同时也获得该校音乐系提供的奖学金，再以交换学生的身份到新英伦音乐学院修习小提琴，日后被人称为"左手做物理，右手拉提琴"的女科学家。

当超级大黑洞的发现在媒体上传开之后，电视镜头上的受访科学家，不同于惯见的秃头或鹤发老先生，而是一位面貌姣好的清秀佳人。虽非美国土生的东方女性,犀利的英语常以幽默点缀,这也得益于马中佩自己决定高二结束后就想到美国深造。她认为国内的高三课业都在复习功课、准备升大学,所以尽管母亲怕她年纪尚小,不能适应环境的顾虑,她毅然决定离家求学。就马中佩个人的求学时间表而言,她精简了学习的时间,提早融入美国社会,马中佩正是凭借着一份自信心和积极的人生态度,替她的科研成就奠定基础。

答话机智幽默

笔者从事自由撰稿多年,平日注意新闻动向,2011 年底接连在美国公视台(PBS)和国家广播电台(NPR)看到马中佩接受访问的节目,深感她答话进退有度。诚然,言谈间所流露的机智和幽默,和她的资质学养有关,但多少也受了父亲是新闻学者、母亲为名记者的耳濡目染之故。

马中佩接受美国国家广播电台记者的那一段访问充满音乐和笑声,足以显示马中佩应对媒体的历练和圆融,以下摘译访问的片断以飨读者。记者布朗先生在开场白中介绍加大柏克莱分校的科学家发现了有史以来宇宙间最大的两个黑洞,每一个黑洞的大小等于我们太阳的一百亿倍,距离我们有三亿光年。我们现在知晓黑洞的引力很强,它的质地坚固,就连光线也难以穿透,这是马教授所领导小组的大发现。

接着布朗请马教授补充"我对黑洞解释的不足之处"，马中佩说："你的开场白太漂亮了，正是我想说的，没有什么可增加的了"，记者反问："是吗?"马说："的确。"

记者接着又表示："马博士我真高兴请你来到我们这个节目！让我再请教您，据说上次所发现黑洞的记录，它只有我们太阳的六倍大，为什么这一次发现的会如此之大?"

怪兽何其大！

马中佩回答："真的，为什么这些怪兽会变得这么大? 他们到底吃了什么? 我的意思是一定有人喂他们，我想他们年幼的时候，大概在双亲的银河系里吞食不少GAS，他们都生活在非常安静的银河系，于是就逐渐变成了今天这么大，现在他们已经退休了，没有那么多的GAS，所以也不容易被发现。

记者问："那么你是如何发现这距离我们有三亿光年的怪物?"

马中佩回答："黑洞四周的星球可以感受很大的引力，科学小组以记录星球移动的速度来观察黑洞质量的大小，"马中佩并且打了一个比喻来形容科学观测之不易。她说这就像你身在华府住家之内的门缝里、眯着眼观察马友友在纽约卡耐基音乐厅演奏《野蜂飞舞》一样，你想计算马友友演奏时是怎样播弄琴弦的。

记者说："那可真难为了你们这些科学家!"节目结尾时

背景正播送《野蜂飞舞》的音乐，混杂着许多笑声。

2012 年 4 月初，笔者有一趟北加行，因为过去曾访问的华裔科学家，百分九十是男性，所以希望能约见到因发现黑洞而震动国际天文学界的马中佩教授。除了平日教学、科研工作忙碌，三月底她刚到北京接受"影响世界华人奖"。这是一个由凤凰卫视策划发起，十余家在海峡两岸、东南亚、美加（包括北美《世界日报》）及欧洲富影响力的华文媒体及机构共同主办，2011 年是第五届，同届获奖的华裔科学家还有专长太空物理兼第一位华裔航天员的王赣骏。

亮丽的得奖记录

前此马中佩的得奖记录包括：1997 年获安妮卡农奖 Annie Canon Award，它表彰宇宙天文学的杰出学者，为该奖设立 63 年以来首位华裔得主。2000 年以"微中子宇宙研究"论文获海外华人物理学会年度杰出年轻研究学者奖，2001 年获同一学会杰出人员奖，2003 年获麦尔 Mayer 夫人物理奖，纪念历史上第二位诺贝尔科学奖得主，它颁给获博士学位十年内，展现具体物理成就的高潜力女性。

马中佩在 2011 年底趁北京领奖之便，顺道去台北探望双亲，回到柏克莱校园后，在不折不扣的"百忙之中"接受我的访问。说起这位科学家的忙碌程度，直接和马中佩领导的八人研究小组的科研进度有关，该小组已成立四年，分别由来自加大柏克莱分校、德大奥斯汀分校、多伦多大学、密歇根大学以及阿利桑纳州国家光学天文台的专家组合而成。由于观测宇宙星象所使用仪器的费用很高，每一日达十万美元，申请使用的人络绎于途，而且因为四季气候的关系，使得观测仪的使用时间受限，大家必须先排队再排班。科研小组的成果是依据分析过的三个银河系的基础上完成，正在进行分析的还有五六个银河系资料。除此而外，在研究暗物质和暗能量的过程当中，马中佩说从我们所知道地球上的元素周期表中的元素只占宇宙的 4％，"这表示 96％那些不发光的部分都是人类所看不到的暗物质和暗能量。"

任学术刊物主编

在教学和做科研之外，她还担任 Institute of Physics 的主编，这项职务已经做了五年，每月出版三期，必须阅读许多文章和新书，但是大量的阅读也让她掌握这一行最新的发展，当然对于科研工作十分有利。

谈到天文物理这一行，如果留在学术界，马中佩说工作机会不多，从开始必须按部就班读硕士、博士，做博士后，再申请教职，每一步骤都不容易，目前的趋势是，天文物理方面学术交流频繁，全球化的合作方兴未艾，因此做科学研究的人还必须懂得推销术，推销自己所学，当你站在课堂上或参加学术会议的时候，才能够妥善地表达自己的意见。马中佩认为无论情况如何艰难，只要有兴趣就应坚持下去。

当初曾动念以音乐为职业的马中佩，虽然放弃了对它的专业追求，如今透过音乐，让她接触科学之外的美艺世界，无论平日工作多忙，她和朋友们每年暑假都参加一个音乐营，由职业乐团的音乐家指导。她说她现在很痴迷弦乐四重奏，贝多芬的十六首弦乐四重奏对她说来是音乐创作中的经典之作，她现在会演奏其中的三首，希望在未来的十年中，把其余的十三首都给学会。

她的人生伴侣也因参加音乐营而结缘，他在加大圣塔芭芭拉分校教授音乐史，擅长中提琴和巴松管，他们现有一个可爱的男孩，马中佩生活节奏之忙碌可想见一斑。

分配时间的要诀

为人妻、母，又身为教授、科研小组领导人等多重角色，马中佩认为"分身有术"十分重要，她以前曾请教一位麻省理工学院的女教授，所给的处方是：要懂得分配控制时间，把情绪划分开来，马中佩说："当我陪儿子玩的时候就不去想工作，当我做研究时，就专心工作。"

马中佩说她12岁决定做物理学家，这个愿望就一直受到尊重，周遭从来没有人反对她进入这一行，但是到美国攻读物理博士，性别歧视似乎是一个敏感话题。虽然没有人公开讨论，但是大家心照不宣，那时若干年长的女科学家私下可以举出明显的个案，就连21世纪初叶，担任哈佛大学校长的桑莫斯还说出女性不宜投入科学一行的话。如果在

329

美国职场遇到不平的待遇，应该怎么办？马教授说，那时就要拿出勇气来质疑权威，对自己有信心，中国人固然讲求内自省的功夫，但是"自我批评"必须是对事不对人。

马教授认为，要增加女性对数理和自然科学方面的兴趣，凡是家庭和中小学的影响都十分重要，如果等进了大学再说，那就太迟了。关于美国女性不被鼓励进入科学领域的社会现象，笔者有一次在前白宫女发言人的演讲场合拾到一个例子。

这位前白宫女发言人米尔斯（Myers）于 2010 年 3 月 10 日访问休斯敦，在一个民主党妇女团体的筹款会上发表演说，她说虽然美国人在法律面前，男女平等，但是传统的社会习俗与态度，常给女性带来奋斗过程中的阻力。譬如有一回我参加西屋（Westinghouse）科学奖的颁赠典礼上，目睹一位男学生在答谢词时表示："我从小就对科学有兴趣，下功夫，我值得！"轮到女生得奖人致词时，她则表示："得到这个奖十分意外！"她分析这两式答话，表现了两种不同的心理状态，米尔斯强调后者是传统女性一贯缺乏自信心的反映。

访问马中佩教授那天下午，笔者要赶搭飞回休斯敦的班机，马中佩也刚从亚洲领奖回家，原先说好在柏克莱校园的天文物理系办公室碰头，当我们进一步约定见面地点的时候，为了我搭飞机的方便，她选择一处离地铁站较近的咖啡馆，的确在旧金山霪雨霏霏的气候里，给拖着行李的我省去一些路途。

我依时抵达，只见这位科学界知名的"女强人"，着一件深红色套头毛衣黑长裤，正卸下肩上的背包，看上去像是一位女研究生。她笑容可掬地打开话匣子，随后神情专注地回答我的问题，作为一个新闻工作者，我深知因 2011 年底黑洞的发现，虽然她连续接受全球各地媒体访问，但仍旧很有耐心地回答我（大概是已经重复了百分之九十）的问题。当我提起一般记者对科学题目不知从何说起的时候，她立即加重语气表示，根据她接受无数记者的采访经验，目下新闻记者的问题出乎意料地抓住重点。

双亲协编词典

我和马中佩在北加州湾区的斜风细雨之中道别，忍不住告诉她，"在你出生那年，我正进入你父母亲工作的新闻机构实习，后来我念研究所时在那工作两年，"言语之间仔细观瞧她的脸庞，上半部像母亲，下半部像父亲，两位媒体工作者，养育了一位"左手做物理，右手拉提琴"的杰出天文学家。眼前马中佩开朗的笑容，在春寒峭料的北加州气候里，能让人感受她百尺竿头、更上层楼的丰富能量和自信心。

笔者在报上读到马中佩的双亲是知名的新闻学者和媒体人，但鲜有人提及她母亲黄肇珩当年活跃在新闻圈的往事。黄肇珩起初担任采访主任，她的文字功夫好，新闻跑得既勤快又准确，当年她写的人物专访，常是年轻记者私淑和学习的范本。记得 20 世纪 60 年代中叶,林语堂到台湾定居,经由当时"中央通讯社"社长马星野的推荐,文学大师林语堂聘请马中佩的母亲黄肇珩担任秘书工作,后来发现黄、林还是福建同乡,林语堂在台编词典的巨大工程,是由马中佩双亲担任重要的编纂工作。"林语堂当代汉英词典"在 1972 年由香港中文大学出版,林氏早先以撰写小说和专栏文章驰名中外,根据林的一本传记指出:"这部词典是林语堂晚年对中华语文的重要学术贡献"。

马骥伸和黄肇珩栽培了一位国际知名的天文学家,其实也不是一件意外的事!

陈赞煌:建立台湾第一台
"海底地震仪"

新旧世纪之交,地球上发生了几起令人惊惶失措的天灾人祸。而天灾之中又以地壳变动引起的地震和海啸的威力最强,造成的损失也最为惨重。尤其台湾位于欧亚大陆板块和菲律宾海板块的挤撞带,为全世界地震最活跃的地区之一。1999 年,台湾"921"大地震之后,造成两千余人的死亡和房屋、桥梁及路面严重破坏,根据灾区重建的数据广告牌显示:地震的余悸和阴影不时走进灾民和孩童的睡梦。

对于 20 世纪 70 年代初期自台大地质系毕业,负笈美国获得地球物理博士学位的陈赞煌而言,留美的时间愈长,便"愈觉得对家乡有一种逃脱的亏欠"。早年在台北就读建中的时候,他和同学合办一些社团,进台大前后,响应"自觉运动"、参加新生报《中学生科学周刊》编辑工作,出版、翻译科学书籍,留美求学期间投入保钓运动,一向爱国爱乡不后人。随着日月流转,年行渐长,每每思忖如何为台湾尽一份心力,终于等到环境许可,有机会回台服务时,立刻配合自己的专长发展"海底地震仪",开辟在地球科学研究的新领域。

虽然今日科技已达到登陆月球、复制牛羊及试图造人的地步,但仍旧无法真正了解地球内部的构造和活动,准确地预测地震。陈赞煌指出,目前只能大致估计地震的概率,而预测工作中的最大挑战之一就是收集地壳变动的资料,了解应力场的现象和地震机理。对于四周环海的台湾,学者早有共识,应该发展"海底地震仪"。陈赞煌于1989年应聘基隆海洋大学教职,获得"国科会"、教育主管部门和海洋大学的支持,开始着手相关的规划,1991年组装完成两颗"海底地震仪"并成立"海底地震仪"实验室,同年暑假海洋大学有了独立出海运作的能力,并于1993、1994年与俄罗斯、澳大利亚进行合作,台湾从此列入世界"海底地震仪"俱乐部的名单。

应聘教职

根据地质学的研究,台湾是千百万年来欧亚和菲律宾海两大板块在海底挤撞后逐渐抬升形成的,这个造岛过程至今仍在进行之中,很可能还要进行数千万年,如欲了解此一过程则必须掌握相关的地质构造和演化,尤其是发生在台湾和附近海域的地震现象,往往能够反映出从琉球海沟,经台湾本岛到马尼拉海沟所包含的板块交界的性质与几何形状问题。

为解决这些关键问题,必须进行海域地震及地体构造方面的研究,它无法仅仅依赖布置在陆地上的地震站的侦测和定位,此因陆上的装置不能对地震的板块边界、断层或断裂机制,导出精确的结果和推论。

顾名思义"海底地震仪"是一种放置海底,进行震测实验,接受人工和自然产生的地震波,用以研究海底沉积和地壳构造,并从事天然地震研究的仪器。就今天的科技观点而言,不能算是高科技仪器,只要将一般制造地震仪的材料和零件组装成抗高压而且密封不渗水的仪器,放置海底,并有令它浮沉并得以收回的装置,即构成一个"海底地震仪"的基本要件。

多功能的"海底地震仪"还可以附加收集其他海底环境的数据,例如温度、压底流、压力甚至录像的设备,随研究的目的而增减。陈教授指出,各学术单位对"海底地震仪"各自有不同的设计,大致而言,共有自跃式、拖缆式、简易型及多功能型,随规划之不同而异。由于涉及使用研究船的昂贵费用,到目前为止,世界上拥有"海底地震仪"设备的国家大约一打左右。

基隆海洋大学所规划的"海底地震仪"是属于简易型的式,使用方便,造价便宜,源出美国德州大学,由陈赞煌的指导教授加里·莱瑟姆(Gary Latham)博士在 20 世纪 70 年代中叶发展的品类。加里·莱瑟姆博士在地震学仪器研制方面,卓尔不群,当年太空总署在月球表面所安置的月震仪,亦出于他的设计。

当年台湾钱淹脚目,经费不成问题,而且台湾物理学界也都认同支持,但在具体落实的过程当中,却面临现实的作业问题。首先需要的是电子技术人员的合作,当时中研院地球科学所叶永田所长表示可以支持电子技术人员,但仪器必须跟着技术员。换言之,仪器要放在中研院,这对陈赞煌在基隆海洋大学的教学和研究工作都造成莫大的不便,考虑之后,决定婉拒。于是再向海洋大学校长郑森雄求援,郑校长同意由该校电算中心调拨一名技术人员参与工作。

陈赞煌教授在学校所拨出的四十万台币和"国科会"核定的制造两个"海底地震仪"的经费中进行零件采购,并派送一位电子技术人员前往德州大学、向该校负责"海底地震仪"的中村吉雄博士学习相关技术。后因中村博士对派送的电子技术员不甚满意,1990年底再从教育部门争取到一位电子技术员,调配到海洋大学参加"海底地震仪"的工作。

成立实验室

1991年3月,陈赞煌邀请中村博士到海洋大学客座研究三个月,同时训练技术员吴立维,从此"海底地震仪"实验室就此建立起来,担负着仪器制造、组装、维修、设计、实验及训练研究生的工作,是年暑假利用海洋一号收集数据以及数据的处理、分析与解释整个流程和操作步骤，因而掌握独立出海运作的能力。日后这个实验室也就成为海洋大学的一个特色。

海底地震仪的测试和运作都无问题，其间主要关键是，海上作业必须有船，台湾这方面有海研一号、二号及三号可用，其中一号的规模比较大，还有空气枪的设备，通常一艘船一年的维持费用在数千万台币，冬日西北季风风浪大，一年只有两百余天可以出海，若以台湾各学府相关科系、"国科会"等各机构提出五十件左右的研究计划计算，船期的安排就十分紧张，大约只能分配到四五天的作业时间。

回首来时路

陈赞煌这一番"归去来"的原始起点，是从台北闻名的迪化街往北走，跨越台北大桥进入"草埔仔"。后来他父亲在迪化街开洗衣店，附近都是引车卖浆者流，属于社会较低层讨生活的人群，但邻里皆守望相助，他们在台湾光复初期的地方选举当中，形成对抗统治的大票仓，陈赞煌常在店里看他父亲熨衣服，又听坐在一边长板凳的阿伯们批评"贼子官署"，幼小的心灵埋下警察是鹰犬，国民党和我们距离遥远的观念。父亲虽然只受了小学教育，但天性急公好义，鼓励陈赞煌多读书。

身为家中长子，增添一份责任感，从小学一年级起，他每年名列前茅，交往的朋友也都上进。陈赞煌念中小学时因为师长鼓励写文章,初一的时候,国文老师要他每星期作文一篇,改好了,替他寄出去投稿。尤其是初中毕业直升建中高中的那一年暑假,他花了近四个月的时间把台北市立城北图书馆里社会科学类的书发奋念完,他说从那以后,他的视野比较开阔,所注意的事和别人不一样。

进入高中以后,他结识一位和自己背景殊异的朋友,这位胡姓同学的父亲是知名政论家胡秋原教授,那时李敖和胡秋原正进行东西文化论战。陈赞煌因为同学的介绍而接触了这方面的文章及一些人物传记,在高中时代很少读课内的书,大部分的时间都花在组织和参加社团活动,譬如"四育励进会",参加的人包括台北五个知名的省中(建中、台师大附中、成功中学和北一女、北二女)的学生,马英九的大姐马以南那时也参加了这个组织。随后又发起"励进会",所办的活动包括出版刊物、演讲会并探讨一些社会问题及郊游等,高三在建中又组织利达会。从这些活动看,他结识了胡秋原教授的儿子,又结识名校的学生,可说是融入菁英阶层。

来来来,来台大

在台大,陈赞煌先后攻读数学和地质系,依旧热衷课外活动,例如和林孝信等在《新生报》编写《中学生科学周刊》,又办"志译社"翻译科学方面的新书,徐氏基金会当时提供资助出版计划。总而言之,求学时代的他,年少气盛,很希望结合志同道合的朋友，举办活动，突破现状，参与社会改造。那时恰巧有台大法律系教授俞叔平，在报上发表了一篇游德观感，另有一位留学生狄仁华发表一篇《人情味与公德心》的文章，陈赞煌这一时期便响应"自觉运动"、"真科学运动"，又参与"爱乐小舍"每月有系统的欣赏音乐。

那年头台大毕业的学生大多循着"来来来，来台大；去去去，去美国"的模式，出国留学。陈赞煌先后在南密西西比州大学获构造地质学硕士、德大达拉斯分校获地球物理博士学位。留学期间，他加入海外的"保钓"运动，独立发行通讯并参加《新苗》、《柏城青苗》等刊物的编写刊印工作。

陈赞煌取得地球物理的博士学位前后，大陆刚刚开放黄海、南海及莺歌海的探勘，这时他任职的德州联合石油公司也参与探勘，在中国沿海地区搜集地质与地球物理的资料，并因此在河北省涿县石油物探局评估酒泉盆地的石油矿产，1989 年应大庆石油管理局之邀，协助建立重磁力勘测系统，并且估评内蒙古边境的石油潜力。

回回回，回台湾！

早在 1985 年，陈赞煌便萌生返回台湾服务的念头，开始投石问路，但决定聘用他的中央大学物理系发现陈赞煌名列黑名单，后来台大海洋研究所的邀请亦踢到同一块铁板。此后四年，曾有当时在柏克莱教书的李远哲和德州圣安东尼市的侨务委员董厚吉给予协助，和有关方面沟通。

1989年一个深夜,他接获台湾来的道歉电话,谓以前是一场误会,终于打通归乡之路。对于自己上了黑名单的这段曲折,至今依然让陈赞煌纳闷,因为离开台岛之后,除了参加保钓,从未涉足其他政治活动,难道是去过大陆的缘故?究竟是什么人打了他的小报告,使他的还乡曲推迟了四年,仍是一个疑案。

在两岸都累积了工作经验的陈赞煌博士,应笔者之请,比较两方面的科研特色。他在20世纪80年代中叶有机会接触大陆的石油探勘业,虽然那时吃大锅饭的色彩浓厚,"但是他们做事认真,很想从我这里学点、挖点东西",以前跟着我做事的小伙子,现在已经成为领导。陈赞煌所见的大陆学生也是拼命读书,很像他求学时代的台湾学生一样,把出国当作一条出路。

1989年,他回到台湾的时候,所指导的研究生素质仍然不差,但是较为富裕的经济生活给一般大学生带来价值观的改变,不再热衷出国深造,也不像以前的学生那样用功读书。在学校做研究,申请钱不是很大的问题,相对而言,要找人做事比较困难,这是因为台湾人事行政的结构比较僵化,要先占缺,才能雇人,若以专任助理的名义雇用,工作没有保障,经常做不到三年就跑人,对科研工作很不利。他认为民进党执政后一直停留在好斗、竞选的心态,连大学校园也变成蓝绿抗争之地,李远哲以前希望政党轮替,使社会质量向上提升,没料到它的结果却是向下沉沦。

不会轻言退休

2005年秋天，陈赞煌自台湾学界退休，返回德州休斯敦与家人团聚，又恢复朝九晚五的上班族的生活。周末他依然热心参与侨社活动、代表台湾保钓团体参与庆祝抗战六十周年大会、奔波于高金素梅九月中旬来美巡回表演募款活动。转眼行至2012年秋天，海峡两岸和北美洲又掀起保钓运动，陈赞煌驾轻就熟地和一群北美保钓老将包括现寓居欧洲的俞力工、胡祖庶等帮忙写文宣，透过网络抨击日本对钓鱼岛的偏差看法，并替休斯敦保钓联合会邀请老友林孝信前来演讲。9月16日，陈赞煌和妻子刘虚心飞往纽约市参加日本领事馆门前的示威，接着又参加筹备年底12月7号休斯敦保钓联合会所举办的"南京大屠杀七十五周年纪念会"。时下陈赞煌供职美国一家油田信息公司，其作业范围遍及全世界，他负责的是东北亚地区的那一块，包括中国大陆、中国台湾、日本、韩国及内蒙古。陈赞煌说他对自己的工作非常喜爱，不会轻言退休，就像一匹老马一样继续驰骋不懈。

另一半刘虚心

刘虚心与陈赞煌在旧金山结缘一生，你若到休斯敦华人圈提起她的名字，大家并不陌生。她毕业于台湾大学商学院,在休城两家华资银行担任过副总裁,前此于休斯敦东南郊的盖沃斯顿市的穆地银行任职副总裁二十余载,十分热心侨社的公益活动。

20世纪90年代,她受加州史维会(全名世界抗日战争历史维护委员会)之托,在休斯敦接待前来为《南京大屠杀》宣传的张纯如,这件工作并非机场接送便算了事,还需举办两场公开演讲、准备数百人点心及签书会等;2005年又与人合办了庆祝抗战胜利六十年的大会,身为她家明湖城的近邻,我对于刘虚心的办事能力只有深深敬服和叹为观止。

上面提到的几件事,为单件的活动。早在1989年,她的另一半陈赞煌应聘基隆海洋大学的教职,除了寒暑假,都是她一面上班,还带着两个不足十岁的男孩。16年后(2005年)陈赞煌自台湾的教职退休,两个儿子已大学毕业,相继自哈佛大学法学院拿到学位,令相识的华人朋友羡慕不已。

2016年7月《世界日报》星期周刊刊出一篇有关滋根基金会的特别报道,出自刘虚心之手,文中记载她在同年年初访问云南贫困乡村儿童,检视16年来受到滋根基金会补助的成果,刘虚心一直义务担任该基金会的财务长,有人问她为什么经年累月做这份义工?她回答:"我们都是中国人,做留学生的前几年艰苦奋斗,到了中年行有余力,做一些有意义的事关爱中国农村孩子,是最自然不过的事。"

加入滋根基金

20 世纪 70 年代,台湾留学生掀起了保卫钓鱼岛运动。当时中美关系久冻初解,又逢乒乓外交和尼克松访华。随着中国重返联合国,许多华人留学生去联合国应征工作。联合国的职员们有一项善举,他们每年捐出 1‰的所得,给落后国家发展教育之用。这些新进的中国职员们心想:中国如此贫穷落后,何不去实地考察,把钱直接带到项目点。办图书馆是大家想到的第一个项目。1987 年,董叙霖、杨贵平夫妇带着大家捐的三千美元,来到尚未开放的贵州,想要安排建立图书馆,种下了"滋根基金会"的这颗种子。

因缘巧合,杨贵平去贵州途中在飞机上认识了一位热心人士,当时的贵州铜仁乡团委书记罗义贤,于是跟着他坐车、爬山、涉水到贵州乡下,住在当地农民家里,但见家徒四壁,人畜同住,到处臭烘烘的。她和这家的女儿谈天,才知道村里的女孩子没有几个去上学读书的。她心想如果这些女孩子连字都不认得,怎么可能去图书馆看书呢?

几天的乡村生活,董叙霖、杨贵平夫妇亲眼看见农民生活的劳苦和贫穷,回到贵阳,感到农村与都市是截然不同的两个世界。之后到香港,住在女儿豪华舒适的家,她几夜无法成眠,闭上眼睛,那些纯真可爱的孩子们,没有受教育的机会,同样是人,他们的命运何其不同? 这个小小的心苗促成了杨贵平今后支持中国农村基础教育的动力及方向。

343

于是,他们于 1988 年在纽约成立滋根基金会。1992年,中华滋根基金会在台湾成立。1995 年,中国滋根乡村教育发展促进会由中国民政部批准成立,奠定了在中国发展壮大的基础。2007 年,香港滋根基金会成立。

滋根基金会最初在贵州、云南、广西、河南、河北、山西、宁夏及内蒙古等最贫困乡村,支持近五千个失学儿童,设图书室、乡村卫生室,进行妇女培训,组织小型水利及小型贷款等。到了 21 世纪,中国进步成世界第二大经济体,落实九年义务教育、学生免收学杂费,因此滋根的资助项目也有所调整,以前最大的项目是小学生的助学金,现在重视教师培训、环保种树、太阳能热水器、化粪池、电池回收、垃圾分类回收及乡土文化进课堂,让老师们做有现代社会责任的人及多元文化的传承人,用"可持续发展"的教育教导学生和周围的人。

2016 年杨贵平和刘虚心等所代表的滋根基金会在 4个省份访问了 20 多所小学,因为都是贫困乡村,大多数的孩子都是留守儿童。如今,在中国乡下,一个孩子如果父母双全都在身边,又温饱无忧,就是极幸运的少数。大家看到今天中国到处施工建设,打工的人绝大部分来自贫困乡村,牺牲的是他们的家庭和下一代。中国官方统计,全国留守儿童有六千多万人,而"非官方"的说法可能更多。

刘虚心的这篇文章透露了大陆改革开放以后,农村劳力涌向城市所衍生的问题,虽然和当初她访问农村时相比较,建设大有进步,留守农村的小孩衣食无缺,但是看到一半的孩子是留守儿童,面对这种事实,她说滋根基金会也无能为力,她衷心希望政府能拿出好的政策来解决这个问题,让孩子们能心身健康地向往有希望的明天。

祖籍河北、四川出生、日后在台北眷村长大的刘虚心,和台北县出生的陈赞煌,于留美期间的保钓运动中相识相知,替二人牵红线的月老是海外知名的华文女作家李黎,《袋鼠男人》的作者。夫妻二人的家庭背景殊异,虽然都在台湾大学完成高等教育,同样在美国打拼事业有成,他们和两岸时而保持联系,他们对祖国也各有实质贡献:一位在科学上发展、建立了台湾第一个海底地震仪;一位替大陆乡村贫苦儿童寻找美好的明天。这俩人一生的所作所为直可视为华人移民美国的一段佳话。

我的写作现场

石丽东

2011 年的夏天暑热炽烈,但美国电视新闻所播送的图像却一片萧瑟,先是国会为了政府债台高筑而漏夜思索对策,接着债信风暴延烧各国股市。另一件令人丧气的新闻是自 1981 年开始作业的航天飞机计划也在七月下旬由亚特兰斯号完成最后一次飞行,结束过去美国载人的航天飞机绕行太空轨道的卅年傲人历史,在显露一个超强大国渐趋衰落的疲惫。

华人之光

收视了这则新闻,我的心情随之沉重起来。在过往的四分之一个世纪,我曾参加十余次在休斯敦太空中心新闻简报室举行的(发射前的)记者会。整个航天飞机计划共有四位华人血统的航天员参与,他们是华人留学生王赣骏、中南美洲哥斯达黎加华裔科学家张福林,两位美国出生的华裔科学家焦立中、卢杰。王赣骏 1985 年的升空任务我没来得及赶上,但三位后来者一共出航十四次任务,每逢华裔航

346

天员出航,我就绝少错过这种类似餐前开胃菜的记者会。其间有一次不平常的经验是:丁肇中所领导的 AMS 计划于 1998 年随航天飞机做物理实验,因此见识到一位科学家在记者会上所显现的霸气,眼看两位知名的记者在提问之前,先要为自己浅薄的科学知识道歉。

在美国,若有华裔航天员升空,即使我是"自由作家",并非正规记者,只要经由华文媒体递上一封因实际需要的信函,便十之八九可申请到采访证,每次出席这样的记者会,必需事先做好准备工作,不然即使听得懂英文,也不知道科技专家说的是什么,更遑论采访之后要写新闻稿。

航天飞机记者会的准备工作不轻、事后整理出的稿件投到报馆,虽然采用率达到百分之百,但所得甚微,并不合乎资本社会所谓的投资和回报率,为什么仍然乐此不疲?

自 由 撰 稿

20 世纪 80 年代的后期,我们一家从洛杉矶搬回德州休斯敦,定居东南郊的太空中心所在地明湖城。持家养育子女之余,我决定投入平面媒体的撰述工作。我之选择这一行,并非在写作方面有什么天分,乃纯粹爱好使然,同时也靠着在校主修新闻的一些基础。但我并没受雇于报馆,并非每日出外作业,只有遇到华人社区的重大事件或活动才前往采访,并加记述,英文称作自由撰稿。或可美其名曰"自由职业",然而许多人揶揄自由撰稿者就是失业作家的代称。

在海外从事华文写作的一个重要转折是离开原居住地,来到一个新的文化现场,如果拿起笔来,写什么?在虚构与写实之间,前者需要丰富的想象力和生花妙笔,这些都是我所欠缺,更重要的一层理由:我念的是新闻系,时兴的名词是大众传播,来美后曾在英文《休斯敦邮报》资料部工作十五寒暑,对于美国报纸的新闻作业能有机会做进一步的观察。后来离开职场,全力做家务养育一双儿女,最初三年在台北正中书局总经理黄肇珩的邀请及徐佳士老师的鼓励之下,完成一本新闻写作方面的书籍。心想不能老是纸上谈兵,也应该拿起兵刃到战场取得一些实战的经验。

恰逢其时

自 20 世纪 80 年代后期我所面对的文化现场,还包括时间上的有利因素,譬如任教休斯敦大学物理系的朱经武教授,在超导方面的突破发生于 1987 年,倘若换作今日,已是过去式。若推迟二十年到了二十一世纪的今天,那参与航天飞机作业的四位华裔航天员皆纷纷离职他就,我如果没有在半甲子之前启步,则所记述美南地区的华裔精英的书页必然减去大半。

根据个人所做的小统计:在过去四分之一个世纪,美南地区出现了四位台北南港中研院的院士:朱经武、郭位、伍焜玉、洪明奇,前两位先后被香港的科技大学和城市大学礼聘为校长,伍焜玉于2008年回台担任公共卫生学院院长,洪明奇院士从事乳腺癌的研究,现任德州大学安德森分子细胞肿瘤研究中心主任,足见休斯敦地区人才辈出,乃藏龙卧虎之地。那个年代,正是这些华裔精英各自创造耀眼的科研成绩之时,我有幸目睹、记录了一件件丰美的成果。

再看文化现场的本身,一般人谈起美国的文化蕴藏:一在东海岸的新英伦地区,一在西向开发新大陆所衍生的好莱坞文化。若说到美国西南部的德州休斯敦,脑海里就会浮现油田或牛仔的画面,我写作时所面对的文化现场到底位在何方?就在德州休斯敦附近方圆百里的华人社区、高等学府、科研实验室和休斯敦东南面滨海的航天总署的约翰逊太空中心。

虚实之间

地理因素对于我的写作的方向和内容发生决定性的影响,也规划出人生行走的道路,譬如因此参与美南写作协会的活动。当初投入"自由职业"全凭一股喜好,后来体会到"非虚构性"的写作重在观察现实世界的人与事,从日积月累的采访准备和事后写报道,逐渐增长见识,知道小我之小,和自己在大宇宙中的微不足道,使我愈发能够冷静地看这个世界,绝不一窝蜂跟在别人后面凑热闹,因为天外有天。

非虚构性的"纪实报道"和其他写作类型最显著的不同

之点：不能随意发表自己的意见，或夸大你所使用的形容词，一切的描写必须合乎所发生的原形，但每人的预存之场不同，很难有一个客观的准则。观乎今日世界的变化一日千里，如要写得合乎事实，所需使用的形容词比早先更具复杂性和多元性。

在海外从事华文媒体写作的先决条件是：离开母语社会，走进另一种语言文化，你不免使用原先的认知框架来衡量新事物，理解新环境，接着就出现了微妙的连环化学反应。当你参照新环境的种种，回头审视原先的价值观和社会规范，便会发现悠游两者之间，油然而生柳暗花明之感，或许这就是"行万里路，读万卷书"的根由，也印证了《论语》"温故而知新"的道理。

无心插柳

总而言之，我并没有把写文章当作经国大业，只不过是日常生活当中有趣而又做得来的一件嗜好，它可以借着白纸黑字存留下去。其间的乐趣只可意会，而不能言传。数年前，我所敬重的治近代华侨史的学者李又宁教授告诉我："美国在二十世纪后叶的国势登峰造极，主要靠的是科技，而美国科技鼎盛，华人的贡献很大，美国史里并无记载，我们应该多记一点。"没想到无心插柳，竟也记述若干美南地区华裔精英的科研成果，钦佩李教授的睿智和目光，我当朝着此一方向继续前行。

编后语:看得见的历史

杨金荣

　　2015 年夏,我在金陵遇见了随同旅美历史学家李又宁教授来南京大学的华文作家石丽东老师。我对她的了解从她赠我的一本大作《谁与争锋:美国华人杰出人物》(台湾商务印书馆,2013 年 5 月版)开始。

　　这本书记述了 36 位在美华人奋斗并取得成功的故事,书中有些人物是中国大陆读者所熟悉的。如杰出科学家丁肇中、著名导演李安,更多的人物故事,是中国大陆读者并不十分熟悉的,如第一位华裔太空人王赣骏,第一位获得"美国生物科技奖"的唐南珊,第一位华裔国际空间站站长焦立中,等等。石丽东老师是新闻学科班出身,获得台湾政治大学新闻所硕士,通晓华美两种文字,曾任职美国《休斯敦邮报》,经常奔赴重大科技事件的现场,撰写了大量的新闻报道,特别对在美杰出华人的事功关注有加。其所著《当代新闻报道》一书,是台湾大专院校新闻学专业的必备书,出版后多次印刷,这本凝结她新闻理论与实践的经典作品,是她学术贡献的写照。她聚焦华裔在美国社会的贡献,书写的不仅仅是炎黄子孙的生平与事功,更多的是身为同胞发自内心的民族自豪。这些鲜活的新闻报道，在岁月的流淌中慢慢成为固化的历史或档案，新闻人兼自由作家不知不觉转身成为历史现场的见证者、历史资料的采集者，其于在美华人历史档案的贡献，受到知名历史学家李又宁教授的肯定与鼓励。

《谁与争锋》一书对于中国大陆的读者，特别是青少年读者，故事新鲜，读来令人精神振奋。诚如著名华文作家王鼎钧先生为其所作的推荐序所言，这些"活出铜像样子来"的炎黄子孙奋斗的故事，不仅是写给当下的中国人，也是为后世子孙所写。如果说华人在美国的奋斗史是一部北美大陆的当代《史记》，这一篇篇故事，就是栩栩如生的在美杰出华人的"列传"。这些可圈可点的人物故事，能够在中国大陆流传，也是丽东老师的心愿。当时中国大陆正提倡"大众创业、万众创新"，得知作者另著有两册《成功立业在美国》，采写的对象也是在美打拼的华人，我就与丽东老师商议，可否把两种书"打散"了再组合，分门编纂科技、人文、艺术、政商等多卷册的"双创"故事，多维度展现华人在美国多领域打拼、奋斗与成功的励志史记，给中国大陆的"创业"与"创新"提供一份精神镜鉴，遂有了读者诸君手中的这本《在美华人"双创"故事·科技卷》，接踵而来的还有"人文卷""艺术卷"和"政商卷"。

丽东老师持续几十年的采访、撰稿，不仅是新闻人的敬业精神驱使，更有一种历史使命感在召唤。华人在美读书、生活、工作十分不易，更遑论在异族他乡取得骄人的成绩。

但美国社会的进步,国家的强盛,包括了华人在内的多元族裔的贡献,这也是事实。作为华人媒体人、自由作家,丽东老师用自己的如椽大笔为自己的同胞留下了寿于金石的文字。她在读研究生时,论文题目便是"《万国公报》及其在晚清所推动的西化运动",比较关注中西文化的互动,这大概是她认知华人在美国贡献的历史底色。她的文字,从昨天的新闻故事到未来的历史材料,其实是一种内在而深刻的文化自觉,她要以事实(史实)告诉当下与未来,美国科技与社会的巨大进步,是集聚了许多华人科学家、大学教授、艺术家、商人乃至政府官员在内的智慧与努力的结果,美国主流社会是很少有人愿意讲述或聆听华人这样一个少数族裔的成功故事的,如何以自己民族的文字书写自己民族人杰的故事,成为她这位新闻人兼作家的一份沉甸甸的责任。

从2015年夏间讨论选题,到《在美华人"双创"故事·科技卷》即将与读者见面,历时3年,作者校核文字,润色文稿,增删材料,搜寻照片,与编辑之间的邮件往来多达120余通。其间,她还不幸遭遇了人生最沉痛的打击。2017年7月中旬,在美国纽约圣约翰大学召开的"留美与近代中国教育"的国际学术研讨会上,我再次见到丽东老师,她不仅带来她的研究成果,也带来书稿校读的最新消息。

《在美华人"双创"故事·科技卷》遴选了25篇华裔科学家的故事,他们中有前面提到的第一次登上太空的王赣骏、第一位担任太空站站长的焦立中、诺贝尔奖获得者丁肇中,有把毕生献给国际防痨事业的许汉光,有为香港高等教育做出重要贡献的香港科技大学原校长朱经武、香港城市大学现任校长郭位,等等,他们的"创新创业"故事,不仅是他们个人的荣耀,也是他们的母邦走向世界开创未来可资借鉴的巨大精神资源。

编审完这部书稿,我想起自己在南京大学念本科时所经历的一件难忘之事。1986年夏天的一天,我在南京大学礼堂有幸聆听了著名华人科学家李政道教授的报告。他说,到20世纪末、21世纪初,华人科学家一定会在许多科学领域执牛耳,许多美国的大学研究院的学术领袖将会由美籍华人担任。那个年代,我在南京大学也听过不少报告,但没有一场报告有李政道先生这样对中华民族如此理性而坚定的自信,对中国未来科技发展的自信,这场报告让我终身难忘!这是三十多年前一位科学大师向国人传递的文化自信!。李政道先生的自信所来有自,他个人的成功固然是明证,他所推动的中美联合培养物理学研究生计划(CUSPEA),历时10年,为中国大陆培养物理学人才近千人,争取美国大学资助上亿美元,这样一个实实在在为未来中国培养人才的计划,自然让李政道教授看好中国科学技术发展的未来。另一方面,当时已经有华人在美国的科学研究与科技应用领域崭露头角。20世纪60、70年代以来,自中国台湾去美国留学的一代,到了1980年代,已经开始在美国的科学研究领域大显身手,例如,本书采写的王赣骏,在1985年4月29日这一天,成为第一个进入太空的炎黄子孙,同时也是世界上第一位亲自登上太空轨道、亲自动手做自己所设计的物理实验的科学家。

《在美华人"双创"故事·科技卷》采写对象多数来自中国台湾地区,不过他们的父母辈差不多全来自中国大陆,王赣骏出生在江西,后随父母迁居台湾,1963 年入读美国加州大学洛杉矶分校。作者自己也是出生在湖北巴东,生长在台湾,后在美国留学工作。1949 年两岸分隔以后,台湾学生赴美留学潮约早于中国大陆 20 年,因此中国大陆留学生在美脱颖而出为华人争光的时代自然有一个"时差",就在我写这篇"编后语"的时候,1985 年毕业于南京大学物理系的张翔院士正式执掌香港大学,2008 年,他获得《时代周刊》评选的全球十大科学发现的发明,2010 年,他成为美国国家工程院院士,这与王赣骏登上太空"时差"约 20 年。如今中国大陆赴美留学的学生已经雄踞美国国际学生人数榜首,他们之中未来一定会涌现出许多各领风骚的科技、人文、艺术乃至政商的精英,因此《在美华人"双创"故事》会像电视连续剧一样,可以一集接着一集上演下去。

古希腊哲学家说过,人不能两次踏进同一条河流。这本书所呈现的"双创"故事,也许无法简单复制。但故事里所蕴含的求新哲学与人文精神,对后来者应该有所激励,有所启迪,我以为这是丽东老师写作的初心,也是我读完这本书的一点感悟。

(作者为南京大学出版社编审、主任,南京大学出版研究院研究生导师,江苏省首批新闻出版行业领军人才)

图书在版编目(CIP)数据

在美华人"双创"故事.科技卷 / 石丽东著. -- 南京：南京大学出版社，2018.8
ISBN 978 - 7 - 305 - 20678 - 8

Ⅰ. ①在… Ⅱ. ①石… Ⅲ. ①华人－技术革新－概况－美国②华人－创业－概况－美国 Ⅳ. ①K837.128.8②F171.243③F249.712.14

中国版本图书馆 CIP 数据核字(2018)第 174642 号

出版发行　南京大学出版社
社　　址　南京市汉口路 22 号　　　　邮　编　210093
出 版 人　金鑫荣
书　　名　**在美华人"双创"故事·科技卷**
著　　者　石丽东
责任编辑　刘翠红　杨金荣　　　　编辑热线　025 - 83686029
照　　排　南京南琳图文制作有限公司
印　　刷　江苏凤凰通达印刷有限公司
开　　本　880×1230　1/32　印张 11.375　字数 218 千
版　　次　2018 年 8 月第 1 版　2018 年 8 月第 1 次印刷
ISBN　978 - 7 - 305 - 20678 - 8
定　　价　45.00 元

网址：http://www.njupco.com
官方微博：http://weibo.com/njupco
官方微信号：njupress
销售咨询热线：(025) 83594756